INGJIXUEJICHU

经济学基础

张旭祥　邬晓鸥　主　编
王晓芳　副主编

中国农业出版社

图书在版编目（CIP）数据

经济学基础 / 张旭祥，邬晓鸥主编．—北京：中国农业出版社，2015.6（2016.1 重印）
ISBN 978-7-109-20556-7

Ⅰ.①经… Ⅱ.①张…②邬… Ⅲ.①经济学－高等学校－教材 Ⅳ.①F0

中国版本图书馆 CIP 数据核字（2015）第 129039 号

中国农业出版社出版
（北京市朝阳区麦子店街 18 号楼）
（邮政编码 100125）
责任编辑 赵 刚

北京万友印刷有限公司印刷 新华书店北京发行所发行
2015 年 7 月第 1 版 2016 年 1 月北京第 2 次印刷

开本：720mm×960mm 1/16 印张：15
字数：265 千字
定价：32.00 元

主　编：张旭祥　邬晓鸥

副主编：王晓芳

编　委（按姓氏笔画为序）：

于同奎　王晓芳　何俊辉

李中亚　张旭祥　邬晓鸥

>>前言

PREFACE

本书所称的经济学也叫西方经济学，是适应市场经济发展的需要而产生与发展的经济学说。由于市场经济最初出现于西方资本主义国家，适应市场经济发展的经济学说自然而然也在西方资本主义国家产生并发展起来，所以这种学说我们称为西方经济学。经济学是研究市场经济规律的科学，研究的重点是市场经济条件下的资源配置与资源利用。经济学不仅是财经类专业的必修课程，也是一些管理类专业，如工商管理、电子商务、信息管理、旅游管理等相关专业的必修的基础理论课程。我们认为，学习经济学，最基本的目的应该有三：(1) 学习经济学有助于了解我们所生活的世界。为什么有些人骑自行车，而有些人开高档豪车？为什么影视明星的收入那么高？为什么有些国家出现了很高的失业率？为什么要发行债券？所有这些问题都是经济学课程需要回答的问题，所以，你学了经济学可以使你变得更“明白”。(2) 加强对经济政策的理解。经济学不仅要对经济的运行做出解释，而且要说明影响经济运行的各种因素的变动如何影响经济运行的结果，其中包括各种经济政策。因此，经济学有助于你选择社会增进资源配置效率的政策，你会发现各种不同政策的潜力与局限性。(3) 学习经济学家思考问题的方式，经济学将使你更精明地参与经济活动。经济学要教会你运用机会成本衡量得失，用边际成本进行经济行为决策等。由此看来，经济学是相当重要的。

本教材针对电子商务、信息管理等管理类专业而编，着重就经济学基本理论进行较为全面的介绍。本书分为两个部分。前一部分微观经济学，对需求、供给和均衡，消费者理论，生产理论，成本理论，各种类型市场中价格和产量的决定，要素价格和收入分配，微观经济政策等传统微观经济论题进行全面阐述。根据现代经济理论在最近几十年的新发展，教材用了较多篇幅介绍不完全信息条件下的经济行为理论，特别是博弈论的基本知识。后一部分宏观经济学，则对国民收入核算，国民收入的决定，货币供给、需求和货币政策，IS-LM模型，货币政策和财政政策的效应，通货膨胀，经济发展和经济周期等论题进行了较为全面的分析。每章后面附有重要概念、复习思考题或练习题。

本教材也可以作为其他相关专业的学生和社会管理人员自学使用。

本书有配套的《经济学基础学习指导与习题解答》辅助用书，同时由中国农业出版社出版。

在本书编写过程中，作者参考了大量的国内外经济学论著，从中得到了重要的启示和资料支持，在此向这些专家和学者表示衷心感谢。

由于时间和作者水平有限，书中疏漏和不足之处在所难免，恳请读者批评指正。

编　者

2015年6月

目录

CONTENTS

第一章

导　论

什么是经济学？为什么要学习经济学？这是每一位初学者首先会想到的问题。本章以上述问题为核心，简要介绍经济学所要研究的基本经济问题、若干基本概念以及经济分析中所使用的主要方法。

第一节　经济学研究的基本问题

一、稀缺性与经济学

作为学术上的一门学科，从 1776 年亚当·斯密出版《国富论》算起，经济学已有两百年的历史。为什么会产生经济学？这要从稀缺性谈起。

人类为了谋生，需要各种各样的有用物品，包括劳务。经济学家们把满足人类需要的有用物品区分为“自由物品”和“经济物品”。前者指人类无须经过劳动或支付某种代价就能自由取用的物品，如阳光、空气等。后者指人类必须花费代价方可取得的物品，即必须借助生产资源通过人类加工出来的物品。这类物品的数量是有限的。因此，相对于人类无限多样的需要而言，“经济物品”是有稀缺性的。所谓稀缺性不是指物品或资源绝对数量的多少，而是相对于人类需要的无限性，再多的“经济物品”也是不足的，它是一种相对稀缺性。

经济物品的稀缺性以及由此引起的选择就成了人们日常经济活动经常要考虑的基本问题。这就是经济学产生的前提，经济学就是为解决这一矛盾，在人类社会经济实践中一步一步地建立和发展起来的。

在经济物品稀缺性的限制下，人们需要考虑如何配置和利用有限资源或经济物品才能最有效地满足人类无限多样的需要，或者说，面对稀缺性人们需要作出选择。它所要解决的问题是：①生产什么物品与劳务以及生产多少。②如何生产这些物品与劳务。③为谁生产这些物品和劳务。④一国的资源是否得到了充分利用。这四个问题被认为是人类社会共有的基本经济问题。前三个问题属微观经济学范畴，最后一个问题则为宏观经济学的核心问题。经济学的研究正是为了解决这些问题。所以说经济物品的稀缺性和选择的必要性产生了经济学。经济学的定义是：经济学是研究人类社会如何进行选择，来使用稀缺的资源以生产各种商品，并把商品分配给社会的各个成员或集团以供消费之用的学说。

二、机会成本与效率

在衡量一项选择是否最优时，可以使用机会成本这个概念。所谓机会成本是指把资源用于某一用途时，所放弃的其他可供选择的最好用途。比如，某人有 10 万元资金，可供投资的渠道包括：开商店、炒股和投资期货，开商店可获利 3 万元，炒股可获利 5 万元，投资期货可获利 10 万元。如果将 10 万元投资开商店，此人所放弃的用途中，最好的用途是投资期货，或者说，投资开商店获利 3 万元的机会成本是所放弃的投资期货的获利 10 万元，显然开商店不是最优的选择，资金的最优配置应该是投资期货。机会成本不是实际成本或实际损失，而是观念上的损失，或机会的损失。

在研究如何选择的问题时，尤其是研究如何充分利用资源的问题时，还有一个重要的概念是效率，效率是指最有效地利用资源以满足人类的愿望与需要。更准确地说，在不使其他人境况变坏的前提下，一项经济活动如果不能再增进任何人的经济福利，则该经济活动是有效率的。

效率和机会成本的概念都可以用生产可能性曲线来说明。

三、生产可能性曲线

生产可能性曲线是指社会在既定的经济资源和生产技术条件下所能生产的两种产品最大产量的组合。

为了简化分析，经济学家在使用生产可能性曲线时假设该社会的经济资源和生产技术既定不变并得到充分利用，只生产两种产品 X（黄油）和 Y（大炮）。这样该社会必须在黄油和大炮两种产品生产上进行选择，或者全部生产黄油，或者全部生产大炮，或者生产黄油和大炮的某种可能的组合。如图 1-1 和表 1-1 所示，该社会在生产可能性曲线上生产黄油和大炮的组合假设有 A、B、C、D、E、F 六种。纵轴为大炮产品，横轴为黄油产品。运用图表中的数据，连接上述各点可以得到一条生产可能性曲线。

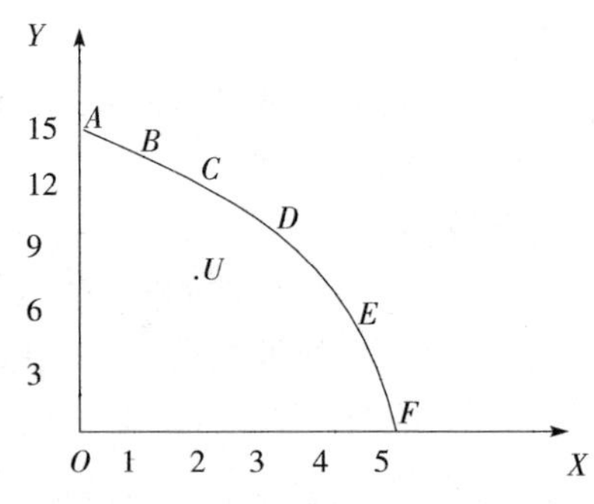

图 1-1 生产可能性曲线

在生产可能性曲线内部如 U 点，表示经济资源没有得到充分利用，比如存在失业。如果社会使用了这部分资源，比如从 U 点移向 D 点，就可以得到更多的黄油和大炮。在生产可能性曲线上的点，比如 C 点，如果要增加黄油，则必须减少大炮，反之，也是一样，这说明，在 C 点如果增加某些人的经济福利就必须减少另一些人的经济福利，所以 C 点的生产是有效率的，同样，生产可能性曲线上的点都是有效率生产的点。而在生产可能性曲线以外的地方，则为社会生产不可及点。社会无法在生产可能性曲线之外进行生产强调了经济物品和资源稀缺性，社会必须承认这种稀缺，并且在面临稀缺的情况下寻求分配资源的途径。

表 1-1 产品组合

可能性	黄油（百万磅）	大炮（千门）
A	0	15
B	1	14
C	2	12
D	3	9
E	4	5
F	5	0

生产可能性曲线还可以来分析机会成本。比如从 B 点到 C 点，黄油增加了 100 万磅，相应大炮的生产就需要减少 2 000 门，所以，从 C 到 B 点，生产 100 万磅黄油的机会成本是 2 000 门大炮。

那么，社会怎样选择或确定生产可能性曲线上的生产点呢？换言之，社会是通过什么样的途径确定生产可能性曲线上的资源配置点？一般而言，有两种途径：一是通过政府或政治途径来确定，比如在战争时期，政府可能运用法令增加大炮的生产而减少黄油的生产，或者在和平时期运用指令性计划的方式确定生产什么、生产多少；另一种方法是通过市场和价格机制分配资源，在这种情况下市场是资源配置的主要手段。

四、资源配置和经济体制

前面所提到的经济社会的四个基本问题，都是研究相对稀缺的经济资源（劳动、土地、资本、企业家才能）如何分配给各种不同用途的问题，所以它实质上是在考察生产资源的合理配置问题。而经济资源配置的方式是在一定的经济体制下进行的。因而研究经济体制对资源配置的方式及其作用，也就成为经济学研究中回避不了的问题。

按照经济学家的划分，经济体制大体上分为四种类型：自给经济、计划经济（指令经济）、市场经济和混合经济。不同的经济体制，实现资源配置和资源利用方式不同。自给经济的特征是每个家庭生产他们消费的大部分物品，扩大一点说，是每个村落生产他们消费的大部分物品，只有极少数消费品是与外界交换来的。在这种体制下，资源配置和利用由居民的直接消费所决定，经济效率低下。计划经济的基本特征是生产资料归政府所有，经济的管理，实际上像一个单一的大公司。在这种体制下，用计划来解决资源配置和利用问题。产品的数量、品种、价格、消费和投资的比例、投资方向、就业及工资水平、经济增长速度等均由中央政府的指令性计划来决定。这种体制，从理论上可以证明，资源能够达到最优配置和有效利用。但实践证明，这种体制不能解决资源配置问题，效率较低，由此产生了社会主义国家经济体制改革和资本主义国家国有企业私人化的浪潮。市场经济的基本特征是生产资料私有，经济决策高度分散。这种体制为一只"看不见的手"所指引，资源配置和利用由完全自由竞争的市场中的价格机制来解决。但这种体制的缺点是不能很好地解决资源利用问题和缺少公平。混合经济的基本特征是生产资料的私人所有和国家所有相结合，自由竞争和国家干预相结合。在这种体制下，凭依市场制度来解决资源配置问题，依靠国家干预来解决资源利用问题。这种体制被认为是最好的制度，效率和公平可以得到较好的协调。

经济学家认为，纯粹的自给经济，纯粹的市场经济和纯粹的计划经济在当代并不存在。非洲和拉丁美洲一些国家偏向于自给经济，北美、西欧、澳大利亚和日本等偏向于市场经济，而社会主义国家传统体制下则偏向于计划经济。一些经济学家认为，由于过去资本主义国家的国有化运动和近年来社会主义国家的改革运动，使得两种制度互相渗透、"趋同"，从而都具有"混合经济"的特征。因而在解决资源配置和利用问题时，方式和方法也具有"趋同"的趋势。

第二节　经济学的分类

按照不同的划分标准，经济学可以有不同的分类。

以研究目的为标准可以分为实证经济学与规范经济学；按照研究方法可以分为数理经济学、非数理经济学和制度经济学，在数理经济学中又分为微观经济学与宏观经济学。此外，还可以按照研究深度、研究范围等进行分类。

一、微观经济学和宏观经济学

按分析方法、分析对象等划分，现代经济学从总体上可以分为微观经济学和宏观经济学两大块。前者研究资源配置问题，后者研究资源利用问题。微观经济学的“微观”，宏观经济学的“宏观”，本意是“微小”和“宏大”，原是物理学中的概念，后移用于经济学。

微观经济学以单一经济单位为考察对象，研究单一经济单位的经济行为，以及相应的经济变量的单项数值如何决定。经济行为包括：家庭如何支配收入，怎样以有限的收入获得最大的效用和满足；单个企业，如何把有限的资源分配在各种商品的生产上以取得最大利润。单个经济变量包括：单个商品的产量、成本、利润、要素数量；单个商品的效用、供给量、需求量、价格等。微观经济学通过对这些单个经济行为和单个经济变量的分析，阐明它们之间的各种内在联系，从而确定和实现最优的经济目标。归纳起来，微观经济学实际上是要解决两个问题，一是消费者对各种产品的需求与生产者对产品的供给怎样决定着每种产品的产销量和价格；二是消费者作为生产要素的供给者与生产者对生产要素的需求怎样决定着生产要素的使用量及价格。它涉及的是市场经济和价格体制的运行问题。所以，微观经济学又称市场均衡理论或价格理论。它实际上研究的是一个经济社会既定的经济资源被用来生产哪些产品，生产多少及采用什么生产方法，产品怎样在社会成员之间进行分配。所以它研究的是既定的经济资源如何被分配到各种不同用途上，即资源配置问题。资源配置问题这样来解决：生产什么、生产多少取决于消费者的货币投资，如何生产取决于不同生产者之间的竞争以及成本与收益的比较，为谁生产取决于生产要素的供求关系所确定的要素价格。

微观经济学的主要内容包括价格理论、消费者行为理论、生产理论、成本理论、厂商均衡理论、收入分配理论。福利经济学以一个社会的经济福利问题为研究对象，而一般均衡理论同时考察所有各种产品的供求关系的相互作用以及所有各种生产要素的供求关系的相互作用，但由于都以单个消费者的行为和单个厂商的行为作为出发点来考察社会经济行为，有别于宏观经济学，因而也被放在微观经济学中分析。

宏观经济学以整个国民经济活动作为考察对象，研究社会总体经济问题以及相应的经济变量的总量是如何决定及其相互关系。总体经济问题包括经济周期、经济增长、就业、通货膨胀、国家财政、进出口贸易和国际收支等。经济总量有国民收入、就业量、消费、储蓄、投资、物价水平、利息率、汇率及这些变量的变动率等。宏观经济学通过对这些总体经济问题及其经济总量的研究，来分析国民经济中几个根本问题：一是已经配置到各个生产部门和企业的经济资源总量的使用情况是如何决定着一国的总产量（国民收入）或就业量；二是产品市场和货币市场的总供求是如何决定着一国的国民收入水平和一般物价水平；三是国民收入水平和一般物价水平的变动与经济周期及经济增长的关系。其中国民收入（就业量）的决定和变动是一条主线，所以宏观经济学又称为国民收入决定论或收入分析。它研究的实际上是一国经济资源的利用现状怎样影响着国民经济总体，用什么手段来改善经济资源的利用，实现潜在的国民收入和经济的稳定增长。所以，宏观经济学研究的是经济资源的利用问题。

宏观经济学一般包括国民收入决定理论、通货膨胀理论、经济周期理论、宏观经济政策理论以及经济发展理论等。

微观经济学和宏观经济学是经济学中互为前提、彼此补充的两个分支学科。经济学之所以有微宏之分，主要是因为经济目标与方法有着明显差异。微观经济学以经济资源的最佳配置为目标，采取个量分析方法，而假定资源利用已经解决；宏观经济学以经济资源的有效利用为目标，采取总量的分析方法，而假定资源配置已经解决。所以微观宏观经济学互相把对方所考察的对象作为自己的理论前提，互相把对方的理论前提作为自己的研究对象。作为一个经济社会，不仅有资源配置问题，也有资源利用问题，只有把这两方面的问题解决了，才能解决整个社会的经济问题。所以它们是各具功效、彼此补充、不可分离的整体。况且，宏观微观经济学的界限实际上又不可能泾渭分明。例如，所有的经济总量均是由经济个量加总而成，孤立地考察就会只见森林不见树木；再如，同一个经济现象，从一角度看是宏观经济问题，从另一角度就是微观经济问题，全面考察才不至流于偏颇。所以近年来，当代经济学出现了微观经济宏观化，宏观经济微观化的趋势。

二、实证经济学和规范经济学

实证经济学是指描述、解释、预测经济行为的经济理论部分，是在一定的假定前提下，来分析和预测人们的经济行为的。它力求说明和回答这样的问题：经济现象“是什么”？即经济现象的现状如何？有几种可供选择的方案？如果选择了某方案，后果如何？至于是不是应该作出这种选择，则不予讨论。实证分析要求，一个理论或假说涉及到的有关变量之间的因果关系，不仅要能够反映或解释已经考察到的事实，而且要能够对有关现象将来出现的情况作出正确的预测，也就要能经受将来发生的事件的检验。因此，实证经济学具有客观性，即实证命题有正确和错误之分，其检验标准是客观事实，与客观事实相符者为真理，否则就是谬误。所以经济学家把实证经济学定义为目的在于了解经济是如何运行的分析。

人们在对稀缺的经济资源选择不同的用途时，必须先解决一个选择的原则问题，选择原则被认为是经济活动的规范问题，属于规范经济学的对象。规范经济学以一定的价值判断作为出发点，提出行为的标准，并研究如何才能符合这些标准。它力求回答：应该是什么的问题，即为什么要作这样的选择，而不作另外的选择？它涉及到是非善恶，应该与否，合理与否的问题。由于人们的立场、观点、理论道德标准不同，对同一个经济事物，就会有截然不同的看法。所以，规范经济学不具有客观性，即规范命题没有正误之分，不同的经济学家会得出不同的结论。所以经济学家把规范经济学定义为对于政策行动的福利后果的分析。

由上可以看出，实证经济学研究经济运行规律，不涉及价值判断问题；规范经济学则是对经济运行进行评价。在经济学家中，少数人坚持认为经济学只应该是一门实证科学，大多数坚持认为经济学既像自然科学一样是一门实证科学。又像一般社会科学一样是一门规范科学。这是因为，对什么经济问题进行研究，应采取什么方法，强调哪些因素，实际上涉及到研究者个人的价值判断问题，而且一个经济学家之所以提出某一种理论，在大多数场合是为他所主张的政策提供理论依据，而政策主张所以不同，一方面是由于实证分析的结论不同，另一方面则是由于各人不同的价值判断。虽然微观宏观经济学基本属于实证经济学，但也包括不少规范分析的因素。例如，在微观经济学中，在涉及消费者的偏好和收入再分配的研究中，都具有较强的规范色彩。在宏观经济学中，关于充分就业的含义，经济增长的后果等，就是一种规范分析，至于制度经济学和福利经济学，则主要是一种规范经济学。

实际上，无论是实证经济学还是规范经济学，都与经济目标相关。经济目标是分层次的，目标的层次性越低，越与经济运行联系密切，因而研究越具有实证性；目标层次越高，越需要对经济运行进行评价，研究越具有规范性。所以从这个意义上来说，就像微观经济学和宏观经济学是从不同角度来研究经济问题并不矛盾一样。实证经济学和规范经济学是经济目标的不同层次上进行研究，同样具有相互补充、功效各异、构成整体的效果。例如，5%的年经济增长率目标，实证经济学就要研究在多大的储蓄比率和加速系数下，可以达到这个目标，并且可以检验这个结论是否正确；规范经济学就要研究，5%的年增长率目标假定本身是否正确，它能不能成为目标，实现这样一个目标对社会产生后果是好是坏，等等。所以，对任何一个经济现象进行研究时，不仅要对经济过程本身进行研究，而且要对经济过程作出判断，方能说明经济过程的全貌，而不至于走向片面。正因为如此，近年来的经济学，特别是其中的宏观经济学的规范化分析有所加强。

第三节　经济学的研究方法

一、个量分析与总量分析

宏观经济学和微观经济学在对象上以资源利用和资源配置相区别，在方法上则以总量分析与个量分析相区别。总量分析是指把多个经济主体作为一个整体当作考察对象研究其运行规律的分析方法，又称为宏观经济分析法；个量分析是指以单个经济主体（单个消费者、单个生产者、单个市场）的经济行为作为考察对象的经济分析方法，又称为微观经济分析法。

微观经济学采用个量分析方法，宏观经济学采用总量分析方法，都是由他们的研究对象的特点决定的。如前所述，微观经济学以个体的经济活动为对象，它就必须要分析单个厂商如何获得最大利润，单个居民户如何得到最大的满足。与此相应，在数量分析上，它还必须研究单个商品的效用、供求量、价格等如何决定，单个企业的各种生产要素的投入量、产出量、成本、收益和利润等如何决定，以及这些个量之间的相互关系。宏观经济学以总体经济活动为对象，它必须描绘社会经济活动的总图景，分析影响就业与经济增长的总量因素以及其相互关系。在数量分析上，它必须研究社会总供求、均衡的国民收入、总就业量、物价水平、经济增长率等如何决定，总消费、总储蓄、总投资、货币供求量、利息率、汇率等如何决定，以及它们的相互依存关系。

个量分析和总量分析，作为一种数量分析的具体形式，都广泛地采用边际分析方法。所谓边际分析，是指分析自变量每增加一单位或增加最后一单位的量值会如何影响和决定因变量的量值。比如微观经济学中的边际收益、边际成本、边际生产力等；宏观经济学中的边际消费倾向，资本边际效率等，都属于边际分析之例。现在经济学的产生和发展，是与边际分析方法的广泛应用分不开的。正是边际分析方法的深入应用，20 世纪 30 年代才建立起完整的微观经济学体系。可以说，没有边际分析方法，便没有现代经济学。

宏观经济学和微观经济学在进行数量分析时，把经济变量区分为内生变量和外生变量。内生变量是指经济模型内部结构决定的变量；外生变量是指不是由经济模型中的变量决定的，而是由外部因素决定的变量。一般来说，内生变量属于实证分析的范围，而外生变量属于规范分析的范围。

宏观经济学在进行总量分析时，还把相关的经济变量区分为流量和存量。存量是一定时点上存在的变量的数值；流量是一定时期内发生的变量变动的数值。存量与流量之间有着密切的关系。流量来自存量，流量又归于存量之中。比如人口总量是个存量，它表示某一时点的人口数，而人口出生数是个流量，它表示某一时期内新出生的人口数；国民收入则是流量，它表示某一时点国民财富总值；国民财富是个存量，它表示某一时期内所创造的国民收入。一定的人口出生数来自一定的人口数，而新出生的人口数则计入人口总数中；一定的国民收入来自一定的国民财富，而创造的国民收入又计入国民财富之中。流量分析是指对一定时间内有关经济总量的变动及其对其他经济总量的影响进行分析。存量分析是指对一定时点上已有的经济总量的数值及其对其他有关经济变量的影响进行分析。

二、局部均衡分析与一般均衡分析

均衡分析是经济学的重要方法。均衡原本是物理学中的名词。它表示，当一物体同时受到几个方向不同的外力作用时，若合力为0，则该物体将处于静止或匀速直线运动状态，这种状态就是均衡。英国经济学家马歇尔把这一概念引入经济学中，主要指经济中各种对立的、变动着的力量处于一种力量相当、相对静止、不再变动的境界。均衡一旦形成后，如果有另外的力量使它离开原来的均衡位置，则会有其他力量使它恢复到均衡，正如一条线所悬着的一块石子如果离开了它的均衡位置，地心引力即有使它恢复均衡位置的趋势一样。

均衡可以分为局部均衡与一般均衡。

局部均衡常用于在其他条件不变的情况下来分析某一时间、某一市场的某种商品的供给与需求达到均衡时的价格决定。它把研究范围只局限于某一市场或某一经济单位的某种商品或某种经济活动，并假定这一商品市场或经济单位与其他市场或经济单位互不影响，所以称为局部均衡分析。比如马歇尔的均衡价格论，就是假定某一商品或生产要素的价格只取决于该商品或生产要素本身的供求状况，而不受其他商品价格和供求等因素的影响。这就是典型的局部均衡分析。

一般均衡分析在分析某种商品价格决定时，则在各种商品和生产要素的供求、需求、价格相互影响的条件下来分析所有商品和生产要素的供求、需求同时达到均衡时所有商品的价格如何被决定。所以，一般均衡分析把整个经济体系视为一个整体，从市场上所有商品的价格、供给和需求是互相影响的、互相依存的前提出发，考察各种商品的价格、供给和需求同时达到均衡状态下的价格决定。也就是说，一种商品的价格不仅取决于它本身的供给和需求状况，也受到其他商品的价格和供求状况的影响，因而一种商品的价格和供求的均衡，只有在所有商品的价格和供求都达到均衡时才能决定。一般均衡分析方法，是法国经济学家瓦尔拉斯首创的。它重视不同市场中的商品的产量和价格的关系，强调经济体制中各部门、各市场的相互作用，认为影响某种商品的价格或供求数量的因素的任何变化，都会影响其他商品的均衡价格和均衡数量。因此，一般均衡分析是关于整个经济体系的价格和产量结构的一种研究方法，是一种比较周到和全面的分析方法。但由于一般均衡分析涉及市场或经济活动的方方面面，而这些又是错综复杂和瞬息万变的，实际上使得这种分析非常复杂和耗费时间。所以，在经济学中，大多采用局部均衡分析。局部均衡分析对所需结果给出一个初始值，所研究的市场与经济的其余部分联系越弱，这种分析就越好且局部均衡分析就越有用。

三、静态分析、比较静态分析和动态分析

与均衡分析密切相关的是静态分析、比较静态分析和动态分析方法。宏观经济学和微观经济学所采用的分析方法，从一角度看是均衡分析，从另一角度看就是静态、比较静态和动态分析。所以实际上它们是密不可分的整体。

静态分析就是分析经济现象的均衡状态以及有关的经济变量达到均衡状态所需要具备的条件，它完全抽掉了时间因素和具体变动的过程，是一种静止地孤立地考察某些经济事物的方法。例如考察市场价格时，它研究的是价格随供求关系上下波动的趋向或者是供求决定的均衡价格。也就是说，这种分析只考察任一时点上的均衡状态，注重的是经济变量对经济影响的最后结果。最早明确区分静态分析和动态分析的美国经济学家克拉克就将静态定义为经济体系中资本、人口、技术、生产组织和产品需求都固定不变的那种情况。

比较静态分析就是分析在已知条件发生变化以后经济现象均衡状态的相应变化，以及有关的经济总量在达到新的均衡状态时的相应变化。即对经济现象有关经济变量一次变动的前后进行比较。也就是比较一个经济变动过程的起点和落点，而不涉及转变期间和具体变动过程本身的情况，实际上只是对两种既定的自变量和它们各自相应的因变量的均衡值加以比较。例如，已知某种商品的供求状况，可以考察其供求达到均衡时的价格和产量。现在由于消费者的收入增加而导致对该商品的需求增加，从而产生新的均衡，使价格和产量都较以前提高。这里，只把新的均衡所达到的价格和产量与原均衡的价格和产量进行比较。这便是比较静态分析。

动态分析则对经济变动的实际过程进行分析，其中包括分析有关总量在一定时间过程中的变动，这些经济总量在变动过程中的相互影响和彼此制约的关系，以及它们在每一时点上变动的速率等。这种分析考察时间因素的影响，并把经济现象的变化当作一个连续的过程来看待。

在微观经济学中，无论是个别市场的供求均衡分析，还是个别厂商的价格、产量均衡分析，都是采用静态和比较静态分析方法。在微观经济学中蛛网理论采用了动态分析方法。凯恩斯在《就业、利息和货币通论》一书中采用的主要是比较静态分析方法。例如，在讨论社会对消费品的需求将随着国民收入的增加而增加时，他主要对两种经济现象进行比较，即比较由国民收入变动而产生的前后两个不同的总量消费需求，而不分析社会对消费品需求的变化过程，不说明前一时期的收入、本期收入、本期的消费之间是如何制约的，也不研究收入和消费在每一点上变动的速率。凯恩斯的后继者们在发展凯恩斯经济理论方面的贡献，主要是长期化和动态化方面的研究，如经济增长理论和经济周期理论。瑞典学派的宏观经济分析中的"事前"、"事后"分析所涉及到的过程分析或期间分析都是动态经济分析。

四、经济模型

经济模型也是一种分析经济问题的方法，是指用来描述同研究的对象有关的经济变量之间的依存关系的理论结构。简单地说，把经济理论用变量的函数关系来表示就叫做经济模型。因此一个经济模型可用文字说明也可用数学方程式表达，还可用几何图形表达。

经济现象包括各种主要变量和次要变量，错综复杂，千变万化。如果在研究中把所有的变量都考虑进去，就会使得实际研究成为不可能。所以任何经济模型都是在一些假定前提下建立的。往往舍掉若干次要因素或变量，把可以计量的复杂现象简化和抽象为为数不多的主要变量，然后按照一定函数关系把这些变量编成单一方程或联立方程组，构成模型。由于在建立模型中，选取变量的不同，及其对变量的特点假定不同，同一经济问题的研究，可以建立多个不同模型。通过模型，可以把各种经济现象概括描述出来。借助经济模型，人们可以预测经济行为的后果，或分析一个社会经济制度的特征可以根据研究的问题和采用的分析方法，建立起各种微观或宏观的经济模型。

例：均衡价格模型：

$$D = f(P) \quad (1)$$

$$S = f(P) \quad (2)$$

$$D = S \quad (3)$$

方程（3）便是均衡价格模型。模型中，D 和 S 分别表示某商品的需求量和供给量，P 表示商品的价格。按照均衡价格理论，除了商品本身的价格影响该商品的供求量外，还有人们的收入、嗜好、价格预期、生产目的、生产技术水平以及其他商品的价格等，但在该模型中它们均被舍掉了。

假如根据实际统计资料有 $D=12-2P$，$S=2P$ 则上述均衡价格模型可具体化为：$12-2P=2P$

则　$P=3$　　$D=S=6$

即均衡价格为 3，均衡数量为 6。

用图 1-2 表示该模型，这种简单的均衡价格模型表明了某种商品的买者与卖者的行为情况：价格越高，买者愿意购买量越小，卖者愿意出售量越大；当愿意购买的商品量与愿意出售的商品量相当时，价格便不再变动。换句话说，当价格不再变动时，成交商品量便被决定下来。这个模型还可以帮助人们预言：一切倾向于减少供给的行为，都会引起物价的提高和交易的减少；一切倾向于减少需求的行为都会引起物价的降低和交易量的减少。

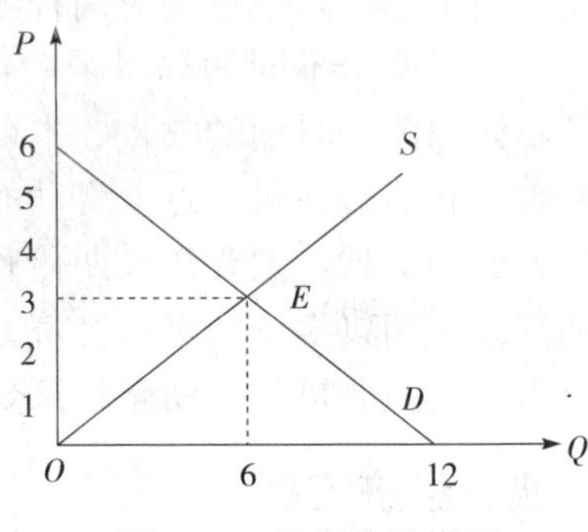

图 1-2　均衡价格模型

重要概念

经济学（economics）
自由物品（free goods）
经济物品（economic goods）
生产可能性曲线（production-possibility frontier，PPF）
微观经济学（micro-economics）
宏观经济学（macro-economics）
实证经济学（positive economics）
规范经济学（normative economics）
流量（flow）
存量（stock）
静态分析（static analysis）
动态分析（dynamic analysis）
比较静态分析（comparative static analysis）
经济模型（economic model）

复习思考题

1. 经济学是如何产生的？

2. 人类社会共有的基本经济问题是什么?
3. 按照经济学家的划分,经济体制可划分为哪几种?它们的特征是什么?
4. 什么是个量分析和总量分析?
5. 如何理解静态分析、比较静态分析和动态分析?

第二章

供　求　理　论

19 世纪的古谚说：只要学会说“供给与需求”，一只鹦鹉都可以成为“经济学家”。可见需求与供给组成的供求理论在经济学中具有极其重要的作用。我们生活中每一件商品所形成的市场背后都由它的需求方和供给方组合而成。需求理论和供给理论共同组成了微观经济学的最基础的核心理论。本章将学习经济学的基本理论——供求理论，同时培养经济学分析问题的基本思维——供求思维。

第一节　需求理论

一、需求的定义

需求是指在一定时期内，在各种可能的价格水平下，消费者愿意并且能够购买的该商品的数量。比如日常生活中的某段时间，某款饮料的价格为 3 元，小王购买 5 瓶；当这款饮料的价格上涨为 5 元时候，小王的购买量减少为 3 瓶。为什么小王的购买会随着价格增加而减少呢？这是因为小王的需求发生了变化：一方面小王对该款饮料因为缺乏而产生购买欲望，另一方面小王的购买能力受到限制。所以当价格为 3 元时，小王有欲望并有购买能力，结果是购买了 5 瓶，当该款饮料价格增加为 5 元，小王仍然有欲望，但购买能力受到限制，不可能再购买 5 瓶了，小王减少了购买的数量。

可见，需求由两个基础概念组合而成：需要和支付能力。需要反映了消费者因为缺乏某种商品而产生的购买欲望和行为，需要受到消费者消费心理、消费喜好、社会文化等因素影响。支付能力反映了消费者购买该商品的最大可能的支付水平。支付能力受到消费者收入水平、消费者所在国家和地区经济发展水平以及社会分配制度、社会信用制度等影响。综合起来，需求是需要和支付能力的统一，是一种有支付能力的需要。

对商品的需求数量称为需求量，影响需求量的因素有很多，比如商品的价格（P）、消费者的收入水平（I），与该商品相关的其他商品的价格（P_x）以及消费者对该商品的喜好程度（CP）等。

二、影响需求的因素

（一）商品自身的价格

商品价格是影响其需求量的最重要的因素，在其他条件不变的情况下，价格与需求量呈反方向变动的关系。

（二）相关商品价格

在商品自身价格既定的情况下，其他相关商品的价格也对该商品的需求有重要影响，尤其是替代品与互补品。替代品是指能带给消费者近似的满足度的能够相互替代的商品，若 A 商品价格上升，则顾客们就会去寻求相较于 A 商品便宜的，并且能带来相似满足度的 B 商品购买。例如在火车票价格持续上涨到一定的高度时，人们会转向乘坐飞机。或者，在牛奶价格上涨时略微少购买一些牛奶，这欠缺的一部分需求转以奶粉来代替。

互补品是指消费时配合使用的商品，相互之间彼此牵动对方的需求量。如果一种商品价格提高，会导致另一种商品的需求下降。例如烤肉的时候木炭与肉的关系，因为用木炭烤肉才会比较香，若是肉价下降，人们买了更多的肉，为了烤肉木炭也会买多一点；又比如说羽毛球拍和羽毛球的关系：由于此两件物品同时存在才能发挥应有之功效，当羽毛球拍的价格下降时，相对地人们也会因为希望拥有较好的羽毛球以供运动之用，故羽毛球的需求便有机会在其价格没有变动的可能下有所提升。

（三）收入

收入影响消费者的支付能力，对于绝大多数商品而言，随着消费者收入水平的提高，消费者会增加对商品的需求量，消费者收入降低时，会减少对商品的需求量。

当然，也有少量的商品，比如土豆，随着消费者收入水平的提高，其需求量会减少，收入水平降低，商品需求量会增加，这种商品被称为“低档品”或“劣等品”。

（四）消费者的偏好

偏好是消费者在一定社会经济环境中，有不同的消费习惯或对同一商品有不同的感受。偏好的变化也会引起需求量的变化，比如某地区偏好饮酒的人增加，必然导致该地区酒类需求量增加。如果媒体经常报道打网球的好处，就可能带来相关产品的需求增加，这是因为该报道改变了人们的偏好。在现代社会，商业广告的一项重要功能就是通过传递信息影响人们的偏好，从而影响人们对某些商品的需求。

（五）人口数量与结构

人口数量的变化会引起市场总的需求量的变化，在其他条件不变的情况下，人口越多，对商品与劳务的需求越大。而人口结构的变化，也会对相关商品需求带来影响，比如人口的老龄化会带来老年人用品与服务的需求增加，城镇化可能带来住房、家电和电力需求的增加等。

（六）消费者对未来的预期

消费者对未来收入或价格的预期也会影响其消费决策，从而影响某些商品的需求。比如，消费者预期未来收入增加，他就可能提前消费，从而相关商品的需求增加。如果预期电视机会涨价，消费者就会选择马上购买，也会增加当前电视机的需求，反之，如果预期电视机会降价，消费者则会推迟购买，从而使当前电视机的市场需求减少。

其他影响需求的因素还包括自然条件、政府的消费政策，等等。

三、需求函数与需求曲线

我们可以考虑用函数形式表达消费者需求与其影响因素之间的关系，我们称为需求函数。

需求函数：$Q=f\,(P,\,I,\,P_x,\,CP,\,\cdots)$

需求函数可以全面刻画消费者需求与其影响因素之间的数理关系，但在实践中，消费者的需求影响因素较多，且不同的影响因素的作用大小不同，因此全面刻画影响需求的因素较为困难。在实践中往往采取简化分析因素的做法，将需求函数简化。首先考虑影响消费者商品需求量的众多因素中，对消费者最为敏感的因素是价格，因此将价格纳入最重要的因素考虑；在考虑价格之外，往往假定其他因素不变，这就构成了需求函数的最基本特征。

为表示需求量与价格之间的关系，可以用下面最简单的函数形式：

$$Q = a - bP$$

用图形的方式表达称为需求曲线。图 2－1 为表示需求量与商品价格之间关系的需求曲线。

可以看到，在需求曲线图上，自变量价格 P 在纵轴，因变量 Q 在横轴。需求曲线 D 的斜率为负，说明在价格以外的其他因素不变的情况下，商品的需求量与价格之间存在着反向变动关系：商品价格上升，需求量减少；商品价格下降，需求量增加。

四、需求定理

在商品市场上，假设消费者的收入、偏好、相关商品的价格等条件都不变，只考察某商品自身的价格与需求量的相互关系，可以看出：商品的价格上涨，其需求量减少；商品的价格下跌，其需求量增加。商品的价格与需求量之间的这种反向变动关系，被称为需求定理。导致商品的价格与需求量之间反向变动的原因，可以从两方面来解释：

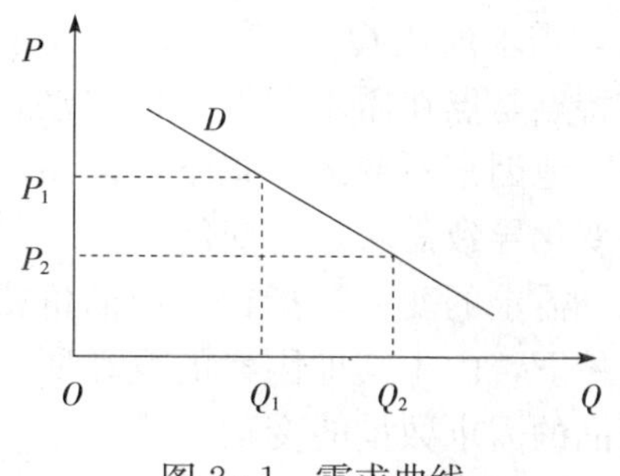

图 2-1　需求曲线

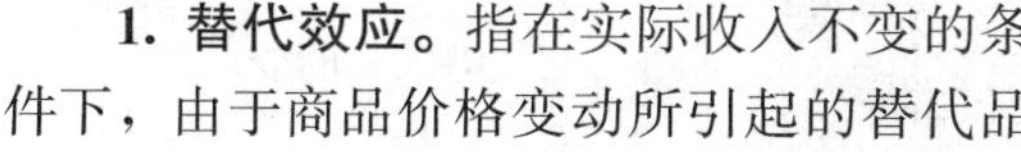

1. 替代效应。指在实际收入不变的条件下，由于商品价格变动所引起的替代品间相对价格的变动，进而引起商品需求量的变动。某商品价格上涨使其替代品的价格相对下降，从而消费者会增加替代品的购买而减少涨价商品的需求量。

2. 收入效应。指由商品价格变动所引起的实际收入水平变动，进而引起商品需求量的变动。在其他条件不变的情况下，某商品价格上涨会导致消费者实际收入的减少，从而使消费者对商品的需求量减少。

上述两方面的因素使大多数商品的价格与需求量之间呈反方向变动的关系。但也有部分商品并没有遵循需求定理。

1. 炫耀性商品。如高档进口服饰、珠宝、高档轿车、高档别墅等，由于这类商品价格已成为消费者身份和社会地位的象征，因此这类商品价格越高，越显示所有者的社会地位，因而需求量也越大；反之当这类商品的价格下跌，价格不能成为所有者社会地位的象征时，需求量下降。

2. 吉芬商品。19 世纪维多利亚时代的英国经济学家吉芬（Robert Giffen）发现当时英国进口的麦价提高，使得面包价格上涨，而奇怪的是，低收入的工人阶级反而消费更多的面包，有违一般需求定理，后人对具有这种现象的物品，就称为吉芬商品。①

3. 投机性商品。在股票等投机性市场上存在“追涨杀跌”的现象，越是上涨的股票，买的人越多；越是下跌的股票，卖的人越多。

五、需求量的变动与需求的变动

商品需求量的变化可能是由于商品自身价格变动引起的，也可能是其他因素发生变化所导致的。在其他条件不变的情况下，由于商品自身价格变动所引起的需求量的变化，被称为需求量的变动。

① 另一种说法是：吉芬在 19 世纪中叶爱尔兰大饥荒时期，发现土豆价格上涨，而爱尔兰人对土豆的需求反而增加，人们将土豆这样的违背需求定理的商品称为“吉芬商品”。

图 2-2 表明，由于价格由 P_1 变动到 P_2，需求量从 Q_1 变动到 Q_2。需求量的变动特点是点在需求曲线上的移动，其原因是其他因素不变的背景下，商品本身的价格变化导致需求量的变化。

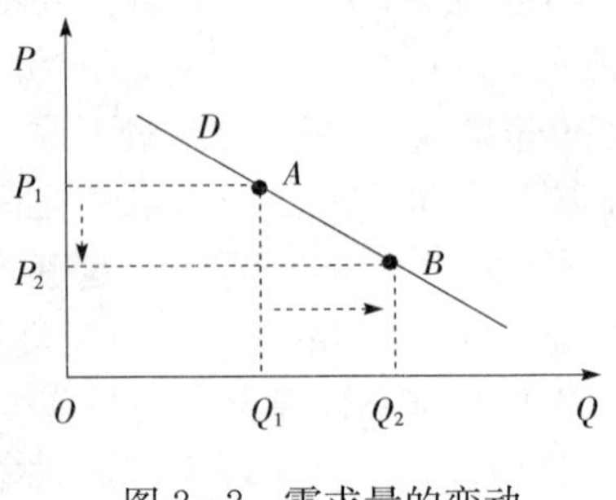

图 2-2 需求量的变动

需求的变动是指在某商品价格不变的条件下，由于其他因素的变动所引起的该商品的需求数量的变动。

图 2-3 表示，在价格 P_1 不变动的情况下，需求曲线发生变化，其变动表现为需求曲线的移动。需求的变动特点是需求曲线平行移动，其原因是商品本身价格不变的背景下，其他因素如相关商品的价格或消费者偏好等发生变动导致需求的变化。比如在其他条件不变的情况下，某商品的替代品降价，则该商品的需求减少，需求曲线由 D_1 向左移动到 D_2。

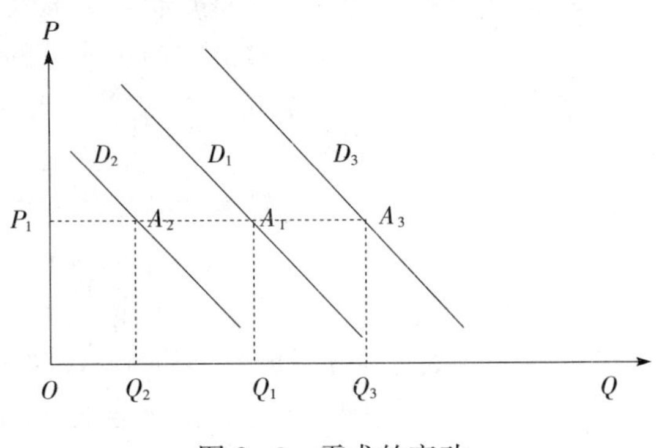

图 2-3 需求的变动

第二节 供给理论

一、供给的定义

供给是指在一定时期内，在各种可能的价格水平下，生产者愿意并且能够生产与出售的某商品的数量。供给也是由两个基础概念组合而成：供给意愿和供给能力。供给意愿反映了企业通过该产品的提供参与市场竞争的愿望和行为，受到企业对市场形势进行判断的影响。供给能力反映了企业在该价格下，考虑企业资源情况下最大可能的生产能力。供给能力受到时间、资源、技术等因素的影响。综合起来，供给是供给意愿和供给能力的统一。

二、影响供给的因素

影响供给量的因素有很多，比如商品自身的价格（P）、商品生产成本

(C)，生产技术水平（T）以及与该商品相关的其他商品的价格（P_x）等。

1. 商品自身的价格。商品自身的价格是影响生产者对某商品供给数量的最重要的因素。在其他条件不变时，价格与供给量是同方向变动关系。

2. 相关商品的价格。在其他条件不变的条件下，如果某商品的替代品价格上涨，则消费者会更多消费没有涨价的商品，于是该商品的需求量增加，相应生产者会增加该商品的供给。而互补品的情况刚好相反。

3. 生产要素的价格。要素价格是影响生产成本的重要因素，要素价格上涨，产品的生产成本上升，厂商会减少供给。所以，该因素与供给反方向变动。

4. 生产技术水平。生产技术水平的提高将降低厂商的生产成本，从而使厂商利润增加，厂商会增加产品的供给。

5. 厂商的价格预期。如果某产品价格看涨，厂商就可能待价而沽，从而使该产品短期供给量减少。

此外，自然条件、政府的产业政策、厂商目标等也是影响供给的重要因素。

三、供给函数与供给曲线

用函数形式表达企业供给与其影响因素之间的关系，我们称为供给函数。

供给函数：$Q=f$（P，C，T，Px ……）

供给函数全面刻画了企业生产和销售量与其影响因素之间的数理关系，在众多因素中，市场和企业最为敏感的因素是价格，因此将价格纳入最重要的因素考虑；在考虑价格之外，往往假定其他因素不变。

在实践中一类商品形成的市场有厂商供给和市场供给之分。厂商供给是刻画个别生产者在一定时期内，在每一价格水平上愿意并且能够提供的某种商品的供给。市场供给是指市场上所有生产者在一定时期内，每一价格水平上，愿意并且能够提供的某种商品的供给，厂商供给的加总即为市场供给。

表 2-1　某厂商产品的供给

价格数量组合	A	B	C	D	E
价格（元）	2	3	4	5	6
供给量（件）	0	100	200	300	400

该表的数据由下面的供给函数所决定：$Q=-200+100P$

将商品自身价格与供给量之间的关系在坐标图上表示出来，得到供给曲线。

图 2-4 中 S 为供给曲线，供给曲线的特征是：自变量价格 P 在纵轴，因变量供给数量 Q 在横轴；供给曲线的斜率为正，说明在其他因素不变的情况下，商品的供给量与价格之间存在着同向变动关系；商品价格上升，供给量增加；商品价格下降，供给量减少。

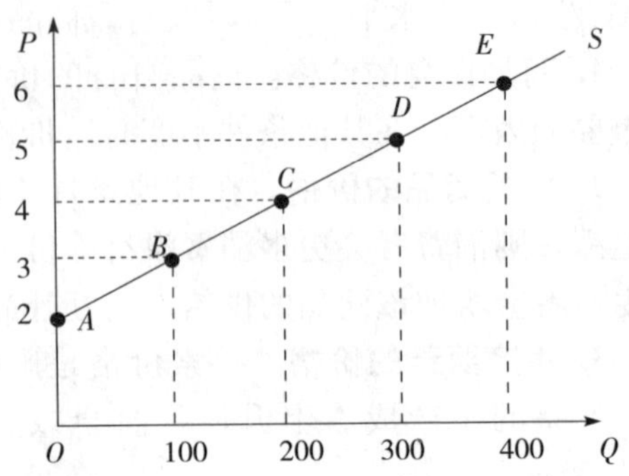

图 2-4 供给曲线

四、供给定理

通过供给函数与供给曲线，可以看出：在其他条件不变的情况下，某商品的供给量与价格呈同向变动的关系，这种现象普遍存在，称为供给定理。供给定理反映了一般商品的规律，但也存在例外的情况。

（一）受条件限制的商品

某些特殊商品的供给曲线垂直于横轴，见图 2-5。这类商品的供给数量恒定，不受价格影响，其原因往往由于该类商品的生产规模受到自然或人文资源的限制，无法扩大再生产，导致其商品数量固定，如土地等。

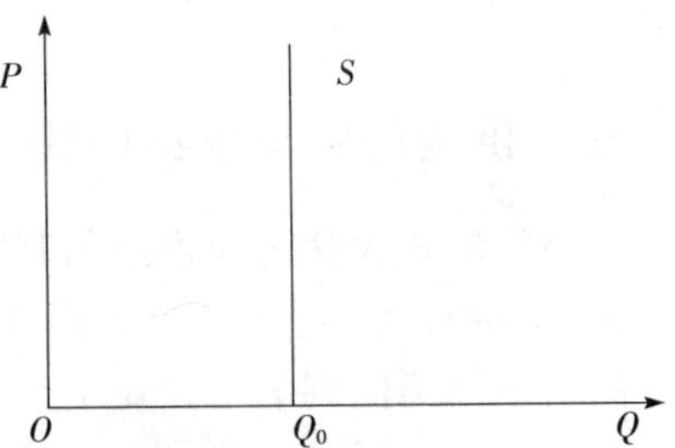

图 2-5 特殊的供给曲线 1

（二）公共产品

另外一类特殊商品的供给曲线平行于横轴，见图 2-6，这类商品的供给价格恒定，在一定的范围内无论消费多少数量，其价格不发生变化。这类商品的供给曲线呈现平行线的特征，其原因往往由于该类商品属于社会需求量大、涉及面宽且公众必须使用的商品，如价格波动会引起社会较大范围的影响，如水、电、气等公共产品的定价均是这类情况。

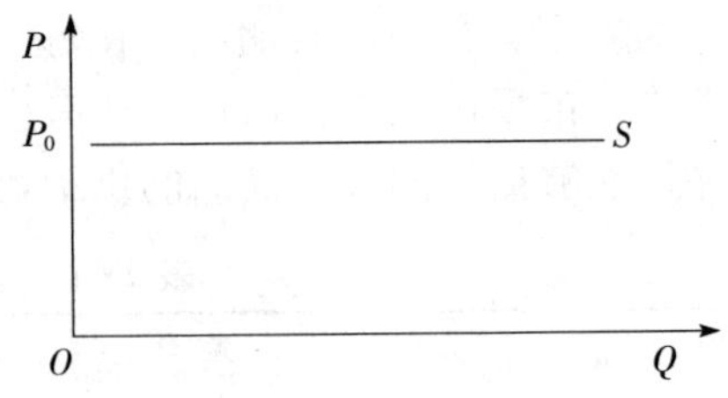

图 2-6 特殊的供给曲线 2

（三）劳动

还有一类供给曲线呈现向后弯曲的情况，见图 2-7，这类供给曲线更多针对劳动力市场的供给状况。在劳动力价格较低时，只有延长劳动时间才能维持基本生活。但当劳动力价格很高时，维持较高生活水平所需要的劳动时间反而减少。

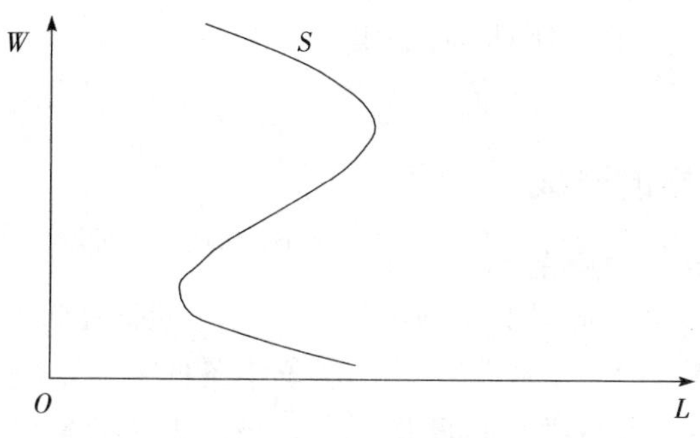

图 2-7　特殊的供给曲线 3

五、供给量的变动与供给的变动

供给量的变化可能是由商品自身价格的变动引起，也可能由其他因素的变动引起。商品自身价格的变动引起供给量的变动，如图 2-8 所示：

从图中可以看出，在其他条件不变的情况下，当商品价格由 P_1 上涨到 P_2 时，商品的供给量由 Q_1 增加到 Q_2，表现为沿着供给曲线移动。

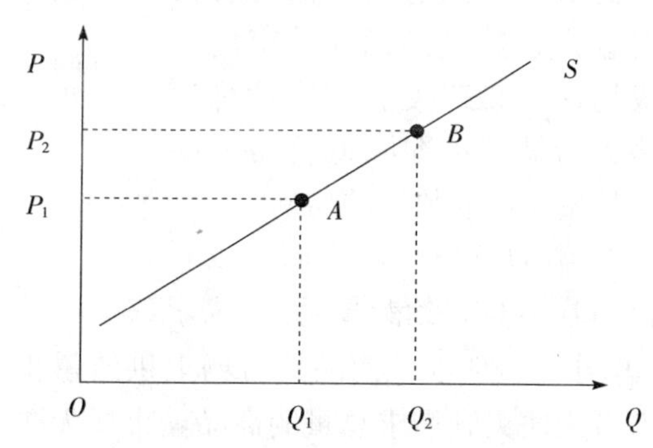

图 2-8　供给量的变动沿着供给曲线移动

商品自身价格以外的其他因素发生变动时，引起供给的变动，如图 2-9 所示：

在商品自身价格不变的条件下，如果其他因素改变，比如原料价格发生变化，将导致供给曲线的移动。假设原材料降价，在其他条件不变的情况下，如果商品价格仍然是 P_1，厂商利润增加，愿意生产更多的产品，于是产量增加为 Q_3，在其他价格下，产量也相应增加，这样，当原材料降价时，供给曲线由 S_1 变为 S_3。

第三节　均衡价格理论

经济学中，均衡是一个被广泛运用的概念，均衡一般是指经济体系中变动着的各种力量处于平衡，因而变动的净趋向为零的状态。经济学中的均衡最一般意义指经济事物中有关的变量在一定条件的相互作用下所达到的相对静止的状态。

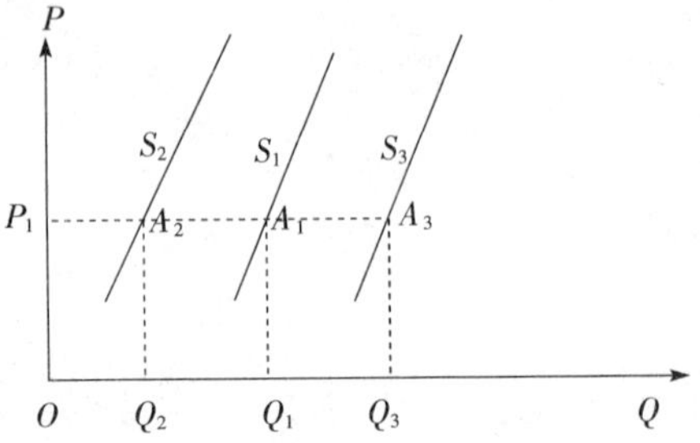

一、均衡价格的形成

图 2-9　供给的变动和供给曲线的移动

均衡价格是指一种商品需求与供给相等时的价格。在均衡价格水平下的相等的供求数量被称为均衡数量。均衡价格条件下，市场上既无剩余也无短缺，其决定因素是需求与供给的自我平衡，是在市场力量自发作用下形成的。

图 2-10 用图形方式表述了均衡价格的形成过程。在 P_1 的价格下，我们可以看到 $Q_{s1}>Q_{d1}$，即供给数量 Q_{s1} 比需求数量 Q_{d1} 大，说明在该商品的市场上供给量大于需求量，企业提供的商品过剩，消费者无法消费这么多数量的商品，市场无法形成均衡。其解决的方法就是通过价格进行调节，即降低价格来实现供给数量与需求数量的均衡。

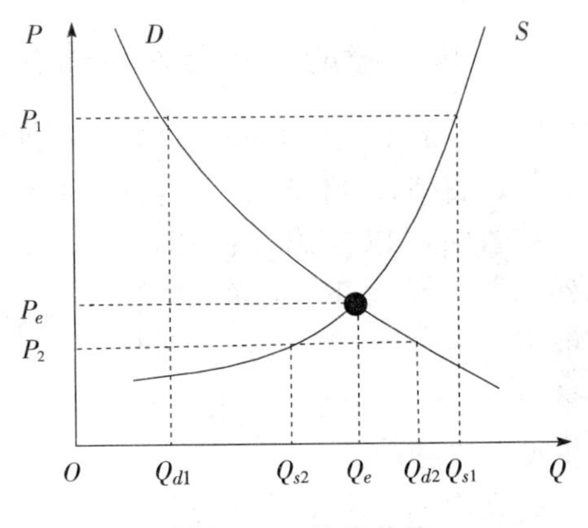

图 2-10　均衡价格

在 P_2 的价格下，我们可以看到 $Q_{s2}<Q_{d2}$，即供给数量 Q_{s2} 比需求数量 Q_{d2} 小，说明在该商品的市场上供给量小于需求量，企业提供的商品紧缺，消费者无法买到需求总量的商品，市场无法形成均衡。其解决的方法就是通过价格进行调节，即提高价格来实现供给数量与需求数量的均衡。

只有在 P_e 的价格下，$Q_s=Q_d$，此时的 P_e 为均衡价格。

均衡价格也可以通过代数形式表述。

设需求函数　$D=f(P)=a-bP$

供给函数　$S=f(P)=-c+dp$

供求相等　$D=S$

通过二元一次方程求解，得：

$$P_e=\frac{a+b}{b+d}\qquad Q_e=\frac{ad-bc}{b+d}$$

如一企业生产一种产品，其供给和需求如表 2-2，求其均衡价格。

表 2-2　需求量、供给量与均衡价格变动

价格（元）	6	5	4	3	2
需求量	200	300	400	500	600
供给量	800	600	400	200	0

我们可以将以上供给和需求表转换为代数形式：

$Q_d=800-100P$；$Q_s=-400+200P$　求：均衡价格 P_e，Q_e

解：∵　$Q_d=Q_s$

∴　$800-100P=-400+200P$

∴　$P=4$

∴　$Qs=400$

∴　$P_e=4$，$Q_e=400$

二、供求变动对均衡价格的影响

（一）需求变动对均衡价格与均衡数量的影响

需求变动是商品本身价格不变的情况下，其他影响需求的因素如收入、消费政策变化而引起的，需求变动在供求曲线图上表现为需求曲线的移动。在供给曲线位置不变的情况下，需求曲线的移动会引起均衡价格与均衡数量的变动。如图 2-11 所示，需求变动引起均衡价格、数量同向变动。

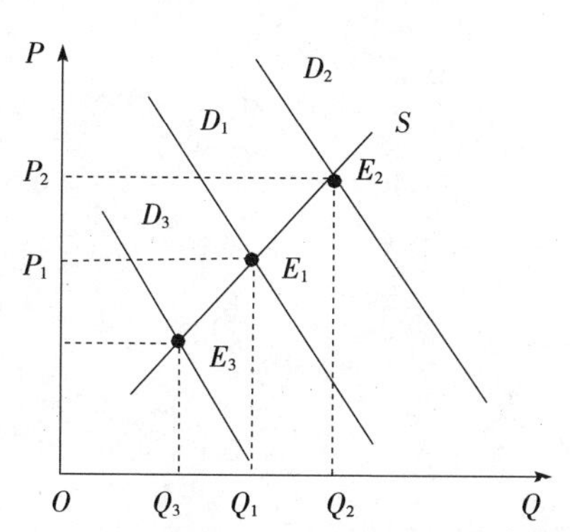

图 2-11　需求的变动与均衡价格的变动

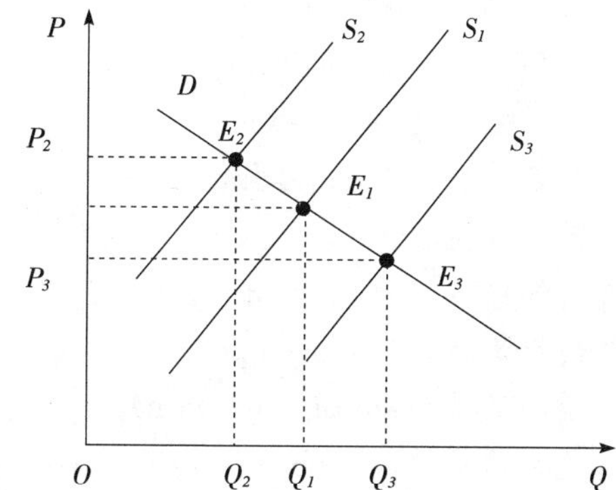

图 2-12　供给的变动与均衡价格的变动

（二）供给变动对均衡价格与均衡数量的影响

供给变动是商品本身价格不变的情况下，其他影响供给的因素如成本、产业政策变化而引起的，供给变动在供求曲线图上表现为供给曲线的移动。在需求曲线位置不变的情况下，供给曲线的移动会引起均衡价格与均衡数量的变动。如图 2-12 所示，供给变动引起均衡价格的反向变动，均衡数量的同向变动。

（三）需求和供给同时变化对均衡价格与数量的影响

如图 2-13 所示，当供求同时增加（或减少）时，均衡数量增加（或减少），但均衡价格的变动取决于供求各自变动的程度；当供求反向变动时，均衡价格与需求变化方向相同，而均衡数量的变动取决于供求各自变动的程度。

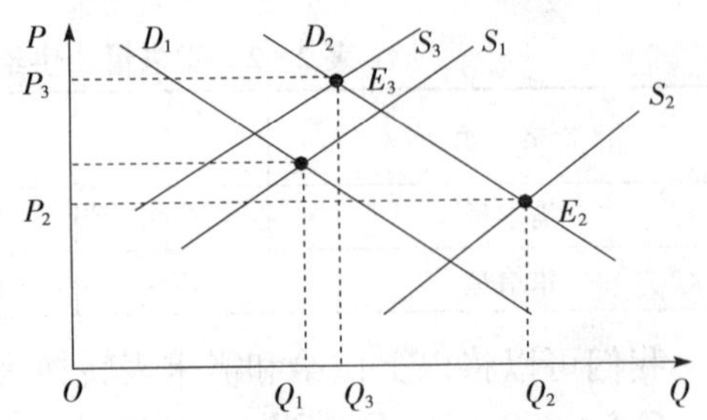

图 2-13　供求同时变动与均衡价格的变动

重要概念

需求（demand，D）
需求量（quantity demand）
互补品（complement goods）
替代品（substitute goods）
低档品（inferior goods）
吉芬商品（Giffen goods）
需求定理（law of demand）
替代效应（sustitution effect）
收入效应（income effect）
需求函数（demand function）
供给（supply，S）
供给量（quantity supply）
供给定理（law of supply）
供给函数（supply function）
均衡价格（equilibrium price）
均衡数量（equilibrium quantity）

练习题

1. 某商品在某一段时间的需求函数为 $Q_d = 50 - P$，供给函数为 $Q_s = -50 + 4P$。

（1）求均衡价格 P 和均衡数量 Q，并画出供给曲线和需求曲线图形。

（2）假设需求函数变为 $Q_d = 100 - P$，求出相应的均衡价格 P 和均衡数量 Q_e。考虑需求函数变化后均衡价格 P 和均衡数量 Q_e 发生变化的经济原因。

（3）假设供给函数变为 $Q_s = -100 + 5P$，求出相应的均衡价格 P 和均衡数量 Q_e，考虑供给函数变化后均衡价格 P 和均衡数量 Q_e 发生变化的经济原因。

2. 供给函数为 $Q_s = -50 + 2P$，需求函数为 $Q_d = 100 - 3P$。

（1）求市场均衡价格 P 和均衡数量 Q。

（2）若由于某种原因，市场需求函数扩大为 $Q_d = 300 - 3P$，求新的市场均衡。如果政府维持原价，并以 40 的单价从其他市场购买产品后以原均衡价格投放市场，需要耗费多少资金。如果政府选择对供给方进行补贴以维持原价，需要耗费多少资金。

3. 信息技术的发展降低了生产芯片的成本。运用供求理论分析芯片成本的降低对以下市场均衡价格和数量的影响：

（1）智能手机市场；

（2）电脑软件市场。

4. 根据下面所列的事件，分别指出私家车市场的哪一种需求或供给的决定因素将受到影响。同时还要指出，需求或供给是增加了，还是减少了。然后画图说明该事件对家用旅行车价格和数量的影响。

A. 人们决定多生孩子；

B. 钢铁工人罢工，致使钢材价格上涨；

C. 工程师开发出用于家用旅行车生产的新的自动化机器；

D. 运动型多功能车价格上升；

E. 股市崩溃减少了人们的财富。

第三章
弹 性 理 论

弹性理论是经济学上重要的基础理论。最早的弹性概念是由物理学家提出的，弹性在物理学中描述一个物体在外力的作用下如何运动或发生形变。近代英国著名的经济学家阿尔弗雷德·马歇尔（Alfred Marshall，1842—1924）借鉴物理学的弹性理论，提出了经济学弹性的概念，并给出了具体的弹性计算公式。可以说，弹性理论是阿尔弗雷德·马歇尔对经济学界最重要的贡献。弹性理论使得经济学从人文学科和历史学科的一门必修科学逐渐过渡并发展成为一门独立的学科。经济学的许多重要理论都是基于弹性理论建立的，从这一点来说，弹性理论使得经济学具有与物理学相似的科学性。

经济学中的弹性可以定义为：当一个称为自变量或从变量的经济变量发生变动时候，由它引起的另外一个因变量的经济变量变动的比率。刻画这种变动的具体比率用弹性系数来表达，数学表达式如下：

$$\text{弹性系数}=\frac{\text{因变量变动百分比}}{\text{自变量变动百分比}}$$

通过表达式可以看出，弹性系数是自变量导致因变量变动的比率，其系数是一个具体数值。

第一节　需求价格弹性

一、需求价格弹性的概念

需求价格弹性简称需求弹性，在经济学中一般用来衡量商品需求量的变动对价格变动的反应程度。具体来说指某一商品价格变动时，该种商品需求量相应变动，把价格视为自变量，商品需求量视为因变量，通过需求弹性系数考察其相对变动的灵敏度。

$$\text{需求价格弹性系数}=-\frac{\text{需求量变动百分比}}{\text{价格变动百分比}}$$

由于需求量和价格往往呈现反比关系，为了需求价格弹性系数在使用上符合大众的习惯，在需求价格弹性系数中加上负号。这样需求价格弹性系数就成为正数。

二、需求价格弹性的计算

需求价格弹性的计算有两种方法：弧弹性和点弹性。弧弹性是需求曲线上两点之间的弧的弹性，点弹性是需求曲线上某一点的弹性。一般来说，当价格变动较大时，用弧弹性；当价格变动较小时，用点弹性。

（一）弧弹性的计算

需求价格弹性的弧弹性具体数学表达式如下：

$$E_d=-\frac{\frac{\Delta Q_d}{Q_d}}{\frac{\Delta P}{P}}=-\frac{\Delta Q_d}{\Delta P}\cdot\frac{P}{Q_d}$$

其中：E_d 为需求价格弹性系数；ΔP 为价格 P 的变动量；ΔQ_d 为需求量 Q_d 的变动量；在 P 和 Q_d 取值时，取价格变动前的值还是价格变动后的值？计算结果显然是不一样的，一般采用折中的办法，即用中点公式计算。

需求价格弹性的弧弹性中点计算公式：

$$E_d=\frac{\Delta Q_d/\left(\frac{Q_{d1}+Q_{d2}}{2}\right)}{\Delta P/\left(\frac{P_1+P_2}{2}\right)}=\left|\frac{\Delta Q_d}{\Delta P}\right|\times\frac{P_1+P_2}{Q_{d1}+Q_{d2}}$$

其中，P_1、P_2 分别表示价格变动前后的值，Q_{d1}、Q_{d2} 分别表示价格变动前后的需求量。

（二）点弹性的计算

当价格变动量在两点之间的变动非常小，以致价格变动量趋于无穷小的时候，即 $\Delta P\to 0$，这时候的 $\Delta Q_d\to 0$，则需求价格弹性弧弹性的数学表达式也发生变化，成为需求价格弹性点弹性的表达式，具体数学表达式如下：

$$E_d=-\lim_{\Delta P\to 0}\frac{\frac{\Delta Q_d}{Q_d}}{\frac{\Delta P}{P}}=-\frac{\frac{\mathrm{d}Q_d}{Q_d}}{\frac{\mathrm{d}P}{P}}=-\frac{\mathrm{d}Q_d}{\mathrm{d}P}\cdot\frac{P}{Q_d}$$

设需求函数为 $Q_d=20-2P$，则某点的弹性系数：

$$E_d=-\frac{\mathrm{d}Q_d}{\mathrm{d}P}\frac{P}{Q_d}=2\cdot\frac{P}{Q_d}$$

当 $P=2$ 时，$Q=16$，$E_d=0.25$；当 $P=5$ 时，$Q=10$，$E_d=1$

需求价格弹性和需求曲线的分析可以结合起来进行，但需要注意两者的区别：需求曲线的斜率取决于价格和需求量的绝对数量的变动，而需求价格弹性则取决于两者比例的变动，是一种相对变动比值。若需求函数 $Q_d=f(P)$ 为一线性递减函数，需求弹性的计算公式为：

$$E_d=\frac{\Delta Q_d}{\Delta P}\cdot\frac{P}{Q_d}$$

可以看到 $\frac{\Delta Q_d}{\Delta P}$ 是需求曲线斜率 $\frac{\Delta P}{\Delta Q_d}$ 的倒数，需求曲线斜率较大时，其倒数较小，所以斜率较大的需求曲线对价格较迟钝，斜率较小的需求曲线对价格较敏感，但需求弹性还与点的位置有关，在同一直线上斜率相同时，价格越低，位置越靠右下方，弹性越小。

当需求曲线为直线时，可以用横轴公式与纵轴公式计算需求曲线上某点的弹性系数。

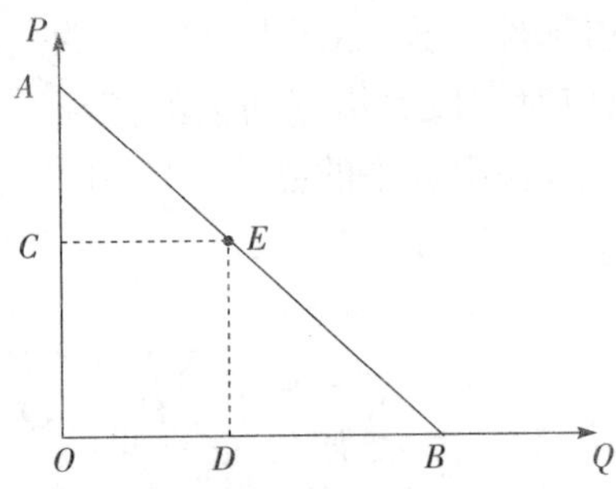

图 3-1　斜线需求曲线的弹性

在图 3-1 中，需求曲线与横轴的交点为 B，与纵轴的交点为 A，E 点需求弹性的横轴公式用横轴线段表示弹性的大小：

$$E_d=\frac{\mathrm{d}Q_d}{\mathrm{d}P}\cdot\frac{P}{Q_d}=\frac{DB}{DE}\cdot\frac{OC}{OD}=\frac{DB}{DE}\cdot\frac{DE}{OD}=\frac{DB}{OD}$$

E 点需求弹性的纵轴公式用纵轴线段表示弹性的大小：

$$E_d=\frac{\mathrm{d}Q_d}{\mathrm{d}P}\cdot\frac{P}{Q_d}=\frac{CE}{CA}\cdot\frac{OC}{OD}=\frac{CE}{CA}\cdot\frac{OC}{CE}=\frac{OC}{CA}$$

三、需求弹性的类型

弹性系数为我们展示了不同商品对价格的敏感程度，形成了不同商品的不同弹性程度。弹性的类型可以根据弹性大小分为如下类型（如图 3-2 所示）：

当 $E_d=0$，该类商品为完全无弹性的商品。如图 3-2（e）所示，这里商品无论价格如何变化，需求量的变化量总是 0。反映在需求曲线上，完全无弹性的商品的商品需求曲线是一条垂直的直线。完全无弹性的概念是一种理想状态，生活中没有绝对完全无弹性的商品，但日常生活中每天固定需求量的商品

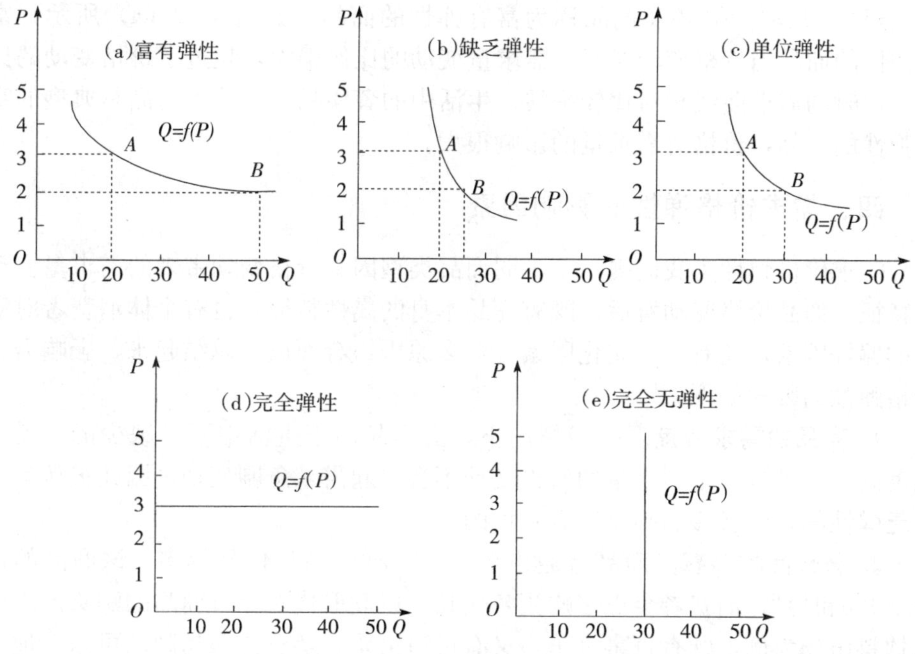

图 3-2　需求的价格弹性的五种类型

可以近乎视为完全无弹性的商品。如食盐作为日常生活中必需的商品，每个人每天都会摄入，但人体摄入食盐的量从健康角度看有一定指标，如果食盐价格变动，人们既不会因为食盐降价而多吃，也不会因为食盐涨价而少吃。从这个角度来说，食盐可以近似算完全无弹性商品。

当 $E_d=\infty$，该类商品为完全弹性或完全有弹性的商品。如图 3-2（d）所示，完全弹性商品，价格微小的变动，需求量变化率无穷大。商品的需求曲线是一条平行线。完全弹性的概念也是一种理想状态。

当 $E_d=1$，该类商品称为单位弹性或单一弹性的商品。如图 3-2（c）所示，单一弹性的商品价格变化，需求量也变化，并且比例一致，此时的需求曲线为正双曲线。单位弹性的概念也是一种理想状态。

当 $0<E_d<1$，该类商品缺乏弹性、不富弹性，或无弹性。如图 3-2（b）所示，这类商品价格变化时，需求量变化较小，小于价格变化的比例，此时的需求曲线相对比较陡峭。在日常生活中的必需品可以视为缺乏弹性的商品，比如大米、面粉、食用油等商品，是我们日常生活中的主要食品原料，消费者每天都会接触到，如果价格上涨，消费者可能减少购买数量，但要保障每天的日常生活；如果价格下降，消费者可能增加购买数量，但也会考虑自身家庭一定

的需求量。

当$1<E_d<\infty$，该类商品称为富有弹性的商品。如图 3-2（a）所示，富有弹性的商品当价格变动时候，需求量变动的比例很大，超过了价格变动的比例。此时的需求曲线相对比较平缓。生活中的奢侈品、享乐类商品是典型的富有弹性的商品，价格对需求量的影响很大。

四、需求价格弹性的影响因素

需求价格弹性为我们揭示了不同商品类型因为价格变动带来的需求量变动的特征。商品价格变动背后，既有商品本身的属性特征，也有个体消费者对商品的偏好因素，还有社会文化因素等众多原因组合而成。总结起来，影响需求价格弹性的因素如下：

1. 商品的需求程度。一般情况下，必需品由于生活中不可缺少的，需求强度高，需求量稳定，小量的价格变动不会引起需求急剧变动，因此被认为是缺乏弹性的，而奢侈品则是富有弹性的。

2. 替代品的多寡。商品流通市场上，一种商品替代品越多，该商品的价格上升的时候，消费者会更多购买替代品，以此取代对原有商品的购买。以可乐饮料市场为例，既有百事可乐，又有可口可乐，还有许多品牌的可乐。他们之间形成互为替代的关系，因此可口的需求弹性大。

3. 商品的用途范围。当商品用途范围较小时，需求弹性较大；反之需求弹性较小。因为当商品的用途过于狭窄，消费者购买该类商品以后使用的范围较小。则当消费者面临这类商品价格上涨时，便会大量减少其购买量。反之，当商品的用途较宽，价格上涨时，消费者购买少量商品满足最为迫切的需求，当价格下降时，消费者购买量增加，满足其各方面的需求。

4. 商品的耐用程度。一般而言，耐用消费品需求弹性大，非耐用品需求弹性小。因为耐用消费品通常价格较高，而且使用时间长，容易找到替代品。

5. 商品支出占总收入的比例。比如同样一款中档汽车，如遇上富裕的人购买，觉得占消费者的收入比例不大，需求弹性便低；如遇上收入较低的人购买，则占该消费者的总收入比例很高，消费者购买更为谨慎，则显示出需求价格弹性较大的特征。

此外，价格变动后的持续时间也会影响需求的价格弹性。如果消费者预期商品价格变动后会持续较长时间，则该商品的需求弹性就小；反之，需求弹性就大。比如，节假日的降价促销往往会带来商店销量的大量增加，因为人们认为这种降价不会持续很久。

第二节　需求收入弹性、需求交叉弹性与供给价格弹性

在经济研究中，除了需求价格弹性外，反映收入变化对需求影响程度的收入弹性，关联商品价格变动对需求影响程度的交叉弹性，以及价格变动对供给量影响程度的供给弹性也是重要的研究内容，对于各方经济决策至关重要。

一、需求收入弹性

（一）需求收入弹性的定义

需求的收入弹性也叫收入弹性，是需求量变动对收入变动的反应程度。其数学表达式为：

$$E_m = \frac{\Delta Q/Q}{\Delta Y/Y} = \frac{\Delta Q}{\Delta Y} \cdot \frac{Y}{Q}$$

其中，Y 表示收入，Q 表示需求量。

（二）需求收入弹性的分类

根据需求收入弹性系数的大小，大致可以将其分为 5 种类型：

1. 收入无弹性。即 $E_m=0$，无论收入如何变动，需求量都不会变。商品的需求曲线为垂直线，如图 3-3（a）所示。前面分析的食盐近似这种情况。

2. 收入富有弹性。$E_m>1$，这时需求量的变动幅度大于收入的变动幅度。这时，需求曲线为一条比较平缓的曲线，如图 3-3（b）所示。属于这种类型的商品被称为奢侈品，如珠宝、首饰、旅游等。

3. 收入缺乏弹性。$1>E_m>0$，这时，需求曲线比较陡峭，如图 3-3（c）所示。说明商品需求量的增长低于收入的增长，属于这种类型的商品被称为必需品，如食物、衣服等。

4. 收入单位弹性。$E_m=1$，商品需求量的变动幅度等于收入的变动幅度，需求曲线为通过原点的直线，如图 3-3（d）所示。

5. 收入负弹性。$E_m<0$，商品的需求量与收入反方向变动，其需求曲线向右下方倾斜，如图 3-3（e）所示。属于这种类型的商品被称为低档品，如黑白电视机、老式家具等。

图 3-3 是这 5 种类型的需求曲线示意图。

（三）恩格尔定理

德国统计学家恩格尔发现，随着收入的提高，食品支出占总支出的比例越来越小，这一现象被称为“恩格尔定理”。造成这一现象的根本原因，在于食

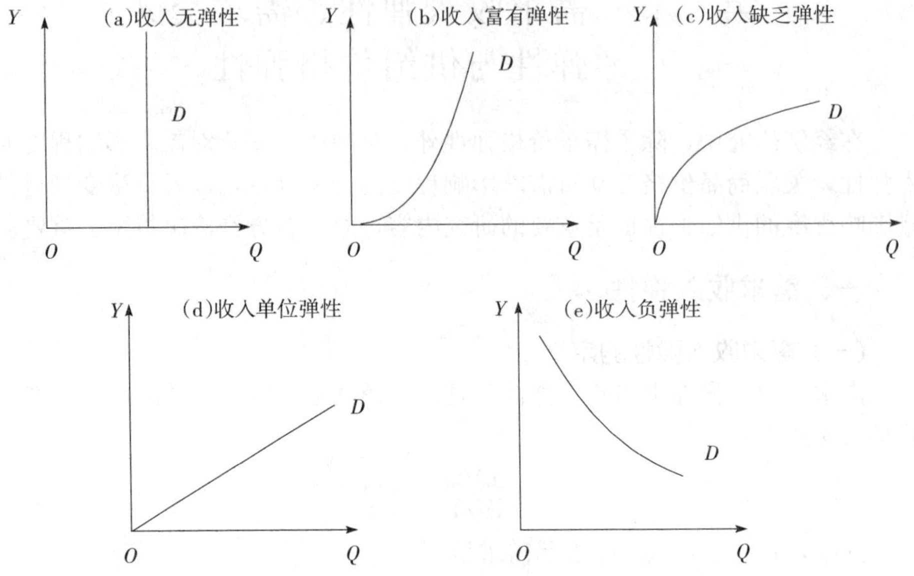

图 3-3　需求收入弹性的五种类型

品属于收入缺乏弹性的商品，在消费者收入提高的过程中，食品需求量的增加幅度小于收入的增长幅度，从而导致食品支出与总支出的比例越来越低。

食品支出占总支出的比例也叫“恩格尔系数”，已经成为反映一个国家或地区富裕程度与生活水平的重要指标。按照联合国粮农组织的标准，恩格尔系数大于60%的国家为贫困国家；恩格尔系数在50%～60%之间的为温饱型；恩格尔系数在40%～50%之间的为小康型；在30%～40%之间的为富裕型，小于30%的是极其富裕型。

二、需求交叉弹性

需求交叉弹性，是指一种商品价格的相对变动所引起的有关商品需求量的相对变动。其数学表达式为：

$$E_C = \frac{\Delta Q_x / Q_x}{\Delta P_y / P_y} = \frac{\Delta Q_x}{\Delta P_y} \cdot \frac{P_y}{Q_x}$$

其中，Q_x表示 X 商品的需求量，P_y为 Y 商品价格。

根据交叉弹性系数的大小和取值符号可以判断两种商品之间的关系：

如果两种商品为独立品，即互不相关，则其交叉弹性系数趋向于0；如果两种商品为替代品，则其交叉弹性系数大于0，而且交叉弹性系数越大，表明两种商品的替代程度越高；如果两种商品为互补品，则其交叉弹性系数小于0。

三、供给价格弹性

（一）供给价格弹性的定义

供给的价格弹性有时候也被简称为供给弹性，在经济学中一般用来衡量供给的数量随商品的价格的变动而变动的情况。供给价格弹性系数同需求的价格弹性一样，也是由供给量变动的百分比与价格变动的百分比的比值确定。

供给价格弹性的数学表达式可以用弧弹性表达，也可以用点弹性表达。

供给价格弹性的弧弹性具体数学表达式如下：

$$E_s = \frac{\frac{\Delta Q_s}{Q_s}}{\frac{\Delta P}{P}} = \frac{\Delta Q_s}{\Delta P}\frac{P}{Q_s}$$

其中，E_s 为需求价格弹性系数；ΔP 为价格P的变动量；ΔQ_s 为需求量 Q_s 的变动量。

供给价格弹性的弧弹性中点计算公式：

$$E_s = \frac{\Delta Q_s / \left(\frac{Q_{s1} + Q_{s2}}{2}\right)}{\Delta P / (\frac{P_1 + P_2}{2})} = \left|\frac{\Delta Q_s}{\Delta P}\right| \times \frac{P_1 + P_2}{Q_{s1} + Q_{s2}}$$

当价格变动量在两点之间的变动量非常小，以致价格变动量趋于无穷小的时候，即 $\Delta P \to 0$ ，这时候的 $\Delta Q_s \to 0$ ，则供给价格弹性弧弹性的数学表达式也发生变化，成为供给价格弹性点弹性的表达式，具体数学表达式如下：

$$E_s = \lim_{\Delta P \to 0} \frac{\frac{\Delta Q_s}{Q_s}}{\frac{\Delta P}{P}} = \frac{\frac{\mathrm{d}Q_s}{Q_s}}{\frac{\mathrm{d}P}{P}} = \frac{\mathrm{d}Q_s}{\mathrm{d}P}\frac{P}{Q_s}$$

供给价格弹性和供给曲线的分析可以结合起来进行，但如同需求价格弹性和需求曲线的区别一样，供给曲线的斜率取决于价格和供给量的绝对数量的变动，而供给价格弹性则取决于两者比例的变动，是一种相对变动比值。斜率较大的供给曲线对价格较迟钝，斜率较小的供给曲线对价格较敏感。

（二）供给价格弹性的类型

供给的价格弹性可以根据弹性系数的大小分为五种类型。$E_s > 1$ 表示供给富于弹性；$E_s < 1$ 表示供给缺乏弹性；$E_s = 1$ 表示供给单一弹性或单位弹性；$E_s = \infty$ 表示供给完全弹性；$E_s = 0$ 表示供给完全无弹性。

供给价格弹性的分类及几何表示见图3-4。

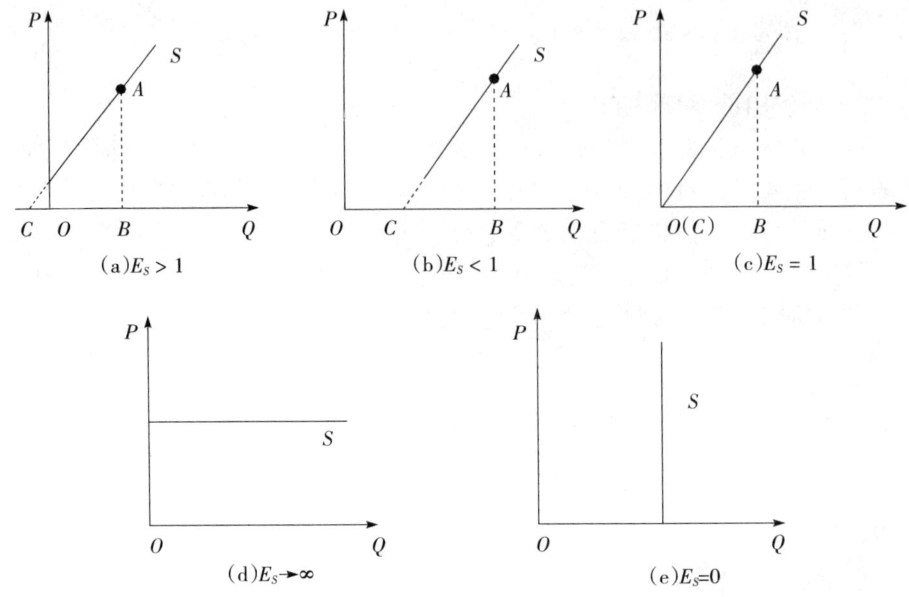

图 3-4　供给弹性的类型

现实经济生活中，供给单一弹性、供给完全无弹性和供给完全富于弹性比较少见，大多数商品的供给不是富于弹性就是缺乏弹性。如一些不可再生性资源如土地的供给，以及那些无法复制的珍品的供给价格弹性等于零，而在劳动力严重过剩地区劳动力供给曲线具有完全弹性（无穷大弹性）的特点。

供给的价格点弹性可以用公式直接计算得出，也可以用几何方法来求出。假定供给函数是非线性的，如图所示，供给曲线上任一点 A 的点弹性可表示为线段 CB 与线段 OB 之比值。

（三）供给弹性的影响因素

1. 调整产量的难易程度。易于调整产量的产品，供给弹性大；难以调整产量的产品，供给弹性小。而调整产量的难易程度，又取决于多种因素：

（1）自然条件。农业受自然条件的影响大，调整产量的难度高；工业受自然条件的影响小，调整产量相对容易。

（2）固定资产所占比重。重工业固定资产比重高，产量难以调整；轻工业固定资产比重低，产量易于调整。

（3）生产要素的供给弹性。要素供给弹性高的产品，调整产量相对容易；要素供给弹性小的，调整产量难度大。

（4）生产周期。生产周期长的产品，即使价格上涨，产量也难于调整；生产周期短的，产量易于调整。

(5) 生产成本。随着产量的增加，单位成本递增的产品，产量难于调整；单位成本递减的产品，产量易于调整。

2. 时间的长短。一般在短时期内，厂商只能在固定的厂房设备下增加产量，因而供给量的变动有限，这时供给弹性就小。在长期内，厂商能够通过调整规模来扩大产量，这时供给弹性将大于同种商品在短期内的供给弹性。

第三节　弹性理论的运用

弹性理论可以用于很多经济理论与实际问题的分析。本节主要探讨需求价格弹性对总收益的影响，以及运用弹性理论解释农产品价格波动的原因。

一、需求的价格弹性与总收益

这里所说的总收益是厂商销售某商品的总收入，它等于该商品的价格与销售量的乘积。用 TR 表示总收益，P 代表商品的价格，Q 代表商品的销售量，则有：

$$TR=P \cdot Q$$

总收益并非利润，它是成本与利润之和，所以，总收益增加并不表示利润增加。对消费者而言，厂商的总收益就是消费者的消费总支出，所以，分析需求价格弹性对总收益的影响也是分析需求价格弹性对总支出的影响。为了分析的方便，这里把需求量等同于销售量。

由于商品的价格与需求量是反向变动的，当商品价格变化时，总收益是增加还是减少取决于需求量对价格变动的反应程度，即需求的价格弹性。

（一）富有弹性的商品价格变动对总收益的影响

对于 $E_d>1$ 的商品，当价格下降时，需求量的增加的幅度大于价格下降的幅度，所以一般会带来总收益的增加。

假设电视机的需求弹性系数 $E_d=2$，则价格变动所引起的需求量的变动是价格变动幅度的 2 倍，如果价格下降 10%，则需求量增加 20%。再假设该电视机降价前的价格是 1 000 元/台，销售量是 500 台，则厂商的总收益应该是 500 000 元，而降价后，价格为 900 元，销售量则增加到 600 台，相应的总收益为 540 000 元，比降价前增加。相反，如果厂商将电视机的价格涨价 10%，则销售量会减少 20%，以前面的数据为例，涨价后价格为 1 100 元/台，而销售量减少到 400 台，总收益降到 440 000 元。

所以，需求富有弹性的商品比较适合用“薄利多销”的策略。

（二）缺乏弹性的商品价格变动对总收益的影响

对于 $E_d<1$ 的商品，当价格下降时，需求量的增加的幅度小于价格下降的幅度，所以一般会带来总收益的减少。

大多数农产品尤其是谷物的需求缺乏弹性，经常导致农民“增产不增收”，出现所谓的“丰收悖论”，即丰收的年份农民的收入反而减少的现象。

以小麦为例，假设小麦的需求价格弹性 $E_d=0.5$，当市场价格为 0.8 元/千克时，销售量为 1 000 千克，农民的收入为 800 元。如果某年小麦丰收，农民为尽快卖出小麦而降价 20%，市场价格为 0.64 元/千克，而销售量只增加 10%为 1 100 千克，农民的收入减少为 704 元。造成“丰收悖论”的根本原因在于农产品的需求缺乏弹性，价格的下降不能带来需求量相同幅度的增加，同时，农产品市场的竞争又导致农民在丰收的年份为尽快卖出农产品而竞相压价。

“丰收悖论”伤害农民的生产积极性，不利于农业生产的稳定。解决的主要办法：一是由政府实行农产品价格支持的政策，政府规定农产品的最低保护价，当市场价格低于保护价时，政府通过收购农产品或给予农民补贴来保证农民的收入；二是发展仓储业，在农产品价格太低时，收购农产品，增加库存，市场供不应求时抛售库存，压低市场价格，从而减少农产品价格的波动。

二、蛛网理论

蛛网理论通过构建蛛网模型将需求弹性和供给弹性有机结合起来，形成均衡分析框架。1930 年由美国的舒尔茨、荷兰的 J. 丁伯根和意大利的里奇分别研究了某些具体商品，发现其商品的价格与产量变动相互影响，引起规律性的循环变动。他们提出了某些由于价格和产量的连续变动图形犹如蛛网，1934 年英国的卡尔多将这种理论命名为蛛网理论。

蛛网理论是一种动态均衡分析。古典经济学理论认为，如果供给量和价格的均衡被打破，经过竞争，均衡状态会自动恢复。蛛网理论却证明，按照古典经济学静态下完全竞争的假设，均衡一旦被打破，经济系统并不一定自动恢复均衡。这种根据的假设是：完全竞争，每个生产者都认为当前的市场价格会继续下去，自己改变生产计划不会影响市场；价格由供给量决定；供给量由上期的市场价格决定；生产的商品不是耐用商品。这些假设表明，蛛网理论主要用于分析农产品。

蛛网模型考察的是生产周期较长的商品。蛛网模型的基本假设条件是：商品的本期产量 Q_t^s 决定于前一期的价格 P_{t-1}，即供给函数为 $Q_t^s=f(P_{t-1})$。商品本期的需求量 Q_t^d 决定于本期的价格 P_t，即需求函数为 $Q_t^d=g(P_t)$。P_t、

Q_t^d、Q_t^s 分别表示 t 时刻的价格、需求量、供给量。蛛网模型是一个动态模型，它根据供求曲线的弹性分析了商品的价格和产量波动的三种类型："收敛型蛛网"、"发散型蛛网"和"封闭型蛛网"。

（一）收敛型蛛网：供给弹性小于需求弹性

如图 3-5 所示，需求曲线斜率的绝对值小于供给曲线斜率的绝对值。当市场受到干扰偏离原有的均衡状态以后，实际价格和实际产量会围绕均衡水平上下波动，但波动的幅度越来越小，最后会恢复到原来的均衡点。相应的蛛网称为"收敛型蛛网"。

由于某种原因的干扰，如恶劣的气候条件，实际产量由均衡水平 Q_e 减少为 Q_1。根据需求曲线，消费者愿意以价格 P_1 购买全部产量 Q_1，于是，实际价格上升为 P_1。

根据第一期较高的价格水平 P_1，按照供给曲线，生产者将第二期的产量增加为 Q_2；在第二期，生产者为了出售全部产量 Q_2，接受消费者支付的价格 P_2，于是实际价格下降为 P_2；根据第二期较低的价格 P_2，生产者将第三期的产量减少为 Q_3；在第三期，消费者愿意支付 P_3 的价格购买全部的产量 Q_3，于是实际价格又上升为 P_3，根据第三期的较高的价格 P_3，生产者又将第四期的产量调整为 Q_4。

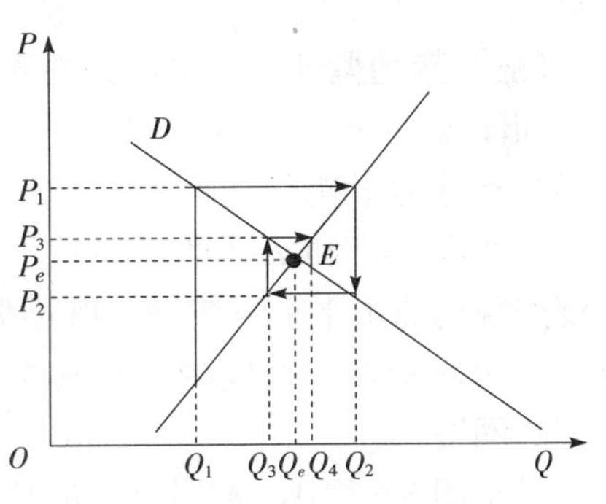

图 3-5　收敛型蛛网

依此类推，如图 3-5 所示，实际价格和实际产量的波动幅度越来越小，最后恢复到均衡点 E 所代表的水平。由此可见，图 3-5 中均衡点状态 E 是稳定的。也就是说，由于外在的原因，当价格与产量发生波动而偏离均衡状态时，经济体系中存在着自发的因素，能使价格和产量自动地恢复均衡状态。

（二）发散型蛛网：供给弹性大于需求弹性

如图 3-6 所示，需求曲线斜率的绝对值大于供给曲线斜率的绝对值。当市场受到外力干扰偏离原有的均衡状态以后，实际价格和实际产量会围绕均衡水平上下波动，但波动的幅度越来越大，最后会偏离原来的均衡点，相应的蛛网称为"发散型蛛网"。

假定在第一期由于某种原因的干扰，实际产量由均衡水平 Q_e 减少为 Q_1，根据需求曲线，消费者愿意支付价格 P_1 购买全部产量 Q_1，于是实际价格上升为 P_1，根据第一期较高的价格水平 P_1，按照供给曲线，生产者将第二期的产

量增加为 Q_2；在第二期，生产者为了出售全部产量 Q_2，接受消费者支付的价格 P_2，于是实际价格下降为 P_2，根据第二期较低的价格 P_2，生产者将第三期的产量减少为 Q_3；在第三期，消费者愿意支付 P_3 的价格购买全部的产量 Q_3，于是实际价格又上升为 P_3；根据第三期的较高的价格 P_3，生产者又将第四期的产量调整为 Q_4。

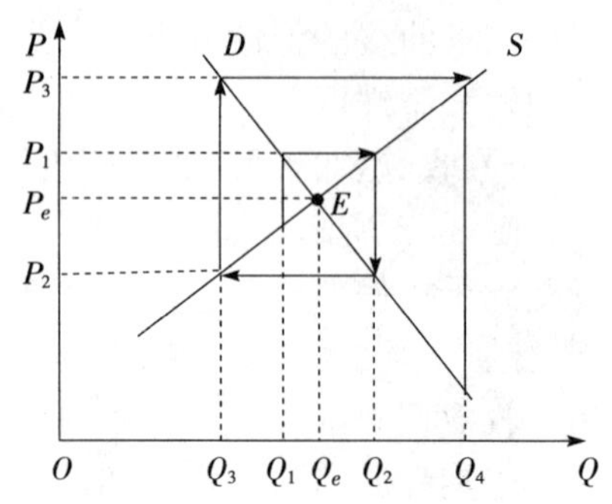

图 3-6　发散型蛛网

依此类推，如图 3-6 所示，实际价格和实际产量的波动幅度越来越大，最后偏离均衡点 E 所代表的水平。由此可见，图 3-6 中均衡点 E 所代表的均衡状态是不稳定的。

（三）封闭型蛛网：供给弹性等于需求弹性

如图 3-7 所示，需求曲线斜率的绝对值等于供给曲线斜率的绝对值时，市场受到外力干扰偏离原有的均衡状态以后，实际价格和实际产量会按照同一幅度围绕均衡水平上下波动，既不偏离，也不趋向均衡点。相应的蛛网称为“封闭型蛛网”。

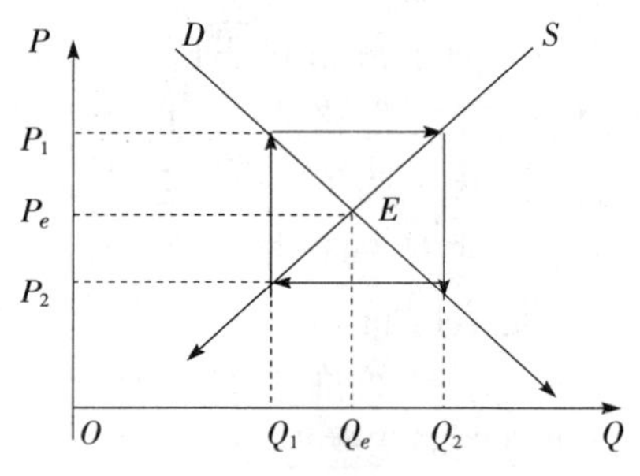

图 3-7　封闭型蛛网

对于图 3-7 中，不同时点的价格与供求量之间的解释与前两种情况类似，故从略。从图 3-7 可看出，当相对于价格轴，需求曲线斜率的绝对值等于供给曲线斜率的绝对值时，即相对于价格轴而言，供求曲线具有相同的陡峭与平缓程度时蛛网以相同的幅度上下波动，相应的蛛网称为“封闭型蛛网”。

重要概念

弹性（elasticity）
弧弹性（arc elasticity）
点弹性（point elasticity）
需求弹性（price elasticity of demand）
需求收入弹性（income elasticity of demand）
奢侈品（luxury goods）
必需品（necessities）

恩格尔定理（Engel's law）
恩格尔系数（Engel's coefficient）
需求交叉弹性（cross elasticity of demand）
供给弹性（price elasticity of supply）
收敛型蛛网（convergent cobweb）
发散型蛛网（explosive cobweb）
封闭型蛛网（perpetual cobweb）

练习题

1. 假定表 3-1 是需求函数 $Q=50-10P$ 在一定价格范围内的需求表：

表 3-1　某商品的需求表

价格（元）	1	2	3	4	5
需求量	40	30	20	10	0

（1）求出价格 3 元到 4 元之间的需求的价格弧弹性。

（2）根据给出的需求函数，求 $P=3$ 元时的需求的价格点弹性。

（3）根据该需求函数或需求表做出几何图形，利用几何方法求出 $P=3$ 元时的需求的价格点弹性。它与（2）的结果相同吗？

2. 假定表 3-2 是供给函数 $Q=-40+10P$ 在一定价格范围内的供给表：

表 3-2　某商品的供给表

价格（元）	5	6	7	8	9
供给量	10	20	30	40	50

（1）求出价格 6 元和 8 元之间的供给的价格弧弹性。

（2）根据给出的供给函数，求 $P=8$ 元时的供给的价格点弹性。

（3）根据该供给函数或供给表做出几何图形，利用几何方法求出 $P=8$ 元时的供给的价格点弹性。它与（2）的结果相同吗？

3. 假定某消费者关于某种商品的消费数量 Q 与收入 M 之间的函数关系为 $M=80Q^2$。

求：当收入 $M=5000$ 时的需求的收入点弹性。

4. 假定某商品市场上有 100 个消费者，其中，60 个消费者购买该市场 $\frac{1}{3}$ 的商品，且每个消费者的需求的价格弹性均为 3；另外 40 个消费者购买该市

场 $\frac{2}{3}$ 的商品，且每个消费者的需求的价格弹性均为 6。

求：按 100 个消费者合计的需求的价格弹性系数是多少？

5. 假定某消费者的需求的价格弹性 $E_d=2.5$，需求的收入弹性 $E_M=3.6$。

求：（1）在其他条件不变的情况下，商品价格下降 5%对需求数量的影响。

（2）在其他条件不变的情况下，消费者收入提高 5%对需求数量的影响。

第四章
消费者行为理论

通过前面对需求和供给的认识，以及运用弹性理论对需求和供给的解释，我们可以得出这样的基本结论：供给和需求的产生是相互作用的，供给产生于需求，需求进一步刺激了供给。而消费者需求的目的是什么呢？日常生活中，消费者该如何选择自身的消费行为？消费者的消费行为从经济学理论上如何评价？

经济学家提出了效用的概念来刻画消费者的选择活动。

第一节　效用论概述

在前面章节的分析中，我们用欲望、需求以及欲望的满足程度来衡量消费者的心理感觉，那么当消费者消费不同商品的时候，消费者需求的满足程度可以量化吗？经济学首先提出了效用这个概念来刻画消费者消费商品获得的满足水平，同时试图借助构建函数的方法更精确地分析消费行为。

一、效用

经济学中所说的效用是指消费者消费各种商品或服务的时候，所获得的满足程度。可以看出，效用是消费者的个体满足程度，是一种消费者主观心理感觉产生的判断。

由于效用的概念完全来源于消费者的主观判断，因此很难进行数理分析，经济学试图借助消费者消费的商品数量和性质来考察消费者的效用水平。一般而言，对于消费者来说，同样的商品，消费的数量越多，产生的效用越大；而商品的性质特征则与消费者心理和消费场景有关，比如夏季在南方地区空调的效用就比北方地区大。

在研究效用的过程中，对于如何表示效用，如何对效用进行量化和比较，经济学家有不同的看法，形成了两种不同的效用论：基数效用论与序数效用论。

二、基数效用论与序数效用论

（一）基数效用论

基数效用论是 19 世纪和 20 世纪初期经济学普遍使用的概念。其基本观点是：效用是可以计量并可以加总求和的。表示效用大小的计量单位被称为效用单位。因此，效用的大小可以用基数（1、2、3…）来表示，正如长度单位可以用“米”来表示一样。基数效用论采用边际效用分析法。基数效用论认为效用大小是可以测量的，并且可以求和，如消费第一个面包的效用为1，假设消费第二个面包的效用也为1，则两个面包的效用为2。

（二）序数效用论

序数效用论由英国经济学家希克斯提出，是为了弥补基数效用论的缺点而提出来的另一种研究消费者行为的理论。1934年，希克斯和艾伦在《价值理论的再思考》中提出：效用作为一种心理现象是无法计量的，因为不可能找到效用的计量单位；他们运用埃奇沃思发明的“无差异曲线”对效用进行了重新诠释，认为消费者在市场上所做的并不是权衡商品效用的大小而只是在不同的商品之间进行排序。这就是所谓的序数效用论。

序数效用论的基本观点是：效用作为一种心理现象无法计量，也不能加总求和，只能表示出满足程度的高低与顺序，因此，效用只能用序数（第一、第二、第三……）来表示。例如，某消费者最喜欢吃的是苹果，其次是梨，其次是香蕉，于是苹果的效用第一，梨的效用第二，香蕉的效用第三。序数效用论用无差异曲线分析消费者行为。

第二节　边际效用分析

一、总效用与边际效用

总效用（total utility，TU）是指消费者消费一定数量某种物品所得到的总的满足程度。

边际效用（marginal utility，MU）是指某种物品的消费量每增加一个单位消费者所增加的满足程度。边际的含义是增量，指自变量增加一个单位所引起的因变量的增加量。

表4-1显示的是某消费者在消费汉堡过程中，消费量（X）与效用（U）的关系：

表4-1　汉堡的效用表

汉堡（X）	总效用（TU）	边际效用（MU）
0	0	0
1	30	30

（续）

汉堡（X）	总效用（TU）	边际效用（MU）
2	40	10
3	45	5
4	45	0
5	40	−5

从效用表可以看出，随着汉堡消费量的增加，汉堡的边际效用是递减的，当边际效用为零时，总效用最大；当边际效用小于零时，总效用递减。

如果用数学函数表达消费者消费商品与效用之间的关系，就产生了效用函数（utility function）。汉堡的效用函数可以简单表示为：$TU=f(X)$，相应的边际效用 $MU=\dfrac{\Delta TU(X)}{\Delta X}$，当消费量的增加趋向于无穷小，即 $\Delta X\rightarrow 0$ 时，$MU=\dfrac{\mathrm{d}TU(X)}{\mathrm{d}X}$。边际效用递减规律说明，随着消费品 X 数量的增加，边际效用 MU 是减少的，可以表示为 $\dfrac{\mathrm{d}MU}{\mathrm{d}X}<0$ 或 $\dfrac{\mathrm{d}^2 TU}{\mathrm{d}X^2}<0$。由于总效用是边际效用的累加，只要边际效用大于 0，总效用就会增加，但当边际效用为负时，总效用开始下降。因此，总效用最大时边际效用为 0。

总效用与边际效用的关系，还可以用效用曲线图来分析：

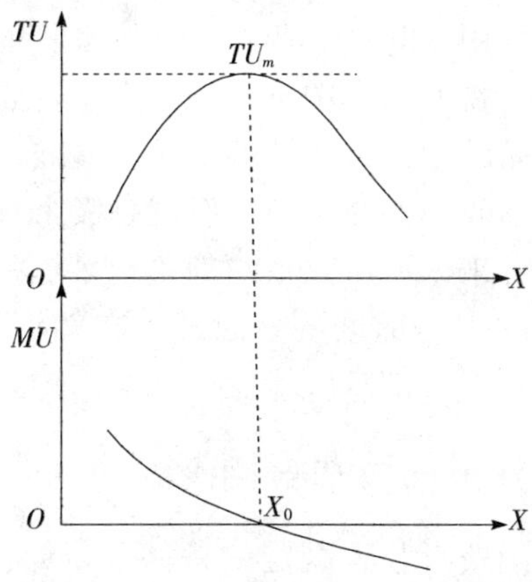

图 4-1　总效用与边际效用的关系

在图 4 - 1 中，MU 曲线是向右下方倾斜的，它反映了边际效用递减规律，相应地，TU 曲线是以递减的速率先上升后下降的。当边际效用为正值时，总效用曲线呈上升趋势；当边际效用递减为零时，总效用曲线达最高点；当边际效用继续递减为负值时，总效用曲线呈下降趋势。如果效用曲线是连续的，则每一消费量上的边际效用值就是总效用曲线上相应的点的斜率。边际效用递减必然导致总效用曲线下凹。

二、边际效用递减规律

前面汉堡消费的例子告诉我们，随着消费者对某种物品消费数量的增加，他从该物品连续增加的消费单位中所得到的边际效用是递减的。通常大部分商品的消费都符合这一规律，经济学中把这一现象称为边际效用递减规律，也叫戈森第一定律。

产生边际效用递减规律的原因：

（一）生理和心理因素

某种单一刺激的反复进行会使生理和心理的满足感减少，满足程度降低。比如，对于一个饥肠辘辘的人来说，吃第一个汉堡的满足水平特别大，则我们认为其效用值会很大，第二个汉堡的满足水平次之，第三个汉堡增加的满足水平又比第二个小，如果他一直吃下去的话，肚子觉得饱了，这个时候再吃一个汉堡对消费者无所谓，如果消费者明显感觉饱了，再吃一个汉堡则会产生不舒服，再继续吃下去可能产生不适等问题，这个时候消费者不是满足的感觉，而是一种负担了。

（二）物品用途的多样性。

当一种物品具有几种用途时，消费者总是将第一单位的消费品用在最重要的用途上，第二单位的消费品用在次重要的用途上，如此等等。这样，消费品的边际效用便随着消费品的用途重要性的下降而递减。

大多数商品符合边际效用递减规律，但也有极个别商品的边际效用是递增的，例如对于集邮爱好者来说，所收集的邮票越多越完整，则该集邮册的价值越大，所以邮票的边际效用是递增的。此外，在知识经济时代，所了解的知识、信息越多越全面，知识、信息所能发挥的作用越大。

三、预算约束条件下的消费者均衡

消费者均衡研究在消费者收入既定的条件下，如何实现效用最大的问题。消费者将收入用于各种商品和劳务的消费，所得总效用最大时的状态被称为消费者均衡。这里的均衡是指消费者实现最大效用时既不想再增加，也不想再减少任何商品购买数量的一种相对静止的状态。

研究这一问题有几个假设条件：①消费者的偏好既定，因而对商品的效用和边际效用的评价既定；②消费者的收入既定；③商品的价格既定。

基于基数效用论的边际效用分析认为：消费者用全部收入所购买的各种商品的边际效用与购买这些商品所支付的价格之比都相等时，消费者所得到的总效用最大，或者说，消费者使自己花费在各种商品购买上的最后一元钱所带来的边际效用相等时，消费者所得到的总效用最大。这就是消费者均衡的条件。

假设消费者用既定的收入 M 只购买两种商品，P_X、P_Y分别为两种商品的既定价，以 X、Y 分别表示两种商品的数量，MU_X、MU_Y分别表示两种商品的边际效用，则上述的消费者效用最大化的均衡条件可以用公式表示为：

$$\begin{cases} P_X \cdot X + P_Y \cdot Y = M \\ \dfrac{MU_X}{P_X} = \dfrac{MU_Y}{P_Y} \end{cases}$$

为什么说只有当消费者实现了 $\dfrac{MU_X}{P_X} = \dfrac{MU_Y}{P_Y}$ 的均衡条件时，才能获得最大的效用呢？当 $\dfrac{MU_X}{P_X} < \dfrac{MU_Y}{P_Y}$ 时，这说明对于消费者来说，同样的一元钱购买商品 X 所得到的边际效用小于购买商品 Y 所得到的边际效用。这样，理性的消费者就会调整这两种商品的购买数量：减少对商品 X 的购买量，增加对商品 Y 的购买量。在这样的调整过程中，商品 X 的边际效用的减少量是小于商品 Y 的边际效用的增加量的，这意味着消费者的总效用是增加的。当 $\dfrac{MU_X}{P_X} > \dfrac{MU_Y}{P_Y}$ 时，这说明对于消费者来说，同样的一元钱购买商品 X 所得到的边际效用大于购买商品 Y 所得到的边际效用。根据同样的道理，理性的消费者会进行与前面相反的调整过程，即增加对商品 X 的购买，减少对商品 Y 的购买，直至 $\dfrac{MU_X}{P_X} = \dfrac{MU_Y}{P_Y}$，不需要对 X、Y 的购买量做任何改变，消费者获得最大的效用。

在数学上还可以用代入法来证明消费者均衡的条件。

由预算约束条件 $P_X \cdot X + P_Y \cdot Y = M$ 可得 $Y = \dfrac{M - P_X X}{P_Y}$，代入效用函数 $TU = f(X, Y)$ 可得 $TU = f\left(X, \dfrac{M - P_X X}{P_Y}\right)$，为求得 TU 最大，令其一阶

导数等于 0

$$\frac{\mathrm{d}TU}{\mathrm{d}X}=\frac{\partial f}{\partial X}+\frac{\partial f}{\partial Y}\left(-\frac{P_X}{P_Y}\right)=0$$

可得 $\frac{\frac{\partial f}{\partial X}}{P_X}=\frac{\frac{\partial f}{\partial Y}}{P_Y}$，由于 $\frac{\partial f}{\partial X}$ 即 MU_X，$\frac{\partial f}{\partial Y}$ 为 MU_Y，所以，总效用最大的必要条件就是：

$$\frac{MU_X}{P_X}=\frac{MU_Y}{P_Y}$$

总效用最大的充分条件是 TU 的二阶导数小于 0，即 $\frac{\mathrm{d}^2 TU}{\mathrm{d}X^2}<0$，由边际效用递减规律可知充分条件也是满足的。

四、边际效用分析与需求定理

需求定理显示商品的需求量与价格成反向变动的关系，这一现象可以用边际效用递减规律来解释。

根据消费者行为理论，消费者消费的目的是为了获得效用，消费者在一定时期内对一定量的某种商品所愿意支付的最高价格即需求价格取决于商品的边际效用。由于边际效用递减规律的作用，随着消费者对某一种商品消费量的连续增加，该商品的边际效用是递减的，相应地，消费者为购买这种商品所愿意支付的需求价格也是越来越低的。这意味着，建立在边际效用递减规律上的需求曲线是向右下方倾斜的或者说商品的需求量与价格成反向变动的关系。

从前面消费者均衡的条件：$\frac{MU_X}{P_X}=\frac{MU_Y}{P_Y}$ 可以看出，消费者必须让自己花费在各种商品购买上的最后一元钱所带来的边际效用相等即保持货币的边际效用不变才能实现效用的最大化。如果消费者只购买一种商品，最优购买量也应该是让最后一元钱购买该商品所带来的边际效用和所付出的这一元钱的货币的边际效用相等。

下面通过表 4－2 来进行分析：

从表中的数据可以看出，随着商品消费量的增加，该商品的边际效用递减，从而使消费者愿意支付的价格也是递减的，这样才能保持货币的边际效用不变。这就解释了需求定理。

表 4-2　价格与需求量

消费量（需求量）	边际效用	价格	货币的边际效用
1	20	10	2
2	10	5	2
3	5	2.5	2
4	2	1	2
5	1	0.5	2

五、消费者剩余

消费者按照每一单位商品的边际效用来确定需求价格，由于商品的边际效用是递减的，所以，消费者对某种商品所愿意支付的最高价格是逐步下降的。消费者对每一单位商品所愿意支付的最高价格并不等于该商品在市场上的实际价格。事实上，消费者在购买商品时是按低于或等于其需求价格的实际市场价格支付的。于是，在消费者愿意支付的最高价格和实际的市场价格之间就产生了一个差额，这个差额便构成了消费者剩余的基础。

假设某种汉堡的市场价格为 1 元，某消费者在购买第一个汉堡时，根据这个汉堡的边际效用，他认为值得付 5 元去购买，即他愿意支付的最高价格为 5 元。于是当这个消费者以市场价格 1 元购买这个汉堡时，就获得了 4 元的剩余。在以后的购买过程中，随着汉堡的边际效用递减，他为购买第二个、第三个、第四个汉堡所愿意支付的最高价格分别递减为 4 元、3 元和 2 元。这样，他为购买 4 个汉堡所愿意支付的最高总金额＝5 元＋4 元＋3 元＋2 元＝14 元。但他实际按市场价格支付的总金额＝1 元×4＝4 元。两者的差额＝14 元－4 元＝10 元，这个差额就是消费者剩余。也正是从这种感觉上，他认为购买 4 个汉堡包是值得的，是能使自己的状况得到改善的。由此可见，消费者剩余是消费者在购买一定数量的某种商品时愿意支付的最高总价格和实际支付的总价格之间的差额。

消费者剩余可以用几何图形来表示。简单地说，消费者剩余可以用消费者需求曲线以下、市场价格线之上的面积来表示。在图 4-2 中，需求曲线表示消费者对每一单位商品所愿意支付的最高价格。假定该商品的市场价格为 P_0，消费者的购买量为 Q_0。那么，根据消费者剩余的定义，我们可以推断，在产量 0 到 Q_0 区间需求曲线以下的面积表示消费者为购买 Q_0 数量的商品所愿意支付的最高总金额（即总价格），即相当于图中的面积 $OABQ_0$；而实际支付的总金额（即总价格）等于市场价格 P_0 乘以购买量 Q_0，即相当于图中的矩形面积 OP_0BQ_0。这两块面积的差额即图中的阴影部分面积 P_0AB，就是消费者剩余。

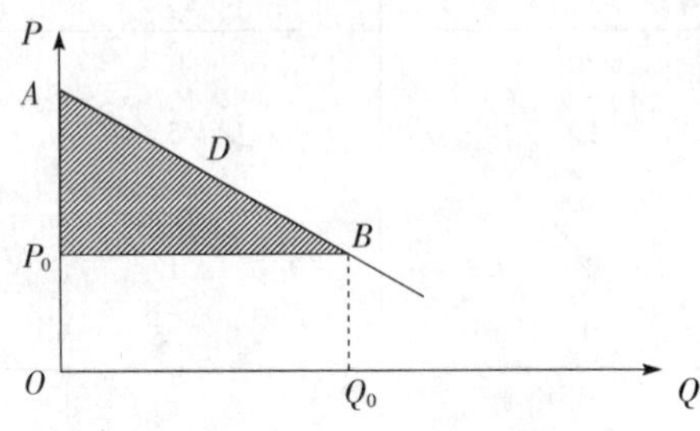

图 4－2　消费者剩余

消费者剩余是消费者的主观心理评价，它反映消费者通过购买和消费商品所感受到的状态的改善。因此，消费者剩余通常被用来度量和分析社会福利问题。

第三节　无差异曲线分析

序数效用论用无差异曲线分析法来考察消费者行为，说明消费者均衡的实现。

一、关于偏好的假定

序数效用论者认为，商品给消费者带来的效用大小应用顺序或等级来表示。为此，序数效用论者提出了消费者偏好的概念。所谓偏好，就是爱好或喜欢的意思。序数效用论者认为，对于各种不同的商品组合，消费者的偏好程度是有差别的，这种偏好程度的差别，反映了消费者对这些不同的商品组合的效用水平的评价。具体地讲，给定 A、B 两个商品组合，如果某消费者对 A 商品组合的偏好程度大于 B 商品组合，那也就是说，这个消费者认为 A 组合的效用水平大于 B 组合，或者说，A 组合给该消费者带来的满足程度大于 B 组合。

序数效用论者提出了关于消费者偏好的三个基本的假定：

1. 完备性　即消费者对于偏好的表达方式是完备的，消费者总是可以比较和排列所给出的不同商品组合，对每一组商品都能说出偏好顺序。

2. 可传递性　可传递性指消费者对不同商品的偏好是有序的，连贯一致的。对于任何三个商品组合 A、B 和 C，如果消费者对 A 的偏好大于对 B 的偏好，对 B 的偏好大于对 C 的偏好，那么，在 A、C 这两个组合中，消费者

必定有对 A 的偏好大于对 C 的偏好。偏好的可传递性假定保证了消费者偏好的一致性，因而也是理性的。

3. 非饱和性　该假定指如果两个商品组合的区别仅在于其中一种商品的数量不相同，那么，消费者总是偏好于含有这种商品数量较多的那个商品组合。这就是说消费者对每一种商品的消费都没有达到饱和点，或者说，对于任何一种商品，消费者总是认为数量多比数量少好。

二、无差异曲线

无差异曲线是用来表示消费者偏好相同的两种商品的所有组合的曲线。或者说，它是表示能够给消费者带来相同的效用水平或满足程度的两种商品的所有组合的曲线。表 4-3 是给某消费者带来某一满足程度的无差异组合，可以用来构建一条无差异曲线。

表 4-3　无差异组合

商品组合	食品 X（份）	衣服 Y（件）
A	1	10
B	2	5
C	3	2
D	4	1

根据表 4-3 绘制的无差异曲线如图 4-3 所示。图中的横轴和纵轴分别表示食品的数量 X 和衣服的数量 Y。

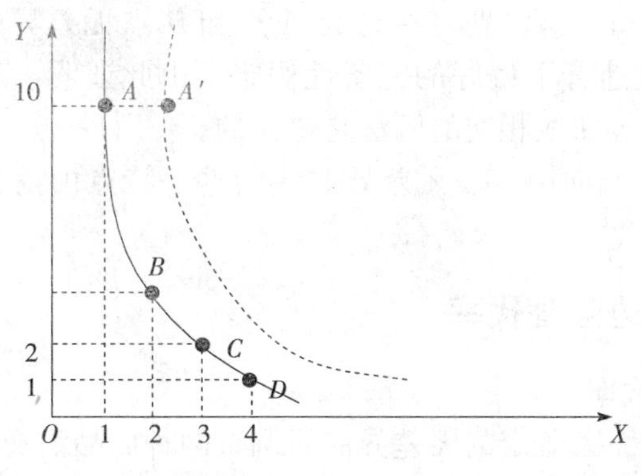

图 4-3　无差异曲线

三、无差异曲线的特点

从图 4-3 可以看到无差异曲线具有如下特点：

1. 无差异曲线向右下方倾斜，斜率为负值。无差异曲线的斜率为负说明，为维持消费者效用不变，增加或减少一单位的某种商品，必须减少或增加相应数量的另一种商品的消费量。商品边际替代率反映了这一替代比率。

2. 同一平面有无数条无差异曲线，离原点越远代表的效用水平越高，离原点越近的无差异曲线代表的效用水平越低。在图 4-3 中用虚线表示的无差异曲线原点更远，从上面找到一个点 A'，该点纵坐标与 A 点相同，但横坐标的值大于 A 点，根据偏好的非饱和性假定，必定有 A'点的效用水平大于 A 点的效用水平。也说明虚线所表示的无差异曲线代表的效用更大。

3. 在同一平面上的任何两条无差异曲线不会相交。用图 4-4 可以对此进行说明。

图中，如果两条无差异曲线 I 与 i 能够相交于 C 点，根据无差异曲线的定义，在无差异曲线 I 上 A、C 两点的效用水平是相等的，在无差异曲线 i 上 B、C 两点的效用水平也是相等的。于是，根据偏好可传递性的假定，必定有 A 和 B 这两点的效用水平是相等的。但是，比较图中 A 和 B 这两点的商品组合，可以发现 B 组合中的每一种商品的数量都多于 A 组合，于是，根据偏好的非饱和性假定，必定有 B 点的效用水平大于 A 点的效用水平。这就产生了矛盾：该消费者在认为 A 点和 B 点无差异的同时，又认为 B 点要优于 A 点，这违背了偏好的完备性假定。由此证明：对于任何一个消费者来说，两条无差异曲线相交的画法是错误的。

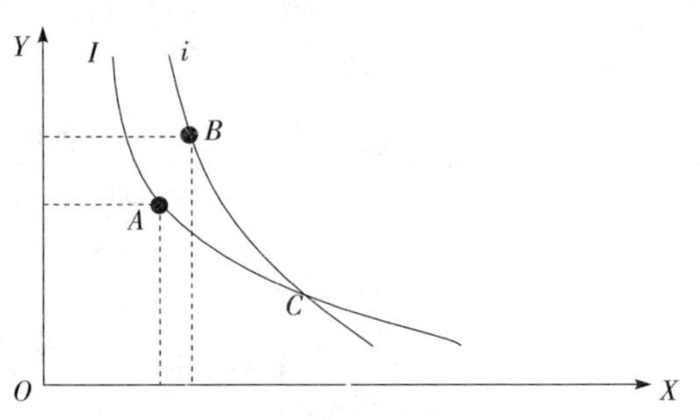

图 4-4　违反偏好假定的无差异曲线

4. 无差异曲线凸向原点。无差异曲线的这一特点由商品的边际替代率递减规律所决定。

四、商品的边际替代率

(一) 边际替代率

当消费者沿着一条既定的无差异曲线调整两种商品消费量的时候，两种商品的数量组合会不断地发生变化，而效用水平却保持不变。这说明，在维持效用水平不变的前提条件下，消费者在增加一种商品的消费数量的同时，必然会放弃一部分另一种商品的消费数量，即两商品的消费数量之间存在着替代关系。对于两种商品之间的替代比率，经济学家提出了边际替代率（marginal rate of substitution，MRS）的概念。

在维持效用水平不变的前提下，消费者增加一个单位某种商品的消费数量时所需要的放弃的另一种商品的消费数量，被称为商品的边际替代率。

商品的边际替代率可以用下面的公式来定义：

$$MRS_{XY}=-\frac{\Delta Y}{\Delta X}$$

在公式中，ΔX 与 ΔY 分别是 X 商品的增加量与 Y 商品的减少量，两者符号相反，为了符合大众的习惯和方便比较，一般取绝对值或对公式取负号。

消费者愿意用 ΔX 的 X 商品去换取 ΔY 的 Y 商品，说明它们的边际效用相等。

即：$\Delta X \cdot MU_X=-\Delta Y \cdot MU_Y$

$$-\frac{\Delta Y}{\Delta X}=\frac{MU_X}{MU_Y}$$

所以，X 对 Y 的边际替代率等于其边际效用之比：

$$MRS_{XY}=\frac{MU_X}{MU_Y}$$

当商品数量的变化趋于无穷小时，则商品的边际替代率公式为：

$$MRS_{XY}=-\frac{\mathrm{d}Y}{\mathrm{d}X}$$

无差异曲线上某一点的边际替代率就是无差异曲线在该点的斜率的绝对值。从表 4-3 的数据以及图 4-3 可以看出，随着 X 消费量的增加，它对 Y 的边际替代率是递减的。这就是商品的边际替代率递减规律。

（二）边际替代率递减规律

商品的边际替代率递减规律是指：在维持效用水平不变的前提下，随着一种商品的消费数量的连续增加，消费者为得到每一单位的这种商品所需要放弃的另一种商品的消费数量是递减的。其原因在于：随着一种商品的消费数量的逐步增加，消费者想要获得更多的这种商品的愿望就会递减，从而，他为了多获得一单位的这种商品而愿意放弃的另一种商品的数量就会越来越少。从边际效用分析，随着 X 消费量的增加，其边际效用是递减的，而随着 Y 商品消费量的减少，其边际效用是递增，这样 X 对 Y 的替代只能是递减的。

边际替代率递减规律决定了无差异曲线的斜率的绝对值是递减的，即无差异曲线是凸向原点的。

五、无差异曲线的特殊形状

无差异曲线的形状可以用来表示在维持效用不变的条件下，一种商品对另一种商品的替代程度。边际替代率递减规律决定的无差异曲线是凸向原点的，这是无差异曲线的一般形状。但无差异曲线也存在一些特殊形状。

（一）完全替代品的无差异曲线

完全替代品是指可以用固定比例彼此替代的两种商品。比如，面值1元的纸币与面值1元的硬币可以按1比1的比例相互替代，对于消费者来讲是完全替代品。在图4-5中，这两种物品的无差异曲线是一条向右下方倾斜的直线。

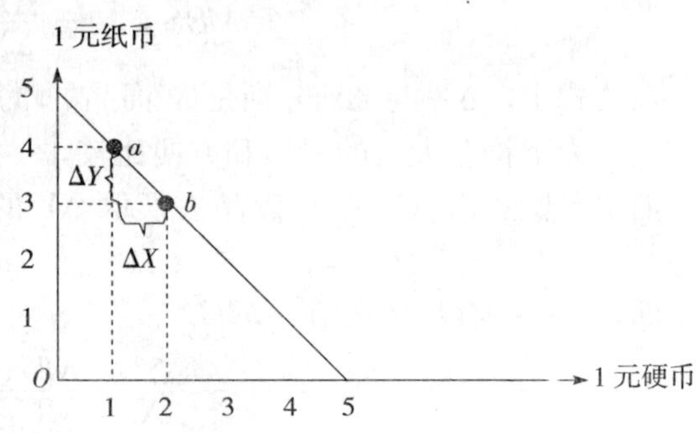

图4-5 完全替代品的无差异曲线

在维持满足程度不变的前提下，消费者在a点选择持有4元纸币和1元硬币，在b点选择持有3元纸币和2元硬币，纸币与硬币可以按1比1的比例相互替代，在这条无差异曲线上任意两点间的边际替代率都等于1。

（二）完全互补品的无差异曲线

完全互补品是指必须以固定比例搭配起来才能满足消费者某种需求的两种或多种商品。例如，人们穿的左鞋和右鞋，眼镜的镜片和镜框等可看成是完全互补品，它们必须分别以1∶1和2∶1的恒定比例结合起来才能满足消费者的需求。

图4-6显示了左鞋与右鞋的无差异曲线。

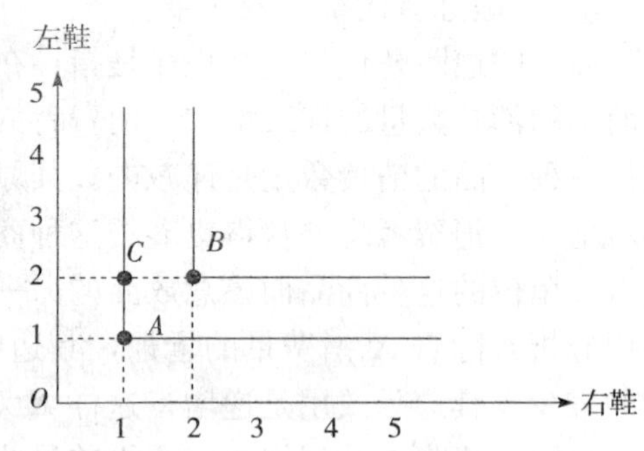

图4-6 完全互补品的无差异曲线

图中A、B两点所在的无差异曲线都是成九十度角的折线，A点表示一只左鞋与一只右鞋所组成的一双鞋的效用，在这条无差异曲线上的其他点，如C点，尽管左鞋有两只，但因为右鞋与A点一样，所以效用与A点相同，多余的一只左鞋并不能增加消费者的满足感。

六、预算线

在研究消费者行为时，预算线也叫消费可能线或等支出线，是用来表示消费者的收入与商品的价格既定的条件下，消费者所能购买的各种商品的各种数量组合的连线。

为了研究的方便，假设消费者只购买两种商品：X 与 Y，商品的价格分别是 P_X 和 P_Y，再假设消费者的预算为 M，两种商品的购买量分别用 X 和 Y 来表示，则预算方程为：$X \cdot P_X + Y \cdot P_Y = M$，将预算方程变为以 Y 为因变量，X 为自变量的形式：

$$Y = \frac{M}{P_Y} - \frac{P_X}{P_Y} \cdot X$$

由于 M、P_X、P_Y 都是已知的，所以这是一条斜率为 $-\frac{P_X}{P_Y}$，纵截距为 $\frac{M}{P_Y}$ 的直线。

相应的预算线如图 4－7 所示：

从图 4－7 可以看出，预算线是一条向右下方倾斜的直线，消费者用全部预算 M 购买 X 和 Y 商品的各种可能的数量组合都在直线的 AB 段上。A 点代表用全部预算购买 X 商品所能购买的数量，B 点代表用全部预算购买 Y 商品所能购买的数量。

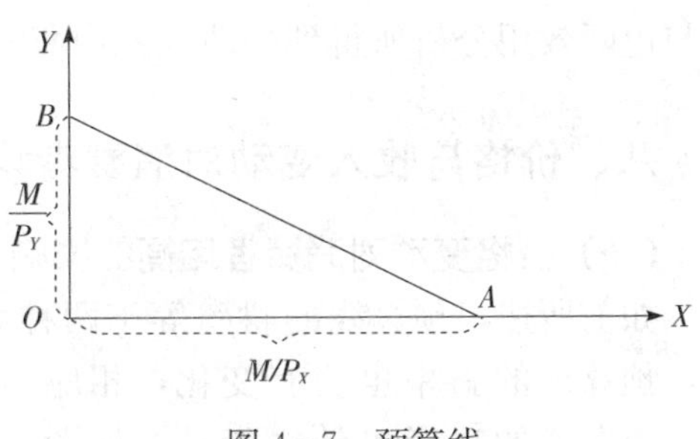

图 4－7　预算线

七、消费者均衡

将预算线与无差异曲线结合起来，可以得到消费者均衡的条件。

在消费者的收入与商品的价格既定的条件下，消费者有一条确定的预算线，预算线上的哪一点才能让消费者得到最大的效用？通过前面对无差异曲线的分析，我们知道，在同一平面中，消费者有无数条无差异曲线，离原点越远的无差异曲线代表的效用水平越高，离原点越近的无差异曲线代表的效用水平越低。根据无差异曲线凸向原点的特征，消费者在无数条无差异曲线中，总能找到一条与既

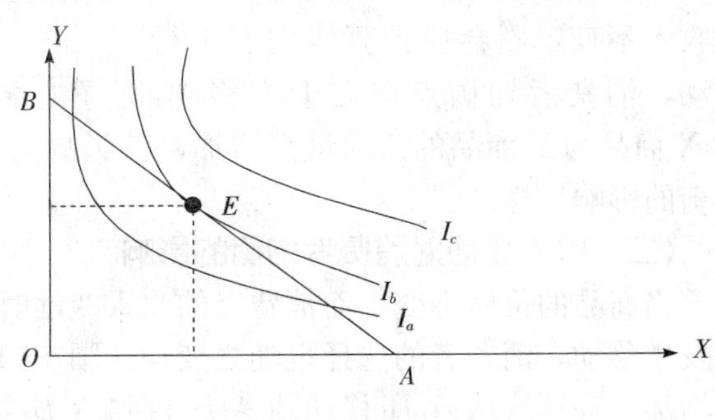

图 4－8　消费者均衡

定预算线相切的无差异曲线，如图 4－8 所示，图中无差异曲线 I_b 与预算线的切点 E 所代表的商品组合，就是消费者能得到最大满足的商品组合。

在无差异曲线 I_a 上尽管有些组合符合预算条件，但满足程度低于 E 点，无差异曲线 I_c 上的点已经超过预算，无法实现。只有 E 点是在预算约束条件下，效用最大的商品组合。所以，消费者均衡的条件就是预算线与无差异曲线相切。

均衡点 E 点位于无差异曲线上，其斜率是商品 X 对 Y 的边际替代率，同时，E 点也在预算线上，其斜率又等于预算线的斜率，即 X 与 Y 的价格之比，所以，消费者均衡的条件也可以表示为：$MRS_{XY}=\frac{P_X}{P_Y}$。而根据前面对边际替代率的分析，$MRS_{XY}=\frac{MU_X}{MU_Y}$，这说明，在实现消费者均衡时，$\frac{MU_X}{MU_Y}=\frac{P_X}{P_Y}$，这与边际效用分析所得到的消费者均衡的条件：$\frac{MU_X}{P_X}=\frac{MU_Y}{P_Y}$ 是一致的。

八、价格与收入变动对消费者均衡的影响

（一）价格变动对消费者均衡的影响

如前所述，预算线的斜率等于两种商品的价格之比。当商品的价格变动时，预算线的斜率也会有变化，相应的，消费者的选择也随之变动。如图 4－9所示，如果 X 的价格从 P_{X_1} 下降到 P_{X_2}，而 Y 商品的价格不变，则预算线从 A_1B 移动到 A_2B，消费者均衡点从 E_1 移动到 E_2，消费者对 X 的需求量增加。

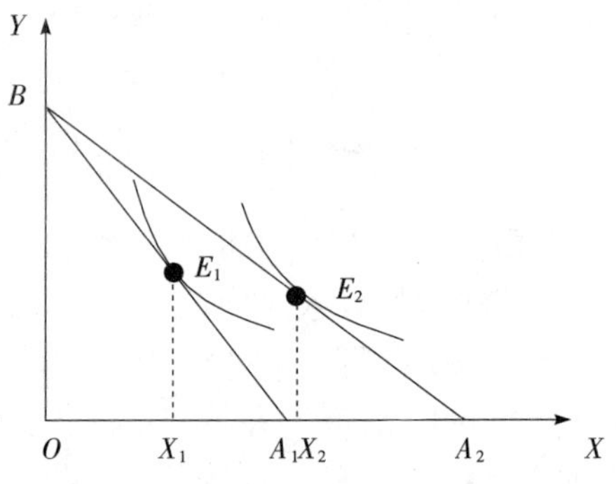

图 4－9 价格变动对消费者均衡的影响

如果两种商品的价格同比例下降而收入不变，则会使预算线向右平行移动，消费者均衡点向右上方移动，对 X 商品与 Y 商品的需求量都增加，其影响与价格不变而收入增加对消费者均衡的影响一样。

（二）收入变动对消费者均衡的影响

当商品的价格不变，而消费者的收入变动时，预算线的斜率不变，但位置会发生移动，消费者的选择也随之变动。图 4－10（a）表示，随着消费者收入的增加，预算线从 A_1B_1 移动到 A_2B_2 再到 A_3B_3，消费者均衡点也从 E_1 到 E_2 再到 E_3，对 X 的需求量由 X_1 增加到 X_2，再到 X_3。由 E_1、E_2、E_3…所构成的

曲线，反映了消费者在不同收入下对两种商品消费量的变化，称为收入消费曲线（income consumption curve，ICC）。而表示消费者的收入与某种商品需求量关系的曲线被称为收入需求曲线，由于是由德国统计学家恩格尔提出，也称恩格尔曲线（Engle'curve，EC）。恩格尔曲线以收入 I 为纵轴，某种商品 X 的需求量为横轴，可以从收入消费曲线方便地导出。如图 4－10（b）所示。

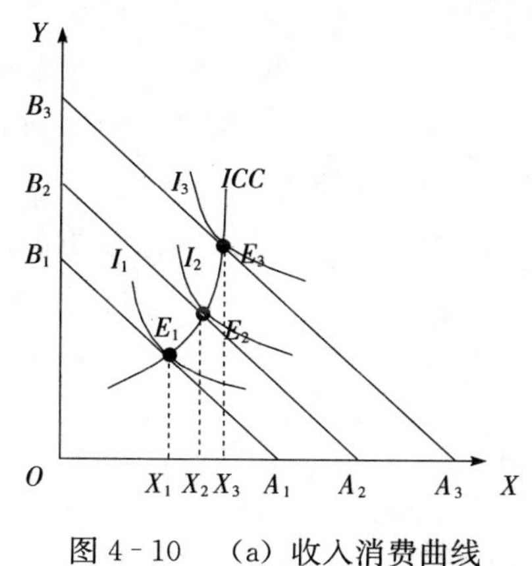

图 4－10　(a) 收入消费曲线

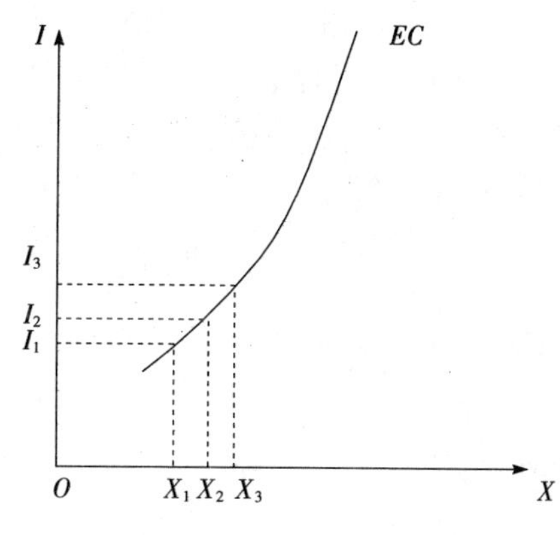

图 4－10　(b) 恩格尔曲线

九、收入效应与替代效应

在货币收入不变的条件下，商品价格的变动会带来需求量的变动，根据需求定理，商品的价格与需求量之间成反向变动的关系。在前面的章节中，用替代效应和收入效应对此进行了解释。利用预算线与无差异曲线可以对替代效应与收入效应进行进一步的分析，由于对实际收入不变的理解不同，形成了两种不同的分析方法，即希克斯分析法和斯勒茨基分析法，由于篇幅所限，本节只介绍希克斯分析法。

希克斯认为，所谓实际收入不变，是指原有的效用水平不变，即消费者保持原有的无差异曲线。

在图 4－11 中，为了研究一种商品的价格变动，纵轴用 $Y=I$ 来表示，即将货币收入 I 作为商品 Y 的价值，使 Y 的价格 $P_Y=1$。当 X 的价格从 X_1 下降到 X_2 时，预算线从 A_1B 移动到 A_2B，均衡点从 E_1 移动

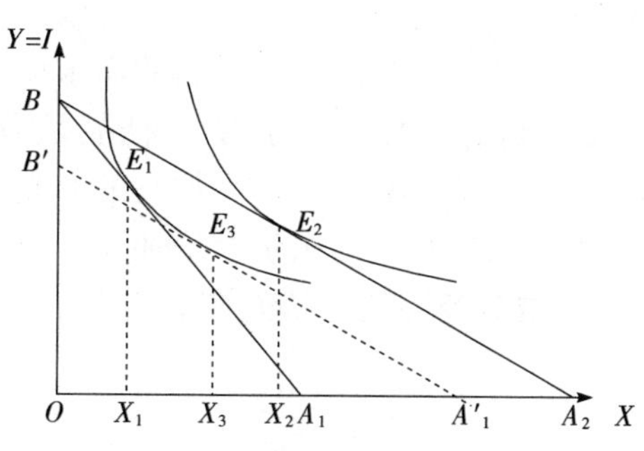

图 4－11　替代效应与收入效应

到 E_2，X 的需求量从 X_1 增加到 X_2。X 需求量的变化是替代效应与收入效应的和。

（一）替代效应

替代效应是指在实际收入不变的条件下，由于商品价格变动所引起的商品相对价格的变动，进而由商品相对价格的变动所引起的商品需求量的变动。为了剔除由于 X 价格下降而增加的实际收入，保持实际收入不变，必须使消费者回到原来的无差异曲线 I_0。具体做法是：作一条与 A_2B 平行且与 I_0 相切的希克斯补偿线 A'_1B'。由于相对价格的变动，补偿线 A'_1B' 的斜率不同于原有预算线 A_1B 的斜率，均衡点从 E_1 移动到 E_3，X 商品的需求量从 X_1 增加到 X_3，X_1X_3 是剔除了实际收入的变化，仅仅由于价格变动而带来的需求量的变化，是替代效应。

（二）收入效应

收入效应是指由商品价格变动所引起的实际收入水平变动，进而由实际收入水平变动所引起的商品需求量的变动。在图 4－11 中将前面剔除的由于 X 价格下降而增加的实际收入再增加进去，预算线由补偿线 A'_1B' 移动到 A_2B，均衡点从 E_3 移动到 E_2，X 的需求量从 X_3 增加到 X_2。由于 A'_1B' 与 A_2B 斜率相等，说明在两个均衡点商品的相对价格没有变化，X 的需求量的变动完全是因为两个均衡点位于不同的无差异曲线上，这反映了实际收入变化的影响，是收入效应。

（三）总效应

总效应也叫价格效应，是指当其他条件不变时，某种商品的价格变化引起的消费者对该种商品需求量的变化。总效应＝替代效应＋收入效应。图 4－12 是正常商品、低档品和吉芬商品的替代效应、收入效应与总效应的示意图。

1. 正常商品的价格效应。价格下跌会引起用这种商品来代替其他价格未变的商品，因而对该商品的需求的增加即替代效应是正数。价格下跌引起的实际收入提高会引起的对该商品的需求增加；即收入效应也是正数。

2. 低档品的价格效应。低档品是指当消费者的收入增加（下降）时将引起对该商品需求的下降（增加）的商品。低档品需求的收入弹性为负，但低档品价格下跌后对其需求仍会增加。

3. 吉芬商品的价格效应。吉芬商品是指价格下跌后其需求量反而减少的商品。

综上所述，替代效应、收入效应的与价格变化的关系及其之间的对比是划分这三种商品的依据。对于三种商品，替代效应与价格都呈反方向变化关系；而低档商品、吉芬商品的收入效应与价格是同方向变化的：低档商品的替代效

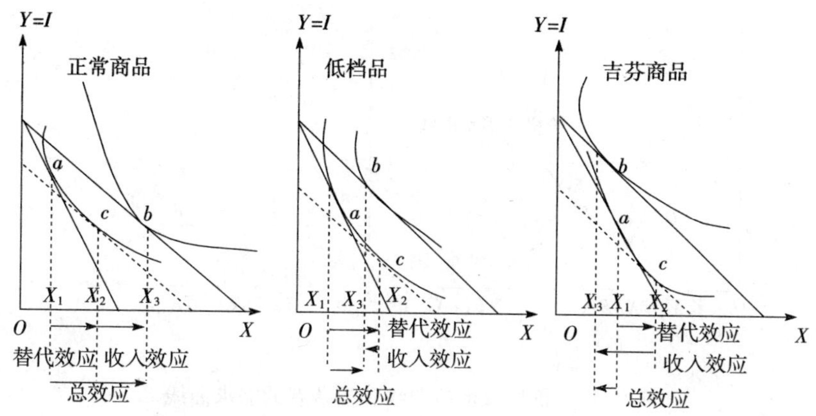

图 4-12　正常商品、低档品和吉芬商品的替代效应、收入效应与总效应

应大于收入效应，体现为总效应与价格同方向变化；而吉芬商品收入效应大于替代效应，体现为总效应与价格同方向变化。如表 4-4 所示：

表 4-4　替代效应、收入效应与价格变化的关系表

商品类别	替代效应与价格的关系	收入效应与价格的关系	总效应与价格的关系	需求曲线的形状
正常商品	反方向变化	反方向变化	反方向变化	向右下方倾斜
低档商品	反方向变化	同方向变化	反方向变化	向右下方倾斜
吉芬商品	反方向变化	同方向变化	同方向变化	向右上方倾斜

十、价格—消费曲线与需求曲线

价格—消费曲线是指在消费者的偏好、收入以及其他商品价格不变的情况下，与某一种商品的不同价格水平相联系的消费者效用最大化的均衡点的轨迹。由消费者的价格—消费曲线可以推导出消费者的需求曲线。如图 4-13 所示。

在图 4-13（a）中，假定商品 1 的初始价格为 P_1，相应的预算线为 AB_1，它与无差异曲线 U_1 相切于效用最大化的均衡点 E_1。如果商品 1 的价格由 P_1 下降为 P_2，相应的预算线由 AB_1 移至 AB_2 与另一条无差异曲线 U_2 相切于均衡点 E_2。如果商品 1 的价格由 P_2 下降为 P_3，相应的预算线由 AB_2 至 AB_3，AB_3 与另一条无差异曲线 U_3 相切于均衡点 E_3。不难发现，随着商品 1 价格的不断变化，可以找到无数个诸如 E_1、E_2、E_3 的均衡点，他们的轨迹就是一条价格—消费曲线。

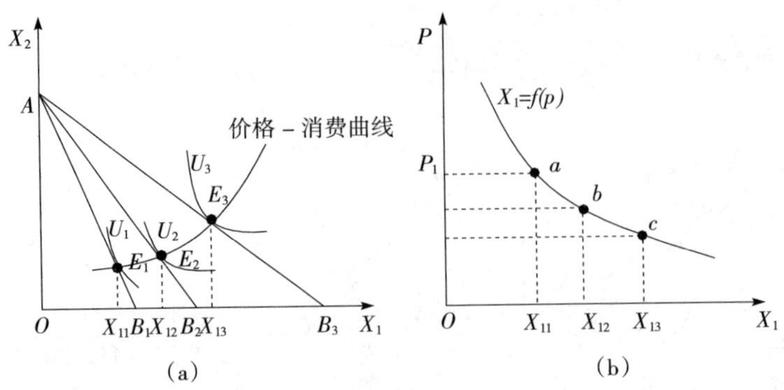

图 4-13　价格一消费曲线和消费者的需求曲线

分析图 4-13（a）中价格—消费曲线上的三个均衡点 E_1、E_2、E_3 可以看出，在每一个均衡点上，都存在着商品 1 的价格与商品 1 的需求量之间一一对应的关系。这就是：在均衡点 E_1，商品 1 的价格为 P_1，需求量为 X_{11}。在均衡点 E_2，商品 1 的价格为 P_2，需求量为 X_{12}。在均衡点 E_3，商品 1 的价格为 P_3，需求量为 X_{13}。根据商品 1 的价格和需求量之间的这种对应关系，把每一个价格数值和相对应的需求量数值绘制在商品的价格—数量坐标图上，便可以得到单个消费者的需求曲线。这就是图 4-13（b）中的需求曲线 $X_1=f(P)$。在图 4-13（b）中，横坐标表示商品 1 的数量 X_1，纵坐标表示商品 1 的价格 P。图 4-13（b）中 a、b、c 三点分别与图（a）中价格—消费曲线上的均衡点 E_1、E_2、E_3 相对应。

重要概念

效用（utility）
效用函数（utility function）
总效用（total utility）
边际效用（marginal utility）
基数效用（cardinal utility）
序数效用（ordinal utility）
边际（marginal）
边际效用递减规律（law of diminishing marginal utility）
戈森第一定律（Gossen's first law）
无差异曲线（indifference curve）
边际替代率（marginal rate of substitution，MRS）

预算约束（budget constraint）
预算线（budget line）
消费者均衡（consumer's equilibrium）

练习题

1. 序数效用论者是如何推导需求曲线，请用文字和图形进行推导。

2. 某消费者购置一款移动上网终端设备，考虑在两款产品中选择：一款智能手机的价格为 5 000 元，一款笔记本电脑的价格为 4000 元。现在以边际替代率为思考方式，消费者关于这两种商品的效用最大化的均衡点上，智能手机对笔记本电脑的边际替代率是多少？

3. 已知某消费者每年用于商品 1 和商品 2 的收入为 5 000 元，两商品的价格分别为 $P_1=100$ 元和 $P_2=300$ 元。

（1）求预算约束的表达式；

（2）设消费者的效用函数为 $U=20X_1^2X_2^3$，求该消费者每年购买这两种商品的数量应各是多少？每年从中获得的总效用是多少？

4. 假设某商品市场上只有 A、B 两个消费者，他们的需求函数各自为 $Q=60-2P$ 和 $Q=40-3P$。

（1）列出这两个消费者的需求表和市场需求表。

（2）根据（1），画出这两个消费者的需求曲线和市场需求曲线。

5. 假定某消费者的效用函数为 $U=5X_1^{2/3}X_2{}^{1/3}$，两商品的价格分别为 P_1，P_2，消费者的收入为 M。分别求该消费者关于商品 1 和商品 2 的需求函数。

第五章

生产者行为理论

上一章我们主要从需求角度研究了消费者行为的特点。本章我们从供给方面研究市场，考察生产者行为。在经济学中，生产者行为理论将描述劳动力、资本等生产要素投入将如何转化为产品或服务等产出。在这一生产过程中有哪些重要特征，这些特征如何影响企业决策，进而从整体上影响市场结构。

从某种意义上看，厂商作为生产者的行为和消费者作为需求者的行为在经济学视角上具有很大相似之处，因此本章的逻辑结构也和上一章相似。

在经济学中，生产者亦称厂商或企业，指能做出统一生产决定的单个经济单位。按照所有者的多少和所负责任的大小，可以将厂商分为三种基本类型：业主制企业、合伙制企业和公司制企业。在研究厂商行为时，经济学一般假设厂商是理性的经济人，追求利润最大化目标。为了实现利润的最大化，厂商需要研究三个方面的问题：一是生产要素与产量的关系问题，即如何投入生产要素可以使产量最大；二是成本与收益的问题，即如何在成本一定的条件下使收益最大或者在收益一定的条件下使成本最小；三是市场问题，即在竞争程度不同的市场上如何确定价格与产量。本章要解决的主要是第一个问题。

第一节　生产与生产函数

生产者行为理论主要研究厂商在生产过程中如何投入生产要素以及如何产出产品。

一、生产与生产要素

生产是把各种投入转换为产出的过程。描述投入和产出关系，需要考虑在一定的生产技术条件下，既定的投入能带来多大的产出。在经济学中，需要考虑哪些要素作为投入，哪些变量作为产出，从而构建一个投入量与产出量之间的数量关系数学表达式作为生产函数。

在生产过程中所使用的各种资源被称为生产要素。生产理论所研究的，是属于经济物品的生产要素，主要包括：劳动、资本、土地和企业家才能。劳动是指生产中所付出的体力和智力，包括体力劳动和脑力劳动；资本通常是指物资资本或资本品，包括厂房、设备等；土地泛指一切自然资源；企业家才能指经营企业的组织能力、管理能力、创新能力等。

二、生产函数

生产要素的数量与组合和它能生产的产量之间存在一定的依存关系，生产函数就是表示在一定技术水平下，各要素的数量与组合同它能生产的最大产量之间的数量关系的函数。

以Q代表总产量，L、K、N、E分别代表劳动、资本、土地和企业家才能，则生产函数可以表示为：$Q=F(L, K, N, E)$，由于土地一般被当做固定不变的，而企业家才能难以量化，所以生产函数可以简化为：$Q=F(L, K)$。在劳动与资本的投入量已知的条件下，利用生产函数可以计算出最大的产量。

在20世纪30年代，美国经济学家道格拉斯（P. H. Douglas）与数学家柯布（C. W. Cobb）根据美国1899—1922年的工业生产统计资料得出了这一时期美国的生产函数为：$Q=AL^{\alpha}K^{\beta}$，这就是著名的“柯布—道格拉斯生产函数（Cobb-Douglas production function）”，简称C-D生产函数。其中，Q为产量，A代表综合技术水平，L是劳动的投入（单位是万人或人），K是资本的投入，一般指固定资产净值（单位是亿元或万元，但必须与劳动力数的单位相对应，如劳动力用万人作单位，固定资产净值就用亿元作单位）。α是劳动的产出弹性系数，反映劳动对总产量的贡献，β是资本的产出弹性系数，反映资本对总产量的贡献。柯布与道格拉斯还计算出A为1.01，α为3/4，β为1/4，说明这一时期，劳动对总产量的贡献为3/4，资本对总产量的贡献为1/4。

第二节　一种可变生产要素的合理投入

经济学对生产理论的研究划分为短期生产理论和长期生产理论，短期是指只能改变部分要素投入的时期，而长期则是可以改变所有要素投入的时期。短期内不能改变的要素，称为固定投入，如土地、厂房、设备等；短期内可以调整的要素被称为可变投入，如劳动力、原材料等。

对生产函数的研究也可以分为一种可变投入要素的生产函数和两种可变投入要素的生产函数。本节所分析的是仅一种生产要素可变的短期生产函数。

我们假定劳动（L）和资本（K）为两种投入，其中劳动是可变投入（记为L），而资本为固定投入（记为K_0），则由前面的分析可知，其生产函数可以表达为：

$$Q=F(L, K_0)$$

为了研究这个短期生产函数的特征，我们需要引入一系列的变量。

一、总产量、平均产量与边际产量

总产量（total product，TP）表示一定数量可变投入 L 与一定数量固定投入 K 相结合所能生产的最大产量。总产量的表达式为：

$$TP = F(L, K_0) = Q$$

平均产量（average product，AP）表示每单位要素投入所获得的产量，其方法是总产量除以某种可变投入（这里是劳动 L），其表达式为：

$$AP_L = \frac{TP}{L}$$

边际产量（marginal product，MP）是指增加一个单位投入要素所引起的总产量的增加量。由于固定投入在生产过程中不变，因此只有可变投入才有边际产量，其表达式为：

$$MP_L = \frac{\Delta TP}{\Delta L}$$

总产量、平均产量与边际产量的变动规律如表 5-1 所示。

表 5-1　总产量、平均产量与边际产量

资本量 (K_0)	劳动量 (L)	劳动增量 (ΔL)	总产量 (TP_L)	平均产量 (AP_L)	边际产量 (MP_L)
10	0	1	0	0	0
10	1	1	10	10	10
10	2	1	30	15	20
10	3	1	45	15	15
10	4	1	52	13	7
10	5	1	52	10.4	0

图 5-1 是表 5-1 的示意图。

在图 5-1 中，横轴代表劳动量，纵轴代表总产量、平均产量和边际产量，TP_L 为总产量曲线，AP_L 为平均产量曲线，MP_L 为边际产量曲线。

在图 5-1 中，MP_L 曲线表现出先升后降的特点，这是由边际收益递减规律所决定的。在劳动投入量小于 OA 的阶段，是边际收益的递增阶段，MP_L 曲线是上升趋势；在劳动投入量大于 OA 的阶段，是边际收益的递减阶段，MP_L 曲线呈下降趋势。在点 E，MP_L 最大。

总产量曲线、平均产量曲线和边际产量曲线相互之间的关系，主要有以下三个方面：

第一，关于总产量曲线与边际产量曲线之间的关系。

只要边际产量为正值，总产量总是增加的，只要边际产量为负值，总产量总是减少的。相应地，在图中当边际产量为正值时，TP_L 曲线是上升的。必然地有，当边际产量为零时，TP_L 曲线在 D 点达到最大值。

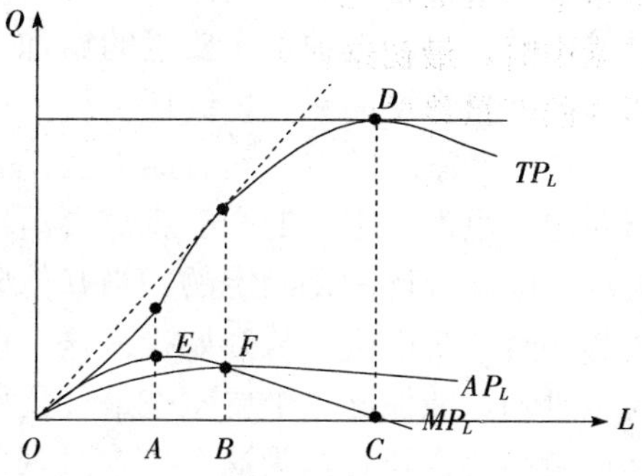

图 5-1　总产量、平均产量与边际产量

第二，关于平均产量与边际产量曲线之间的关系。

边际产量曲线与平均产量曲线一定要在平均产量曲线的最高点相交；在相交之前，平均产量是递增的，这时边际产量大于平均产量；在相交后，平均产量是递减的，这时边际产量小于平均产量；在相交时，平均产量达到最大，这时边际产量等于平均产量。此时，边际产量的变动快于平均产量的变动。这可以从数学角度来加以证明。利用 $AP_L=\frac{TP}{L}$ 对 L 求导，有：

$$\frac{\mathrm{d}}{\mathrm{d}L}AP_L=\frac{\mathrm{d}}{\mathrm{d}L}\left(\frac{Q}{L}\right)=\frac{\frac{\mathrm{d}Q}{\mathrm{d}L}L-\frac{\mathrm{d}L}{\mathrm{d}L}Q}{L^2}=\frac{\frac{\mathrm{d}Q}{\mathrm{d}L}L-Q}{L^2}=\frac{1}{L}\left(\frac{\mathrm{d}Q}{\mathrm{d}L}-\frac{Q}{L}\right)$$

上式中 $\frac{\mathrm{d}Q}{\mathrm{d}L}$ 为边际产量 MP_L，$\frac{Q}{L}$ 为平均产量 AP_L，且 $L>0$，因此

当 $\frac{\mathrm{d}Q}{\mathrm{d}L}>\frac{Q}{L}$，则 $\frac{\mathrm{d}AP_L}{\mathrm{d}L}>0$，$AP_L$ 处于递增阶段；

当 $\frac{\mathrm{d}Q}{\mathrm{d}L}<\frac{Q}{L}$，则 $\frac{\mathrm{d}AP_L}{\mathrm{d}L}<0$，$AP_L$ 处于递减阶段；

当 $\frac{\mathrm{d}Q}{\mathrm{d}L}=\frac{Q}{L}$，则 $\frac{\mathrm{d}AP_L}{\mathrm{d}L}=0$，$AP_L$ 取最大值。

第三，关于平均产量曲线与总产量曲线之间的关系。

由于 $AP_L=TP_L/L$，所以平均产量曲线是总产量曲线上的点与原点连线的斜率值的轨迹。由此可以说明：当 AP_L 曲线在 F 点达到最高点时，在 TP_L 曲线上必然存在相应的一点，该点与原点的连线在 TP_L 曲线上所有的点与原点连线中最陡。

二、边际收益递减规律

边际收益递减规律也叫边际产量递减规律或边际报酬递减法则，是指在技

术水平不变的情况下，当把一种可变的生产要素投入到一种或几种不变的生产要素中时，最初这种生产要素的增加会使产量增加，但当它超过一定限度时，增加的产量将要递减，最终还会使产量绝对减少。

生产所需的基本要素有四大类：土地（自然资源）、劳动力、资本和企业家才能。生产一定量的产品就需要消耗一定的要素，在一定的技术条件下要素间的最优配合比例是确定的，当其他要素不变的情况下，改变某个要素的投入量势必会影响产量。从开始投入这个可变要素，边际产量比较平稳，因为其他要素过剩，能保证这个要素按最优比例充分利用；达到确定的要素比例之后边际产量则会下降，因为这个要素过剩，没有按最优比例充分利用，因而会使边际产量递减，最终在其他要素耗尽之后继续投入该要素出现产量不增加反而减少。

在增加可变要素投入的过程中，当可变要素极少时，由于专业分工和团队协作可以让不变要素的利用更充分，边际产量递增。在一定的技术条件下，如果只让一种生产要素的投入连续增加，而其他诸要素投入量均保持不变，那么，当这种要素投入量增加到一定程度后，若再继续增加该要素的投入，要素的边际产量会逐步减少。这种现象就称为边际收益递减律，这是一个普遍存在的现象。

关于边际收益递减规律的三点说明：首先是该法则是以经验为依据的一般性概括，绝大多数情况都适用；其次，法则假定技术不变；另外需要强调其他要素投入都不变。

三、一种生产要素的合理投入

在图 5-1 中，可以将投入—产出区分为三个部分：一区是从 O 点到 B 点的部分，这是平均产量递增的阶段；二区从 B 点到 C 点，这是总产量递增的阶段；三区在 C 点之后，这是总产量递减的阶段。

显然，厂商的最优选择应该在二区（也有将 A 点作为一、二区分界点的），如果厂商追求效率最优则选 B 点投入生产要素，如果厂商追求产量最大则选 C 点投入生产要素。

第三节　两种可变要素的合理投入

只要考察的时间足够长，就不止一种投入要素在变动。两种或两种以上的投入要素，甚至所有投入要素都可能变动。假设在长期内，某厂商投入的劳动和资本都可以变动，投入和产出之间的关系可描述为：$Q=f(L, K)$。本节分析这两种可变投入的变动对产量的影响。

一、等产量线

等产量线是表示能带来相同产量的两种生产要素不同数量组合的连线。表 5-2 反映了生产 100 件某种产品所投入的资本和劳动的几种组合：

表 5-2　资本与劳动投入的组合

要素投入组合	资本（K）	劳动（L）
A	5	1
B	3	2
C	2	3
D	1	5

根据表 5-2 可以得到一条相应的等产量线，如图 5-2 所示。

与消费者行为理论中的无差异曲线类似，等产量线也有四个基本特点：①等产量线具有负斜率，说明在增加某要素投入的同时可以减少另一种要素的投入，而产量不变；②离原点越远的等产量线代表的产量越大；③任何两条等产量曲线不可能相交；④等产量线凸向原点，这是由边际技术替代率递减规律所决定的。

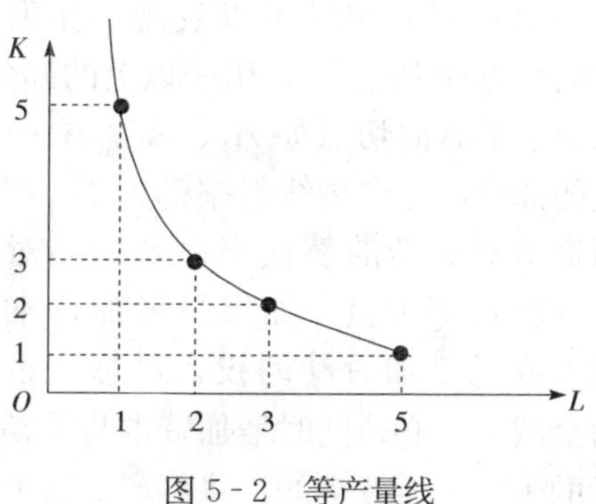

图 5-2　等产量线

二、边际技术替代率

（一）边际技术替代率

在技术水平不变的条件下，为了维持相同的产量，厂商增加一个单位某种投入所需要的减少的另一种投入的数量，被称为边际技术替代率（marginal rate technical substitution，MRTS）。

边际技术替代率可以用下面的公式来定义：

$$MRTS_{LK} = -\frac{\Delta K}{\Delta L}$$

与消费理论中的边际替代率相类似，等产量线上某点的边际技术替代率等

于该点的切线斜率的负值。同样，也可以证明

$$MRTS_{LK}=-\frac{\Delta K}{\Delta L}=\frac{MP_L}{MP_K}$$

（二）边际技术替代率递减规律

通过图 5-2 和表 5-2 都可以看出，随着劳动投入的增加，它所能替代的资本的数量是逐渐减少的。从 A 点到 B 点劳动对资本的替代率为 2，B 点到 C 点的替代率为 1，而 C 点到 D 点的替代率只有 0.5。这反映了边际技术替代率递减规律，即在维持产量不变的前提下，当一种要素的投入量不断增加时，每一单位的这种要素所能代替的另一种生产要素的数量是递减的。边际技术替代率递减规律是由边际收益递减规律所决定的，同时，边际技术替代率递减规律也决定了等产量线凸向原点。

（三）脊线与生产经济区

在现实生产中，许多长期生产函数会形成如图 5-3 所示的等产量线。

每条等产量线上都包含了正斜率和负斜率的部分，通过作水平方向切线和垂直方向切线可以发现：在垂直方向切点如 B_1、B_2、B_3…以上的部分，以及水平方向切点如 A_1、A_2、A_3…右边的部分，等产量线斜率都大于 0，说明资本对劳动的替代率以及劳动对资本的替代率为负，如果只增加资本的投入或只增加劳动的投入，总产量反而会减少，必须同时增加资本与劳动的投入，才能维持产量不变。显然这些区域的生产是无效率的。将等产量线上垂直方向切点与水平方向切点分别连接起来所构成的曲线被称为脊线，两条脊线之间的区域被称为生产经济区，厂商所选择的要素投入只能位于生产经济区内。厂商在决定最优的要素投入量时，除了要分析等产量线以外，还要结合等成本线。

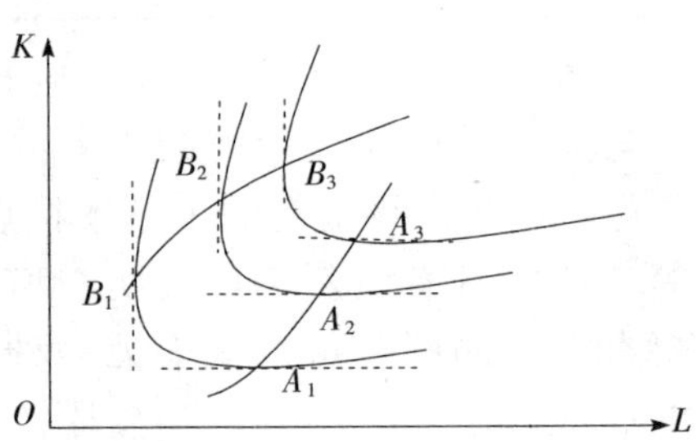

图 5-3　脊线与生产经济区

三、等成本线

等成本线也叫企业预算线，是用来表示成本与生产要素价格既定的条件下，生产者所能购买的两种生产要素的最大数量组合的连线。

表示等成本线的方程是：$M=P_L \cdot L+P_K \cdot K$。其中 M 是生产者的成本或预算，P_L 与 P_K 分别代表劳动与资本的价格，L 和 K 分别表示劳动和资本的投入量。

该方程还可以表示为：$K=\frac{M}{P_K}-\frac{P_L}{P_K}\cdot L$，该方程所表示的等成本线是一条向右下方倾斜的直线。

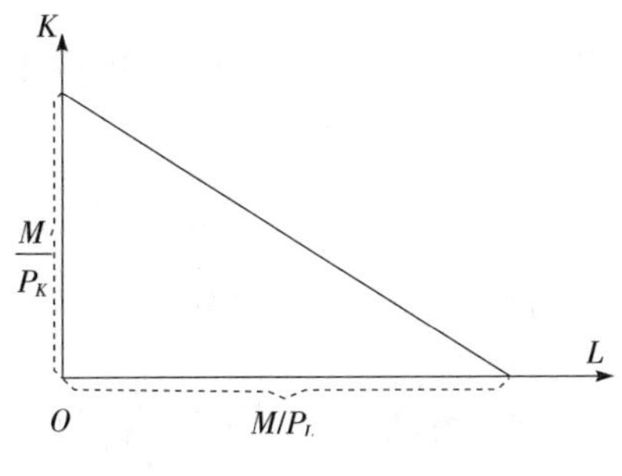

图 5-4　等成本线

四、生产要素的最适组合

在成本与生产要素价格既定的条件下，生产者有一条既定的等成本线，而在一个平面上，生产者有无数条的等产量线，其中必然有一条与等成本线相切。

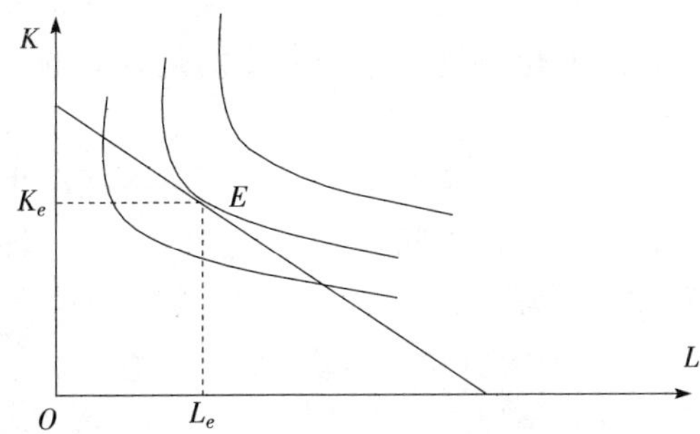

图 5-5　生产要素的最适组合

如图 5-5 所示，切点 E 所表示的资本与劳动的投入量 K_e 与 L_e，为两种生产要素的最优投入量，即生产要素的最适组合。在 E 点，生产者可以实现成本既定条件下的最大产量或者在产量既定条件下的最低成本。

五、生产要素最适组合的边际分析

利用边际分析的方法同样可以得到生产要素最适组合的条件：在成本与生产要素价格既定的条件下，生产者所购买的各种生产要素的边际产量与各自的价格之比都相等时，生产者可以获得最大的产量。该最适组合条件的数学表达式为：

$$\begin{cases} M = P_L \cdot L + P_K \cdot K \\ \dfrac{MP_K}{P_K} = \dfrac{MP_L}{P_L} \end{cases}$$

对该条件的证明与消费者行为理论类似，这里不作详细分析。生产要素最适组合也叫生产者均衡。

根据前面所推导的 $MRTS_{LK} = \dfrac{MP_L}{MP_K}$ 可知，用边际分析的方法得到的生产者均衡的条件与利用等产量线与等成本线分析所得到的均衡条件是一致的。

第四节 规模报酬

在前面的分析中，假设了成本与生产要素价格都是既定的，如果生产者的投入是可变的，产量与投入之间的关系又是如何的？本节主要分析生产者对两种生产要素同比例调整对产量的影响。

一、规模报酬

规模报酬是指在其他条件不变的情况下，企业内部各种生产要素按相同比例变化时所带来的产量的变化。规模报酬分析的是企业的生产规模变化与产量变化之间的关系。

企业只有在长期内才能变动全部生产要素，进而变动生产规模，因此企业的规模报酬分析属于长期生产理论问题。

假设生产函数为 $Q=f(L, K)$，如果两种要素的投入量分别由 L、K 增加到 αL、αK 时（$\alpha>1$），产出由 Q 变化到 βQ，则

规模报酬可能出现三种情况：

（1）$\beta>\alpha$ 规模报酬递增，即产出变动幅度大于投入变动幅度；

（2）$\beta<\alpha$ 规模报酬递减，即产出变动幅度小于投入变动幅度；

（3）$\beta=\alpha$ 规模报酬不变，即产出变动幅度等于投入变动幅度。

规模报酬递增或递减可以用规模经济和规模不经济来进行解释。

二、规模经济与规模不经济

规模经济是指由于生产规模扩大而导致长期平均成本下降的情况。在长期中，投入品的改变不一定完全成比例，因而用规模报酬来度量成本变化与产出变化关系具有很大局限，需要利用规模经济的概念。如果企业能够以低于加倍

的成本来获得加倍的产出，就存在规模经济。反之，如果加倍成本仅获得低于加倍产出，则存在规模不经济。

规模经济由于它允许企业改变投入品之间的数量比例，因而具有更为普遍的分析意义，是一个重要的管理经济学概念。

对于规模经济和规模不经济的原因，可以通过内在经济与内在不经济，以及外在经济与外在不经济来解释。

（一）内在经济

所谓内在经济，是指企业自身规模扩大所带来的平均成本的下降。出现内在经济原因主要有：

（1）可以使用更先进的设备。小规模的生产无法使用先进设备或先进设备无法充分利用，只有在大规模的生产中，先进设备才能充分发挥作用。

（2）生产规模的维度效益。某些需要利用各种容器生产的企业，设备成本与生产能力并非成正比，比如管道流量增加1倍，而制造管道的材料成本只增加50%。企业职能部门也有维度效益，业务费不会与业务量成正比。

（3）实现专业化分工。规模越大，分工越细，专业化分工有助于提高生产的效率。

（4）提高管理效率。各种规模生产都需要管理人员，企业规模小时，管理人员往往得不到充分利用，企业规模扩大时，可以不增加管理人员，而提高产量。

（5）可以对副产品进行综合利用。小规模的企业往往将副产品作为废物处理掉，而大型企业可以对副产品再加工，从而“变废为宝”，比如，钢铁企业利用煤渣建预制厂等。

（6）在生产要素的购买与产品销售方面更有利。规模大的企业可以用更低的价格采购生产要素，以更高价格销售产品。

（二）内在不经济

尽管大规模的生产可以带来平均成本的下降，但企业规模过大也可以造成平均成本的上升，从而出现“内在不经济”。引起内在不经济的原因主要包括：

（1）管理效率降低。企业规模过大，会造成管理层次更多，委托一代理链过长，各部门之间协调困难，管理费用过高等问题。

（2）生产要素价格与销售费用增加。当企业规模过大，对生产要素的需求量过多时，生产要素价格会因此上涨，而企业产量过高还会增加销售的难度，导致销售费用增加。

（三）外在经济

外在经济，则是指行业规模扩大使企业的平均成本降低。行业规模扩大引起外在经济的原因主要包括：行业分工更细，从而提高企业的生产效率；辅助设施更完善；信息更多；人才更多；生产要素价格更低。

（四）外在不经济

同样，行业规模过大也可能导致企业平均成本的增加，从而出现“外在不经济”。主要原因在于：一是行业规模过大使厂商竞争激烈，销售费用增加；二是生产要素供不应求从而价格上涨。此外，还可能造成环境污染严重，交通压力增加等问题。

重要概念

生产函数（product function）

总产量（total product，TP）

平均产量（average product，AP）

边际产量（marginal product，MP）

边际收益递减律（law of diminishing marginal returns）

边际技术替代率（marginal rate technical substitution，MRTS）

等产量曲线（isoquant）

规模报酬（returns to scale）

规模经济（economies of scale）

规模不经济（diseconomies of scale）

练习题

1. 用图说明短期生产函数 $Q=f(L,K)$ 的 TP_L 曲线、AP_L 曲线和 MP_L 曲线的特征及其相互之间的关系。

2. 已知生产函数 $Q=f(L,K)=KL-2L^2-3K^2$，假定厂商目前处于短期生产，且 K=10。

（1）写出在短期生产中该厂商关于劳动的总产量 TP_L 函数、劳动的平均产量 AP_L 函数和劳动的边际产量 MP_L 函数；

（2）分别计算当劳动的总产量 TP_L、劳动的平均产量 AP_L 和劳动的边际产量 MP_L 各自达到极大值时的厂商的劳动投入量；

（3）$AP_L=MP_L$ 的值是多少？

3. 已知生产函数 $Q=AL^{2/3}K^{2/3}$。分析：

（1）假设为短期生产函数，该生产函数是否受边际报酬递减规律的支配？

（2）假设为长期生产函数，该生产函数的规模报酬属于哪一种类型？

4. 已知某企业的生产函数为 $Q=L^{2/3}K^{2/3}$，劳动的价格 $w=50$，资本的价

格 $r=5$。求：

（1）当成本 $C=200$ 时，企业实现最大产量时的 L、K 和 Q 的均衡值。

（2）当产量 $Q=1200$ 时，企业实现最小成本时的 L、K 和 C 的均衡值。

第六章
成本与收益

生产者行为理论分析了要素投入量与产量的关系，厂商为了实现利润最大化，不仅要考虑要素投入与产出之间的物质关系，而且要考虑生产耗费与产出的关系，需要把生产的实物形态与价值形态结合起来。本章将在生产者行为理论基础上，分析成本与收益的关系。

成本也叫生产费用，是厂商在生产过程中使用的各种生产要素的支出；收益则是厂商出售产品所得到的收入。根据生产要素的使用是否可以改变，厂商的决策期间可以分为短期和长期，相应的成本分析也可以分为短期成本和长期成本，本章首先分析短期成本。

第一节 短期成本分析

经济学所说的短期是指厂商不能根据计划达到的产量调整全部生产要素的时期。比如在较短时期内，厂商为了增加产量可以增加原料、燃料、劳动力的投入，但无法调整厂房、设备、管理人员等生产要素的数量。短期内，厂商可以调整的生产要素是可变要素，而短期内难以调整的生产要素被称为不变要素或固定要素。

一、短期成本分类

（一）短期总成本

短期内厂商生产一定数量产品所投入的成本总和是短期总成本（shot-run total cost，STC），短期总成本又分为固定成本（fixed cost，FC）和可变成本（variable cost，VC）。

其中，固定成本指厂商短期内必须支付的不能调整的生产要素的费用，无论厂商计划的产量如何变动，短期内这部分支出都不会改变，如厂房租金、设备折旧以及管理人员的工资等。

可变成本是指厂商在短期内必须支付的可以调整的生产要素的费用，这部分成本会随着产量变动而变动，主要包括原料、燃料支出和工人的工资等。可变成本又分为完全可变成本和半可变成本。前者随产量成比例变动，后者与产量关系不大。例如公交车司机的成本，不管乘客如何变动，每辆公交车都需要一位司机，它类似于固定成本，但仍然是可变成本，因为如果公交车停驶就不需要司机。

以 STC 代表短期总成本，以 FC 表示固定成本，VC 表示可变成本，则有：

$$STC = FC + VC$$

（二）短期平均成本

短期内，厂商生产每一单位产品平均所支出的成本是短期平均成本（short-run average cost，SAC），包括平均固定成本（average fixed cost，AFC）和平均可变成本（average variable cost，AVC）。

以 SAC 表示短期平均成本，AFC 表示平均固定成本，AVC 表示平均可变成本，有：

$$SAC = \frac{STC}{Q} = \frac{FC + VC}{Q} = AFC + AVC$$

（三）短期边际成本

短期内厂商每增加一单位产量所增加的总成本为短期边际成本（short-run marginal cost）。以 SMC 代表短期边际成本，ΔQ 代表产量的增量，ΔSTC 代表总成本增量，则有：

$$SMC = \frac{\Delta STC}{\Delta Q}$$

短期内固定成本不随产量变动而变动，所以短期边际成本实际是短期可变成本的增量，即：

$$SMC = \frac{\Delta VC}{\Delta Q}$$

二、各类短期成本的变动规律及其关系

表 6－1 是某厂商的短期成本表。从表 6－1 可以看出，固定成本在短期内固定不变，不随产量而变化，即使产量为零仍然保持不变。而可变成本随产量增加而增加，但变化的速度随产量而有所不同，当产量刚开始增加时，由于固定要素与可变要素的效率没有得到充分发挥，因此，每增加一个单位产量所增加的成本较多，可变成本的增加值比较大，但随着产量的增加，固定要素和可变要素的效率得到充分发挥，可变成本的增长率小于产量的增长率。最后，由于边际产量递减规律，可变成本的增长率又开始大于产量的增长率。

表 6-1　短期成本表

产量	固定成本	可变成本	总成本	平均固定成本	平均可变成本	平均成本	边际成本
0	40	0	40	—	—	—	—
1	40	30	70	40	30	70	30
2	40	50	90	20	25	45	20
3	40	60	100	13.33	20	33.33	10
4	40	80	120	10	20	30	20
5	40	110	150	8	22	30	30
6	40	150	190	6.67	25	31.67	40
7	40	200	240	5.71	28.57	34.28	50
8	40	260	300	5	32.5	37.5	60
9	40	330	370	4.44	36.67	41.11	70

（一）短期总成本、固定成本、可变成本

总成本是固定成本与可变成本之和，而固定成本不变，所以总成本的变动轨迹与可变成本一致。图 6-1 可以看出这三种成本的变动规律与关系。

FC 为固定成本曲线，它与 *X* 轴平行，不随着产量的变化而变化。*VC* 是可变成本曲线，它从原点出发，说明当产量为零时，可变成本也为零。从其变化轨迹可以看出，可变成本总体是向上延伸，表明其随着产量增加而增加，但厂商开始生产时可变成本增加较快，可变成本曲线比较陡峭，而随着产量的增加，可变成本的增长率慢于产量的增长率，可变成本曲线变得比较平缓，当产量增加到一定数量后，可变成本的增长率又开始大于产量的增长率，可变成本曲线变得陡峭。短期总成本曲线 *STC* 与固定成本曲线起点相同，当产量为零时，短期总成本就等于固定成本，短期总成本曲线与可变成本曲线平行，两条曲线的距离等于固定成本。

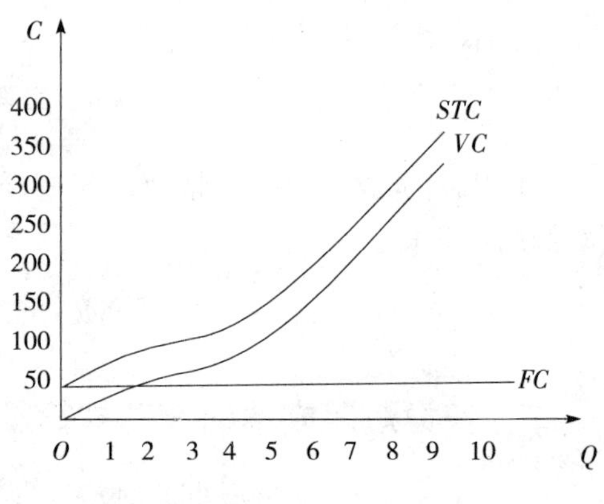

图 6-1　短期总成本曲线

（二）短期平均成本、平均固定成本、平均可变成本

平均固定成本会随着产量的增加而递减，因为固定成本是不变的，产量越

高，分摊到单位产量的固定成本就越低。平均固定成本开始递减较快，随着产量增加其递减的速度逐渐变得平缓。

平均可变成本最初随着产量的增加而递减，这是因为随着产量的增加，不变要素的利用更加充分；但边际产量递减规律最终导致平均可变成本随产量的增加而递增。

短期平均成本是平均可变成本与平均固定成本之和。由于平均固定成本与平均可变成本最初都随产量增加而递减，所以短期平均成本的变化最初也是随着产量增加而递减的，但当产量增加到一定数量后，由于平均可变成本开始递增，而平均固定成本尽管递减但其对总成本的影响越来越小，因而短期平均成本最终会随产量增加而递增。三种成本的变化规律及其关系如图 6-2 所示：

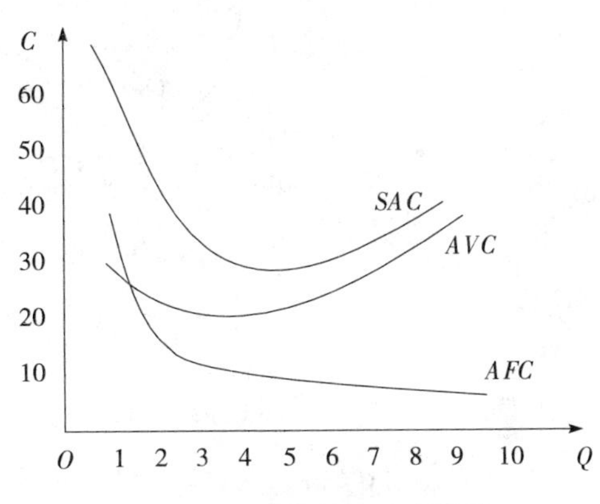

图 6-2　短期平均成本曲线

从图 6-2 可以看出，平均固定成本曲线 AFC 向右下方倾斜，显示平均固定成本随产量增加而递减，短期平均成本 SAC 曲线与平均可变成本 AVC 曲线均呈 U 型，说明随产量增加都出现由递减到递增的变化。

（三）短期边际成本、短期平均成本、平均可变成本

短期边际成本是产量每增加一个单位所增加的总成本，它的变化取决于可变成本，因为短期内产量每增加一个单位而增加的成本就是可变成本的增加量。由于可变成本的增长率最初慢于产量的增长率而当产量增加到一定数量后又快于产量的增长率，因而短期边际成本曲线的变化也经历了由递减到递增的过程而呈 U 型。

通过图 6-3 可以看到，短期边际成本曲线 SMC，短期平均成本曲线 SAC 以及平均可变成本曲线 AVC 都呈 U 型，SMC 曲线自下而上穿过 AVC 曲线和 SAC 曲线，SMC 曲线与 SAC 曲线的交点是 SAC 曲线的最低点，而与 AVC 曲线的交点也是 AVC 曲线的最低点。

当 SAC 最小时，$SMC=SAC$，下面进行数学证明：

$$SAC = \frac{STC}{Q}$$

$$f'(SAC) = \frac{Qf'(STC) - STC}{Q^2} = \frac{f'(STC)}{Q} - \frac{STC}{Q^2}$$

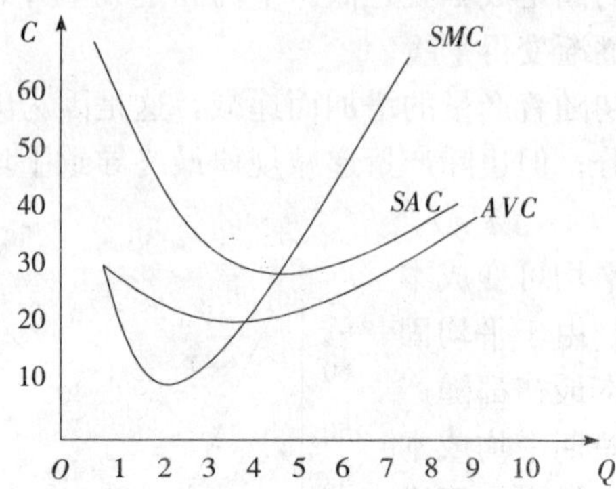

图 6-3 短期边际成本、短期平均成本、平均可变成本曲线

$$=\left[f'(STC)-\frac{STC}{Q}\right]\frac{1}{Q}$$

其中，$f'(STC)$ 就是边际成本 SMC，$\frac{STC}{Q}$ 为平均成本 SAC。

当 $SMC>SAC$ 时，SAC 递增；而 $SMC<SAC$ 时，SAC 递减；当 $SMC=SAC$ 时，$f'(STC)=0$，SAC 最小。同理，也可以证明 $SMC=AVC$ 时，AVC 有最小值。

第二节 长期成本分析

经济学里的长期是指厂商能根据所要达到的产量调整全部生产要素的时期。在长期中，由于所有投入都是可变的，没有固定成本与可变成本的区分，所有成本都是可变的。总成本就是可变成本，平均成本就是平均可变成本，在长期成本分析中只有长期总成本、长期平均成本和长期边际成本。

一、长期总成本

长期总成本（long-run total cost，LTC）是长期中厂商生产一定量产品所投入的成本总和。在长期中，厂商可以根据所要达到的产量调整一切生产要素，可以选择最合适的生产规模。当计划的产量为零时，厂商没有投入，总成本也为零。在刚开始生产时，由于产量比较低，生产要素没有得到充分利用，因而成本增长率高于产量增长率，总成本曲线比较陡峭；随着产量的增加，厂商会选择更大的生产规模，由于规模收益递增的效应，总成本的增长率开始低于产量的增长率，总成本曲线变得比较平缓；当产量达到一定数量后，由于规模过大而出现规模收益递减，这时总成本的增长率大于产量增长率，总成本曲线又变得陡峭。图 6-4 显示了长期总成本的变动规律。

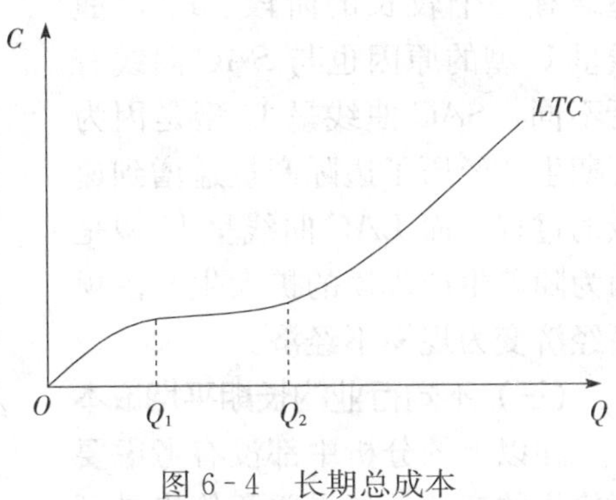

图 6-4　长期总成本

图中产量为 0 到 Q_1 时，总成本曲线比较陡峭，总成本增长率大于产量的增长率，从 Q_1 到 Q_2，总成本曲线变得平缓，总成本的增长率小于产量的增长率；最后，当产量大于 Q_2 时，总成本的增长率又大于产量增长率，总成本曲线再次变得陡峭。

二、长期平均成本

长期平均成本（long-run average cost，LAC）是厂商在长期中每生产一个单位产品平均投入的成本。

（一）长期平均成本曲线的形成

长期平均成本曲线是厂商在各种产量下最低平均成本的轨迹。假设厂商生产某种产品有三种规模的工厂可供选择，SAC、SAC_2、SAC_3 分别代表三种规模工厂的短期平均成本曲线。如图 6-5 所示：

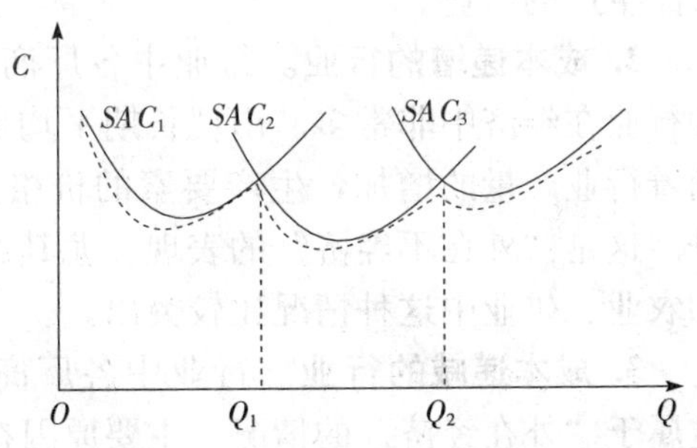

图 6-5　长期平均成本曲线

如果厂商计划生产的产量小于 Q_1，它将选择 SAC_1 所代表的工厂规模；如果计划的产量在 Q_1 到 Q_2 之间，厂商将选择 SAC_2 所代表的工厂规模；当计划的产量大于 Q_2 时，厂商会选择 SAC_3 所代表的工厂规模。由于厂商能根据计划产量选择最低单位成本的生产规模，LAC 曲线将是各既定规模的 SAC 曲线交点下面的线段所连接形成的不规则曲线。

如果厂商可以选择的工厂规模可以无限细分，曲线与不同规模的 SAC 曲线相切，这时，厂商的 LAC 曲线将成为一条平滑的曲线，如图 6-6 所示。这条呈 U 型的 LAC 曲线将所有的短期平均成本曲线包络其中，又称包络曲线。

（二）长期平均成本曲线的特征

从图 6-6 看出，LAC 曲线与 SAC 曲线一样都呈 U 型，随产量的增加平均成本会出现先降后升的变化，但与 SAC 曲线相比，LAC 曲线无论下降还是上升都更平缓，这是因为在长期中厂商可以选择生产规模，从规模收益递增到递减有一个较长的阶段。*LAC* 曲线呈 U 型的原因也与 *SAC* 曲线有所不同，*SAC* 曲线呈 U 型是因为短期生产经历了边际产量递增到递减的过程，而 *LAC* 曲线呈 U 型是因为随着生产规模的扩大生产由规模经济变为规模不经济。

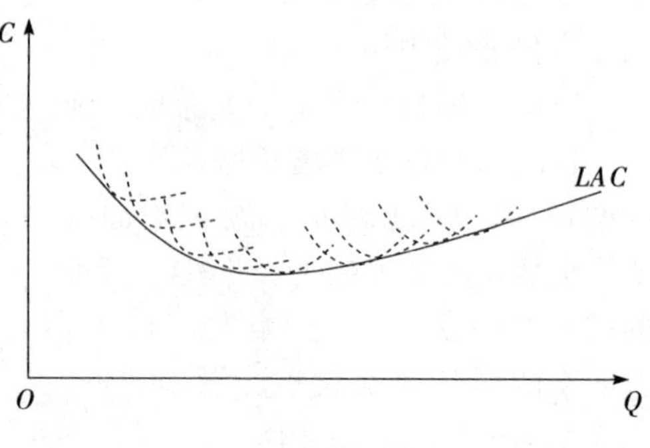

图 6－6　长期平均成本曲线

（三）不同行业的长期平均成本

在以上的分析中都没有考虑要素价格的变动，如果要素价格是可变的，则不同行业厂商的长期平均成本变动特点会有所不同。一般可以将不同行业厂商的长期平均成本的变动分为“成本不变、成本递增和成本递减”三种情况。

1. 成本不变的行业。某些行业厂商的长期平均成本曲线为一平行线，其原因在于这些行业在整个经济中所占比例极小，行业所消耗的生产要素占总的要素需求的比例也非常小，厂商产量的变动不会引起要素价格的变动，因而不会导致长期平均成本的变化。成本不变的行业很少，主要是一些小商品和特殊产品生产的行业。

2. 成本递增的行业。行业中各厂商长期平均成本随产量增加而上升，这种行业在经济中非常多。出现长期平均成本递增的主要原因是资源的有限性，随着行业产量的增加，生产要素的价格上升，导致该行业厂商的平均成本上升。这是“外在不经济”的表现。尤其在以自然资源为主要生产要素的行业，如农业、矿业中这种情况比较突出。

3. 成本递减的行业。行业中各厂商的长期平均成本随产量增加而减少，这属于“外在经济”的情况。主要原因在于这些行业对配套设施、服务等的依赖性比较强，行业规模的扩大可以导致厂商平均成本的下降，如制造业。但成本递减只能在一定时期内存在，外在经济必然变为外在不经济。

三、长期边际成本

长期边际成本（long-run marginal cost，LMC）是指在长期中，厂商每增加一个单位产量总成本的增加量。

在图 6－7 中，SAC_1、SAC_2、SAC_3…分别代表厂商的短期平均成本，SMC_1、SMC_2、SMC_3…为对应的短期边际成本。点 A、B、C…分别是 LAC 曲线与 SAC 曲线的切点，A_1、B、C_1…是产量为 q_1、q_2、q_3时所选择的最优

规模的短期边际成本。A_1、B、C_1 … 的连线为 LMC 曲线。

如图所示，LMC 曲线与 LAC 曲线的关系和 SMC 曲线与 SAC 曲线的关系相同：当 $LMC < LAC$ 时，LAC 曲线是下降的；当 $LMC > LAC$ 时，LAC 曲线是上升的；当 $LMC = LAC$ 时，LAC 最低，这时：$LMC = LAC = SAC = SMC$。

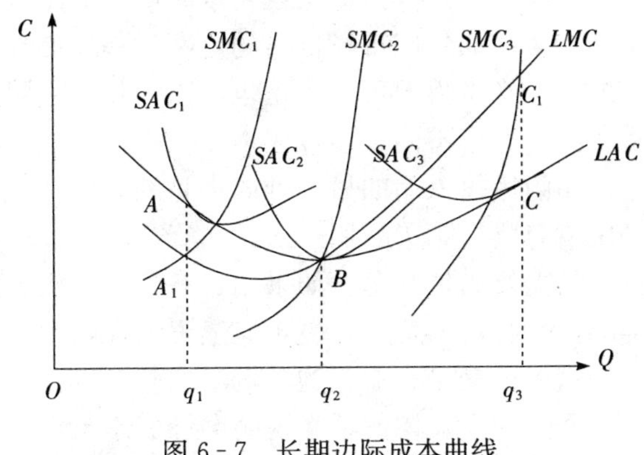

图 6-7 长期边际成本曲线

第三节 成本的其他划分

前面从生产周期的角度分析了短期成本与长期成本，此外，成本还有其他一些划分方法。

一、经济成本与会计成本

经济学家在经济分析中所使用的是经济成本，它是指厂商生产过程中全部投入的机会成本。会计师在财务分析使用会计成本，也就是厂商在生产过程中按市场价格直接支付的一切费用，是业已发生的历史成本，这些成本一般都可以通过会计账目反映出来。经济成本主要用于经济决策中选择最优方案，而会计成本用于核算厂商的经营业绩。

以耐用投入品为例，在生产过程中耐用投入品的成本主要包括两部分：折旧与利息。在一个既定时期内耐用品价值的减少就是折旧。会计师通过对所购耐用投入品价格的折旧率来确定耐用投入品价值的减少。例如，一台设备的年折旧率为 5%，厂商购买设备的价格为 10 万元，则生产第一年的折旧是 5 000 元，会计师将 5 000 元作为生产期第一年的成本，在第一年年底，会计师在账上记这台设备的价值为 95 000 元。如果厂商是借款购买的设备，借款利率为 10%，则会计师将利息 10 000 元也作为生产成本。但厂商如果用自有资金购买设备则生产中的利息成本为零。

在折旧与利息的计算中，经济学家与会计师的方法会有所不同。经济学家也用折旧与利息确定成本，但计算的是这两者的机会成本。经济学家所说的折旧是经济折旧。经济折旧是在一定时期内耐用投入品市场价格的变动，该耐用投入品在年初与年底市场价格的差额就是厂商在生产中使用这种耐用投入品的机会成本。经济折旧可以为正也可以为负，当耐用投入品价格上涨，则经济折旧是负的，这也不同于会计成本。

使用耐用投入品的另一种成本是利息。在经济成本的计算中，无论用借款还是用自有资金购买耐用投入品，资金的机会成本是没有区别的。如果厂商是借款，它需要支付利息。如果用自有资金，机会成本就是资金在其他用途所能获得的最大收益，至少相当于这笔资金存入银行所能获得的利息。所以，无论资金是借的还是自有的，这笔资金的利息就是机会成本。

下面用一个具体例子来说明会计成本与经济成本的区别。假设布朗有一家出售小家电的商店。其收益、成本和利润如表 6-2 所示：

表 6-2　会计成本与经济成本

会计师的算法		经济学家的算法	
项目	数量	项目	数量
销售收益	300 000	销售收益	300 000
成本		成本	
小家电批发成本	150 000	小家电批发成本	150 000
其他服务	20 000	其他服务	20 000
工人工资	500 000	工人工资	50 000
		布朗本人工资①	50 000
		资产市场价值的减少②	10 000
借款利息	11 000	借款利息	11 000
		布朗自有资金利息③	5 500
总成本	231 000	总成本	296 500
利润	69 000	利润	3 500

注：①指的是布朗企业家才能的机会成本，即布朗如果到其他企业工作所能够获得的最高工资。

②指企业资产年底与年初的市场价格差，即使用这些资产的机会成本或这些资产的经济折旧。

③假设布朗从银行借款 110 000 元，借款利率 10%，借款利息 11 000 元；使用自有资金 110 000 元，该笔资金如果存入银行，存款利率 5%，即自有资金的机会成本 5 500 元。

会计师的历史成本方法在成本中只包括实际的货币支出，经济学家的机会成本方法还包括并没有实际支出，但所放弃的货币收入。这是计算会计成本和经济成本的重要区别。

二、显明成本与隐含成本

显明成本指厂商会计账目上作为成本项目计入账上的各种实际支出费用，包括工资、原材料、动力、运输等费用，以及为借款所支付的利息等。

隐含成本是厂商自己所提供的资源所应支付的费用。这笔费用并没有实际支出，包括厂商自有的资金、企业家才能、土地、厂房等的应有报酬。经济学上这些应有报酬也应计入成本，否则，厂商会将这些要素转作其他用途。

经济成本既包括显明成本也包括隐含成本。

三、私人成本与社会成本

财务分析使用私人成本，它是个体从事生产活动实际支付的一切成本。经济分析经常使用社会成本，它是社会为该项生产活动需要支付的一切成本。社会成本包括私人成本以及社会为私人生产所支付的一切费用。例如，某化工厂将生产过程中产生的废物倒入河中，对该厂来说，处理废物的私人成本就是将废物倾倒河中的运输费用或建排污管道的费用。但社会成本还包括河流被污染后，社会为治理河流以及治疗由河流污染而引发的疾病所支付的费用，而这笔费用构成社会外在成本。同时，个体的生产活动也可能带来某些社会外在利益，比如，养蜂人所养蜜蜂采蜜可以让周围果农的果树长势更好，产果更多。

以 C_p 表示私人成本，C_s 代表社会成本，C_x 为社会外在成本，B_x 为社会外在利益，则：

$$C_s = C_p + C_x - B_x$$

社会成本是政府制定政策、立法和审批项目的重要依据。

四、增量成本与沉没成本

增量成本指总成本的增量，是因产量增加而增加的成本，如工资、原材料支出等，主要指可变成本。

沉没成本是业已发生而无法收回的或不因生产决策而改变的成本。主要包括厂房、设备等投入的固定成本。例如，某厂商以 10 万元购买了一台设备，现厂商决定转入其他行业，而该设备是特种设备无法用于新的行业，厂商准备将设备转让，如果能以半价转让则该设备的沉没成本为 5 万元，若无法转手则其购买成本 10 万元为沉没成本。

对于沉没成本，经济学家往往采取“随它去”的态度，比如，某学校以 50 万元期权费购买了一栋房屋的买入期权，获得在行权日以 1 000 万元买入该房屋的权利，若行权日该房屋的实际市场价格为1 030万元，则如果学校选择行使权利，买入房屋的实际成本为1 050万元，高于市场价格，但成本中的50万元为沉没成本，即无论学校是否选择行使权利都有这笔支出，该支出不因决策而改变。在这个例子中，学校对于沉没成本在决策时采取了“随它去”的态度，即只要增量成本低于市场价格就应该选择行使权利，否则学校损失会更大。

第四节　收益与利润最大化

厂商生产的目的是实现利润最大化，为了实现这一目标，厂商不仅需要分析成本还需要分析收益。

一、总收益、平均收益与边际收益

对收益的分析可分为总收益、平均收益和边际收益。

总收益（total revenue，TR）是厂商出售产品所得到的全部收入，是价格与销售量的乘积，即 $TR=P\times Q$

平均收益（average revenue，AR）是厂商销售一个单位产品平均所得到的收入。

$$AR=\frac{TR}{Q}=P$$

边际收益（marginal revenue，MR）是厂商每增加一个单位产品所增加的总收益。

$$MR=\frac{\mathrm{d}TR}{\mathrm{d}Q}$$

这三个变量的变动规律及其关系如表6-3所示：

表6-3　总收益、平均收益与边际收益

需求量	价格（元）	总收益（元）	平均收益（元）	边际收益（元）
0	0	0	0	0
1	80	80	80	80
2	70	140	70	60
3	60	180	60	40
4	50	200	50	20

（续）

需求量	价格（元）	总收益（元）	平均收益（元）	边际收益（元）
5	40	200	40	0
6	30	180	30	−20

从表6-3可以看出，对于任何销售量，平均收益都等于价格，而边际收益随销售量增加而递减，这是需求定理作用的结果，当边际收益大于零时，总收益递增；边际收益等于零时，总收益达到最大值；当边际收益小于零时，总收益递减。但在完全竞争市场上，三个变量的变化规律及其关系会有所不同，这将在下一章具体分析。

二、利润最大化原则

当边际收益等于边际成本时，厂商可以得到最大利润或实现最小亏损。当边际收益大于边际成本时，厂商可以通过增加产量来增加利润；当边际收益小于边际成本时，厂商生产会出现亏损，需要减少产量。只有边际收益等于边际成本时，厂商利润最大或亏损最小，厂商才不会调整产量，处于均衡状态。下面进行数学证明：

$$\Pi = TR - TC$$

$$\frac{\mathrm{d}\Pi}{\mathrm{d}Q} = \frac{\mathrm{d}TR}{\mathrm{d}Q} - \frac{\mathrm{d}TC}{\mathrm{d}Q}$$

要满足利润最大化的必要条件，令

$$\frac{\mathrm{d}\Pi}{\mathrm{d}Q} = 0$$

$$\frac{\mathrm{d}TR}{\mathrm{d}Q} - \frac{\mathrm{d}TC}{\mathrm{d}Q} = 0$$

则

$$\frac{\mathrm{d}TR}{\mathrm{d}Q} = \frac{\mathrm{d}TC}{\mathrm{d}Q}$$

即

$$MR = MC$$

为满足利润最大化的充分条件，要求

$$\frac{\mathrm{d}^2\Pi}{\mathrm{d}Q^2} = \frac{\mathrm{d}}{\mathrm{d}Q}\left(\frac{\mathrm{d}TR}{\mathrm{d}Q}\right) - \frac{\mathrm{d}}{\mathrm{d}Q}\left(\frac{\mathrm{d}TC}{\mathrm{d}Q}\right)$$

$$= \frac{\mathrm{d}^2 TR}{\mathrm{d}Q^2} - \frac{\mathrm{d}^2 TC}{\mathrm{d}Q^2} < 0$$

即

$$\frac{\mathrm{d}}{\mathrm{d}Q}\left(\frac{\mathrm{d}TR}{\mathrm{d}Q}\right) < \frac{\mathrm{d}}{\mathrm{d}Q}\left(\frac{\mathrm{d}TC}{\mathrm{d}Q}\right)$$

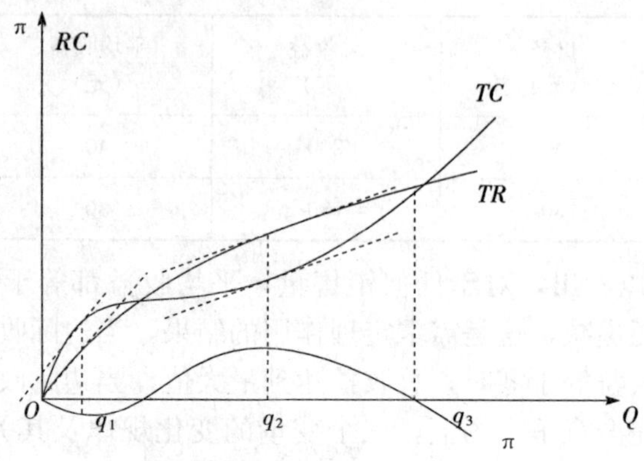

图 6-8　利润最大化条件

在图 6-8 中，产量达到 q_2时，厂商获得最大利润，首先该点满足利润最大化的必要条件，在该产量下，总成本曲线（STC）的切线的斜率（$\mathrm{d}TC/\mathrm{d}q$）等于总收益曲线（STR）曲线的斜率（$\mathrm{d}TR/\mathrm{d}q$），而且，该产量点也满足利润最大化的充分条件，即

$$\frac{\mathrm{d}^2 TR}{\mathrm{d}Q^2} < \frac{\mathrm{d}^2 TC}{\mathrm{d}Q^2}$$

而在产量 q_1 下，尽管满足利润最大的必要条件，但不满足充分条件，所以只有当产量为 q_2时，厂商的利润最大。

重要概念

短期（shot-run）
长期（long-run）
可变要素（variable factor）
固定要素（fixed factor）
短期总成本（shot-run total cost，STC）
固定成本（fixed cost，FC）
可变成本（variable cost，VC）
短期平均成本（short-run average cost，SAC）
平均固定成本（average fixed cost，AFC）
平均可变成本（average variable cost，AVC）
短期边际成本（short-run marginal cost，SMC）
长期总成本（long-run total cost，LTC）

长期平均成本（long-run average cost，LAC）
长期边际成本（long-run marginal cost，LMC）
经济成本（economic cost）
会计成本（accounting cost）
显明成本（explicit cost）
隐含成本（implicit cost）
私人成本（private cost）
社会成本（social cost）
增量成本（incremental cost）
沉没成本（sunk cost）
总收益（total revenue，TR）
平均收益（average revenue，AR）
边际收益（marginal revenue，MR）

复习思考题

1. 短期边际成本曲线与短期平均成本曲线呈U型的主要原因是什么？
2. 导致长期平均成本曲线呈U型的主要原因是什么？
3. 画图并说明 *LMC* 曲线与 *SMC* 曲线的相互关系。
4. 经济成本与会计成本有什么区别？
5. 社会成本与私人成本有什么不同？在什么情况下两者是一致的？

练习题

1. 根据固定成本、可变成本、边际成本、总成本、平均成本、平均可变成本、平均固定成本的概念及其相互关系，完成下表：

Q	*FC*	*VC*	*TC*	*MC*	*AFC*	*AVC*	*AC*
1	50	50					
2				30			
3						30	
4			150				
5							34

2. 某厂商计划建设一个工厂。现有两个方案，方案A的短期成本函数为：

$TC_A=80+2Q_A+0.5{Q_A}^2$，方案B的短期成本函数为：$TC_B=50+{Q_B}^2$。

(1) 如果市场需求量为8，厂商应该选择哪个方案？

(2) 如果选择A方案，市场需求量至少应该达到多少？

3. 某厂商短期总成本函数是：$STC(Q)=0.04Q^3-0.8Q^2+10Q+5$，求平均可变成本的最小值。

4. 已知某厂商短期总成本函数为：$4Q+0.125Q^2+15$，总收益函数为：$9Q-0.5Q^2$。求厂商利润最大时的产量及利润。

第七章

市　场　理　论

在不同市场上，厂商面临不同的竞争环境，企业家需要根据市场条件来决定自己产品的产量与价格，以实现利润最大化。市场理论就是解决在不同市场上如何实现利润最大化的问题。这一理论也叫“厂商均衡理论”或“市场定价理论”。

经济学家根据市场上竞争与垄断的程度将现实市场分为完全竞争市场、垄断竞争市场、寡头垄断市场与完全垄断市场四种类型，其中，垄断竞争市场也叫不完全竞争市场，寡头垄断市场也叫不完全垄断市场。

第一节　完全竞争市场上的厂商均衡

一、完全竞争的含义与条件

完全竞争市场是一种竞争不受任何阻碍与干扰的市场结构，其条件是：

（1）市场上有众多的生产者与消费者，他们都是价格接受者。每个生产者与消费者的规模都很小，任何生产者或消费者都无法通过自己的买卖行为影响市场价格。市场价格由整个市场的供求关系决定，单个生产者或消费者只能是价格的接受者。

（2）产品同质。在这个市场上，产品不存在任何差异，不同厂商生产的产品无论外观、质量、包装、销售条件等都没有任何差别。厂商无法凭借产品的优势形成垄断。

（3）资源完全自由流动。厂商可以自由进入或退出该行业，不存在任何进入或退出的壁垒。

（4）市场信息畅通。无论生产者还是消费者都能完全而迅速地掌握市场信息，不需要信息搜寻的费用，交易成本为零，不存在供求关系以外的因素影响价格。

完全符合上述条件的市场是不存在的，比较接近的是农产品市场。在这个市场上，有大量的农民提供农产品，也有大量的消费者购买农产品。农产品差异性较小，资源可以自由进入或退出农业，同时，相对于工业品市场，农产品市场上信息不对称程度较低。

二、完全竞争市场的价格与收益

（一）价格与需求曲线

完全竞争市场上的需求曲线分为行业需求曲线与厂商需求曲线。对行业而言，需求曲线是一条向右下方倾斜的曲线，如果所有的厂商都增加销售量则必须降低市场价格。但对于其中某一个厂商而言，它所面临的需求曲线是一条具有完全弹性的水平的需求曲线。因为单个厂商的规模很小，它增加产量或销售量不足以影响市场价格，也就是在完全竞争市场上，单个厂商不需要降低价格，可以按照市场价格出售它愿意出售的任何数量产品，但只要价格高于市场价格则该厂商产品的需求量变为零。图 7-1（a）、7-1（b）显示的是完全竞争市场的行业需求曲线与厂商需求曲线。

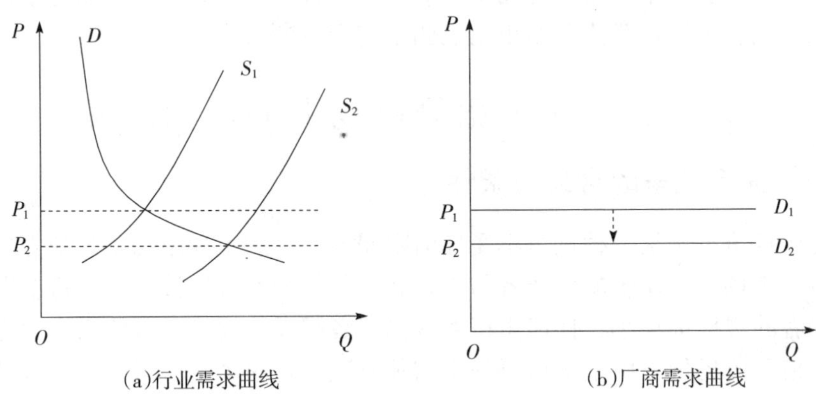

图 7-1　需求曲线

在图中，市场价格取决于行业所有厂商的供给与需求，在某一个确定的市场价格下，厂商的需求曲线是一条水平线，它可以按这个价格销售任何数量的产品。

（二）平均收益与边际收益

表 7-1　完全竞争市场的价格与收益

销售量	价格	总收益	平均收益	边际收益
0	0	0	0	0
1	10	10	10	10
2	10	20	10	10
3	10	30	10	10

（续）

销售量	价格	总收益	平均收益	边际收益
4	10	40	10	10
5	10	50	10	10
6	10	60	10	10
7	10	70	10	10

如表 7-1 所示，厂商的平均收益等于价格，当厂商销售量变动时产品价格不变，所以对于任何销售量厂商的边际收益等于平均收益，等于价格。

三、完全竞争市场的短期均衡

在短期内，厂商不能根据市场需求来调整全部生产要素，厂商实现短期均衡的条件是：$MR=SMC$，由于在完全竞争市场上 $MR=AR=P$，所以在短期均衡时，$MR=SMC=AR$。从整个行业来看，如果所有厂商调整产量则市场可能出现供求不平衡的情况，市场供不应求则价格上升，市场供大于求则价格下降，因此，单个厂商实现利润最大化时可能出现三种情况：

1. 整个行业供不应求，产品的市场价格很高。如图 7-2（a）所示：

在图中，厂商的需求曲线是从既定价格出发的水平线，这条需求曲线同时也是厂商的平均收益曲线与边际收益曲线。当产量为 Qe 时，边际收益曲线与边际成本曲线相交，$MR=MC$，厂商获得最大利润，实现短期均衡。这时，产品的价格是 P_0，平均成本对应 SAC 曲线上的 M 点，总利润等于 P_0NME 这四点所确定的矩形的面积。

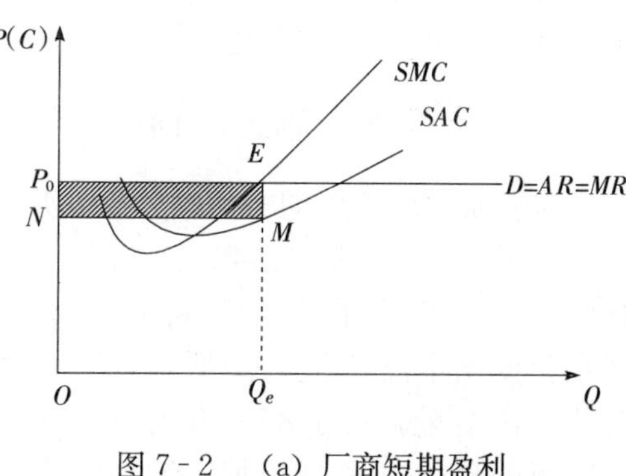

图 7-2　（a）厂商短期盈利

2. 行业需求减少，产品的市场价格下降，厂商的需求曲线与平均成本曲线相切。如图 7-2（b）所示：

可以看出，需求曲线与短期平均成本曲线相切于 E 点，这时 $MR=MC$，产品价格等于平均成本，厂商收支相抵，经济利润为零，厂商只能得到正常利润，切点 E 也叫收支相抵点。

3. 行业产品供大于求，市场价格很低，厂商的需求曲线与短期平均成本线相离。如图 7－2（c）所示：

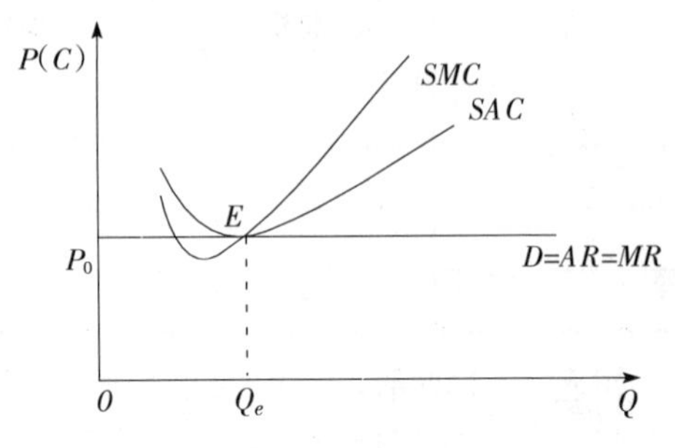

图 7－2 （b）厂商短期收支相抵

从图中可以看出，厂商需求曲线与短期平均成本曲线没有交点，当 $MR=MC$ 时，厂商产品价格低于平均成本，厂商出现亏损但在均衡点亏损最小。在短期内，由于存在固定成本的支出，即使有亏损厂商也会继续生产，只要价格高于平均可变成本，生产就可以弥补部分固定成本。如果价格进一步下降，需求曲线由 D 移动到 D'，需求曲线在 E' 点与平均可变成本曲线 AVC 相切，这时价格等于平均可变成本，厂商继续生产也不能弥补固定成本，厂商会选择停止生产，因此，需求曲线与 AVC 曲线的切点 E' 也叫停止营业点。

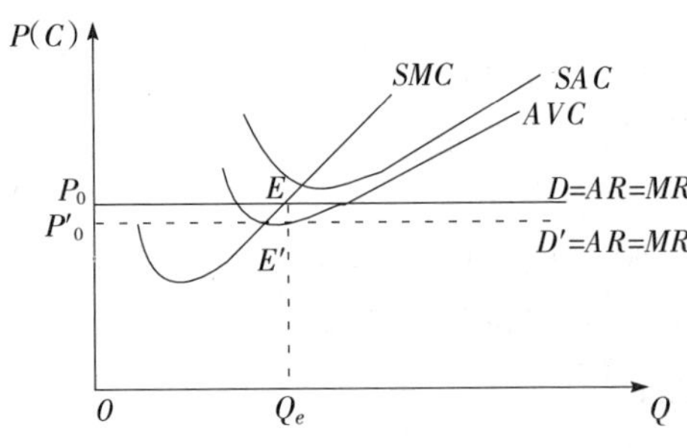

图 7－2 （c）厂商短期亏损

四、完全竞争市场上厂商的短期供给曲线

根据前面对厂商短期均衡的分析，厂商在市场价格低于平均可变成本时，将停止生产，厂商的供给量为零，只有市场价格高于平均可变成本，厂商才会根据市场价格的高低，调整自己的供给量。对于每一市场价格，厂商的最优产量是根据 $MR=SMC$ 来确定的，也就是需求曲线（平均收益曲线）与短期边际成本曲线的交点决定厂商的供给量。所以，完全竞争市场上厂商的短期供给曲线就是停止营业点以上的那部分短期边际成本曲线。如图 7－3 所示：

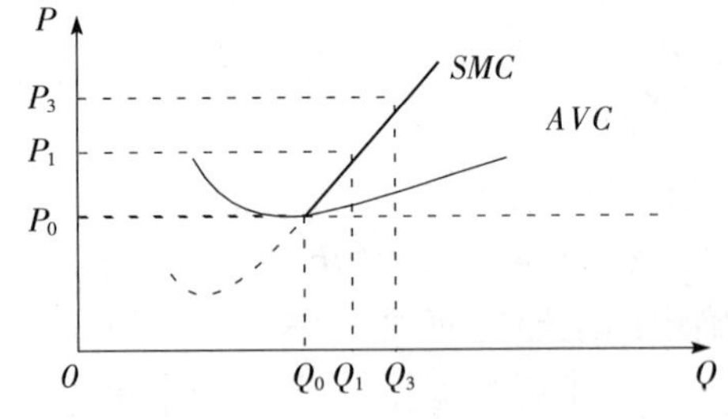

图 7－3 厂商的短期供给曲线

五、完全竞争市场的长期均衡

从长期看，厂商可以根据市场价格来调整全部生产要素，可以选择进入或退出某一行业，如果某行业产品供不应求产品，价格高，则厂商会增加产量，还会有新的厂商进入该行业以期获得更高利润。于是，行业供给增加，市场价格下降，厂商的需求曲线下移。如果厂商的需求曲线在长期平均成本曲线下方，厂商亏损，则会选择退出该行业，当大量厂商退出某行业，行业供给减少，市场价格上升，剩余厂商的需求曲线又会上移。只有所有厂商的需求曲线与长期平均成本曲线相切，厂商收支相抵，既没有厂商退出行业也没有新厂商进入该行业，厂商实现长期均衡。

图 7-4（a）、7-4（b）显示了完全竞争市场上厂商长期均衡的形成。当行业产品供不应求时，市场价格为 P_1，这时厂商的需求曲线为 D'，厂商有经济利润；为获得更多利润厂商会增加产量，而其他厂商发现该行业有经济利润也会进入该行业，于是行业供给曲线由 S_1 移动到 S_2，市场价格下降到 P_2，这时，厂商的需求曲线 D'' 与长期平均成本曲线相离，厂商出现亏损，于是有厂商退出该行业，行业供给曲线向左移动，当行业供给曲线移动到 S_3 时，市场价格上升到 P_3，厂商的需求曲线 D 与长期平均成本曲线相切，厂商经济利润为零。这时，既没有新的厂商进入该行业，也没有厂商退出该行业，厂商实现长期均衡。

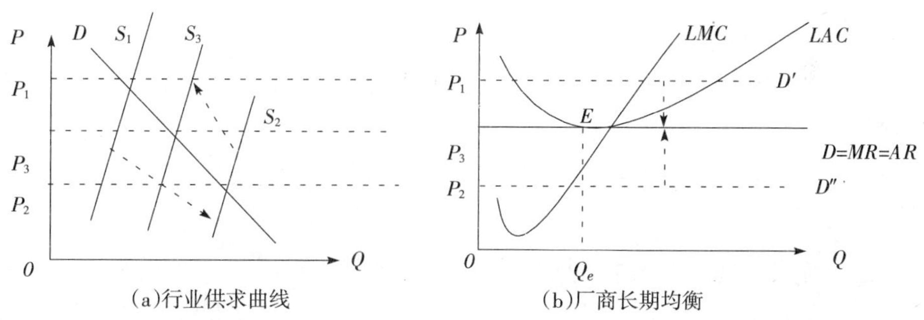

图 7-4　行业供求曲线与厂商长期均衡

厂商长期均衡的条件是：$MR=LMC=LAC=AR$。

在长期均衡点 E 点，厂商收支相抵，只能获得正常利润。在完全竞争市场上，由于竞争激烈，长期中厂商无法获得超额利润，只要获得正常利润，就实现了利润最大化。在完全竞争条件下，厂商生产成本为平均成本最低点，从而使经济的效率最高。

六、对完全竞争市场的评价

完全竞争市场被经济学家认为是最理想的市场类型，因为在这个市场上，价格机制可以充分发挥“看不见的手”的作用，使资源配置最优。完全竞争市场的主要优点包括：第一，在完全竞争的条件下，市场供求相等，资源能得到最优配置；第二，在长期均衡时，厂商按平均成本最低点生产，生产要素的效率得到最有效的发挥；第三，当平均成本最低时，价格也最低，对消费者有利。

但完全竞争市场也存在一些缺点：第一，各个厂商的平均成本最低不一定社会成本最低；第二，产品无差异，无法满足消费者多样性的消费需求；第三，生产者规模小，难以实现技术突破。

第二节　完全垄断市场上的厂商均衡

一、完全垄断市场的特点

完全垄断是指整个行业的市场完全由一家厂商控制的状态，即一个厂商控制某种产品的全部供给。完全垄断市场的特点包括：

(1) 企业就是行业。完全垄断行业只有一个企业，它提供整个行业的产品。

(2) 产品无法替代。完全垄断厂商所提供的产品没有良好的替代品，与其他产品的交叉弹性趋于零。

(3) 厂商是价格的决定者。企业可以根据市场需求，利用各种手段决定垄断价格。

(4) 存在进入障碍。完全垄断市场存在进入限制，其他企业难以参与竞争。

二、完全垄断市场的形成

垄断的重要特征是存在对新企业进入的限制。形成完全垄断市场的条件有：

(1) 政府借助行政权力对某些行业实行完全控制。比较典型的是有些国家政府对邮电、铁路、电力、供水等公用事业的垄断。

(2) 政府特许的私人垄断。政府以法律形式，准予某个企业在政府的管制下独家经营与公共福利、财政收入密切相关的产业（如烟、酒、军工等）。还有一种情况是政府授予发明者对其发明创造在一定时期内的垄断权，即专利权。

（3）某些产品的需求量很少。

（4）自然垄断。对进入的自然限制产生自然垄断。当某种原料只有唯一的供给来源，或者一家企业能比其他企业以更低价格提供某种产品的全部供给时，就形成自然垄断。

第一种自然垄断是由于一家企业拥有并控制某生产要素的全部或绝大部分，并拒绝出售给其他企业，如南非的“德比尔”公司拥有并控制了全球钻石矿的4/5，成为全球钻石市场的垄断者。

第二种自然垄断产生于规模经济，某些行业需要大量固定设备，平均成本在很大范围内随产量增加而递减，且在达到平均成本最低点以前就可以满足社会的全部需求，不宜多家经营。如铁路、自来水等公用事业。

（5）对生产技术的控制。企业掌握某种产品的技术秘密，从而形成垄断。如“可口可乐”公司由于掌握可乐配方而形成的垄断。

三、完全垄断市场的需求曲线

（一）需求曲线

由于在完全垄断市场上，一个厂商就是一个行业。厂商的需求曲线就是行业需求曲线。厂商需求曲线也是一条向右下方倾斜的曲线，显示需求量与价格的反向变动关系。

（二）平均收益与边际收益

从表7-2看出，在完全垄断市场上，产品价格仍然等于平均收益，但随着销售量的增加，产品价格递减，边际收益也是递减的，这是需求定理作用的结果。在完全垄断市场上，平均收益不等于边际收益，而是大于边际收益。这是因为，随着价格的下降，不仅新增加的销售量要按照下降后的价格出售，连原有的销售量也得按下降后的价格销售。这样，新增加的一个单位销售量按新价格所增加的收益为 AR，从中减去原有销售量按新价格出售所减少的收益，才是由于新增一单位销售量而增加的总收益 MR，所以，$AR>MR$。

表7-2　完全垄断厂商的价格与收益

销售量	价格	总收益	平均收益	边际收益
10	30	300	30	30
11	29.6	325.6	29.6	25.6

（续）

销售量	价格	总收益	平均收益	边际收益
12	29.2	350.4	29.2	24.8
13	28.8	374.4	28.8	24
14	28.4	397.6	28.4	23.2
15	28	420	28	22.4
16	27.6	441.6	27.6	21.6
17	27.2	462.4	27.2	20.8

对于 $MR<AR$ 的结论也可以进行数学证明：

$$TR = P \times Q$$

$$MR=\frac{\mathrm{d}TR}{\mathrm{d}Q}=\frac{P\mathrm{d}Q+Q\mathrm{d}P}{\mathrm{d}Q}=P+\frac{\mathrm{d}P}{\mathrm{d}Q}Q$$

由于 P 与 Q 是反向变动关系，所以，$\frac{\mathrm{d}P}{\mathrm{d}Q}<0$，又由于 P、Q 都大于零，所以，$MR < P$，即 $MR < AR$。

在图 7-5 中，平均收益曲线即需求曲线以及边际收益曲线均向右下方倾斜，而边际收益曲线位于平均收益曲线下方。如果平均收益曲线为线性时，边际收益曲线也为线性，且边际收益曲线的斜率是平均收益曲线的两倍。设需求函数为：

$P = a - bQ$，需求曲线即平均收益曲线的斜率为 $-b$。

$MR = (P \times Q)' = a - 2bQ$，边际收益曲线的斜率为 $-2b$，其斜率是 AR 曲线的两倍。

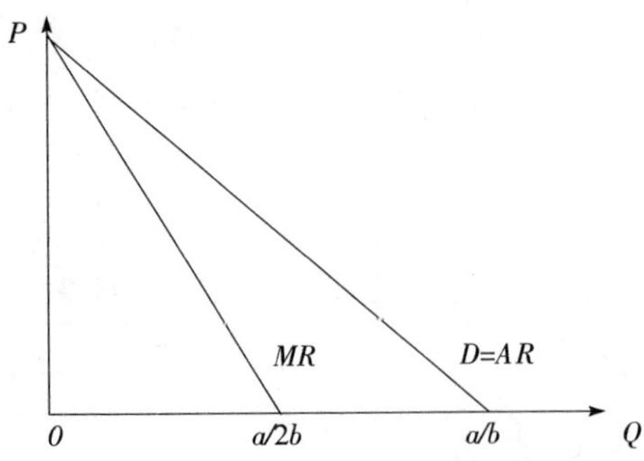

图 7-5　厂商平均收益与边际收益曲线

四、完全垄断市场上的短期均衡

在完全垄断市场上，厂商可以通过对产量和价格的控制来实现利润最大化，但垄断厂商也不可能为所欲为，因为它无法控制消费者的需求，而且厂商调整产量的行为还会受到短期内固定要素难以调整的制约，所以垄断厂商需要和完全竞争厂商一样按照 $MR=MC$ 的原则确定最优产量，实现短期均衡。与完全竞争市场不同的是，完全竞争厂商面对既定的市场价格很容易确定自己的需求曲线，但完全垄断厂商面临的需求曲线是不确定的。

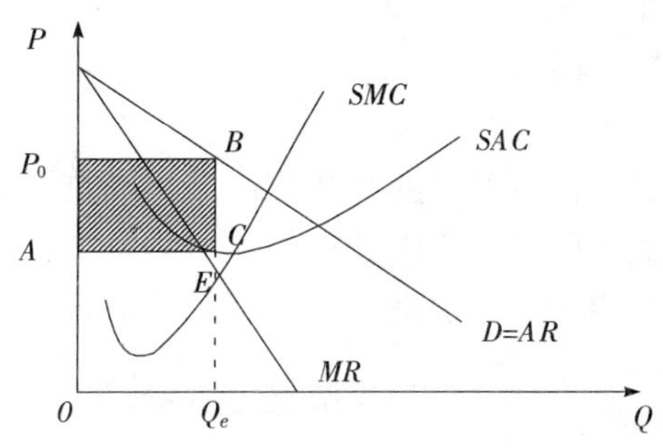

图 7-6　(a) 完全垄断厂商短期盈利

在短期内，由于需求的变化，厂商在短期均衡时可能出现三种情况：

1. 厂商有经济利润。如图 7-6 (a) 所示：

如果产品需求量大，垄断厂商根据 SMC 曲线与 MR 曲线的交点 E 点确定最优产量 Q_e，在这个产量下，市场价格为 P_0，高于这个产量下的平均成本（由 SAC 曲线上 C 点所确定），厂商获得经济利润，利润总额等于由 P_0ACB 所确定的矩形的面积。

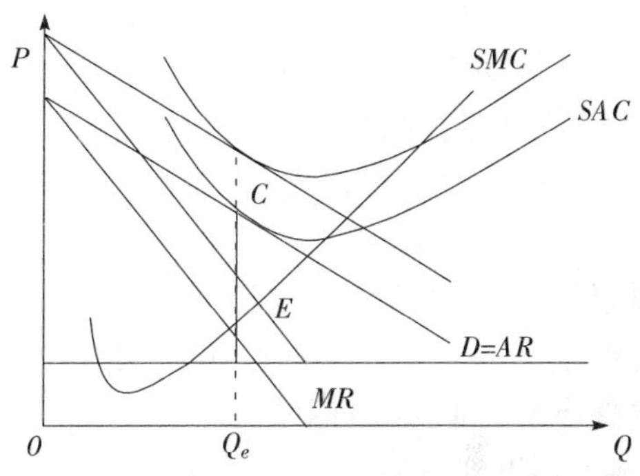

图 7-6　(b)　完全垄断厂商短期收支相抵

2. 厂商收支相抵，只能获得正常利润。如图 7-6 (b) 所示：

如果需求减少，需求曲线向左移动与 SAC 曲线相切，厂商根据 SMC 曲线与 MR 曲线的交点 E 点确定最优产量 Q_e，在这一产量下，需求曲线与 SAC 曲线相切，产品的市场价格与短期平均成本相等。这时，厂商收支相抵，获得正常利润。

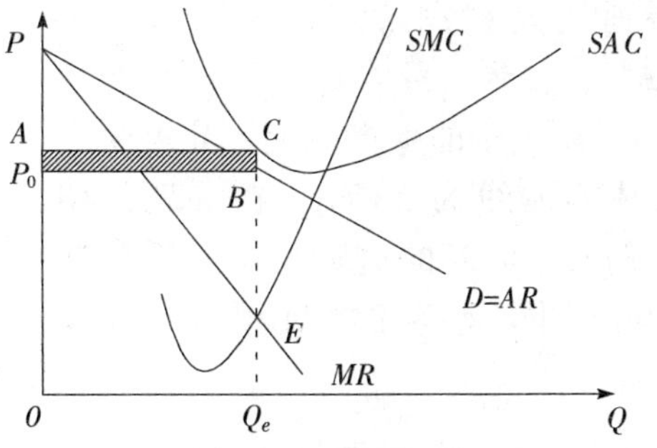

图 7-6　(c)　完全垄断厂商短期亏损

3. 厂商出现亏损。如图 7－6（c）所示：

如果需求不足，需求曲线与 SAC 曲线相离，则厂商出现亏损。由 $MR=SMC$ 所确定的产量 Q_e 可以使厂商的亏损最小。厂商的亏损额等于 P_0BCA 所形成的矩形的面积。

短期内，完全垄断厂商区别于完全竞争厂商的一个重要特点是没有确定的供给曲线。在完全竞争市场上，供给与价格一一对应：在既定的市场价格下，厂商有独一无二的产销量；每一产销量对应独一无二的价格。但在完全垄断市场上，供给与价格没有这种一一对应关系，在不同的需求曲线下，完全垄断厂商可能在不同价格下提供相同产量，也可能在相同价格下提供不同产量。

五、完全垄断市场上的长期均衡

在长期中，完全垄断厂商的一切投入都是可以调整的，厂商可以根据所要达到的产量选择最适宜的生产规模，以实现利润的最大化。而且由于其他厂商难以进入该市场，它可以保持超额利润。

在长期中，厂商仍然要根据 $MR=MC$ 来确定最优产量，而且在长期均衡时不仅要使边际收益等于长期边际成本，还要使它等于短期边际成本。如图 7－7所示：

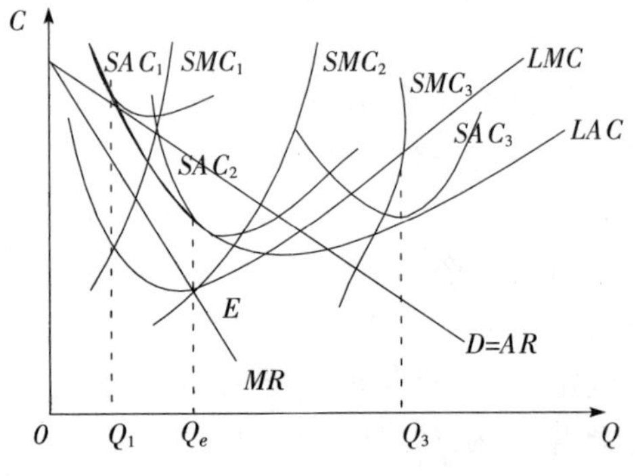

图 7－7　完全垄断厂商长期均衡

从图中可以看出，垄断厂商可以根据所要达到的产量选择最优的生产规模，如果计划的产量为 Q_1 则选择 SAC_1 所表示的生产规模，计划产量为 Q_3 则选择 SAC_3 所表示的生产规模。当产量为 Q_e 时，厂商可以得到最大利润，因为这时 $MR=LMC$。如果产量为 Q_e，厂商会选择 SAC_2 所表示的生产规模，其短期边际成本曲线为 SMC_2，在实现长期均衡时，厂商的边际收益等于长期边际成本，也等于短期边际成本，即垄断厂商的长期均衡条件是：

$$MR = LMC = SMC$$

六、垄断厂商的差别定价

在完全垄断市场上，由于只有一个厂商，它可以对不同的顾客实行差别定价，也叫价格歧视。所谓价格歧视，是指厂商同一成本的产品在同一时间向不同顾客索取不同价格。比如，卖给成人的电影票的价格高于儿童与学生，许多旅游景点也有这种情况。不是所有的价格差别都是价格歧视。在很多情况下，同样的产品由于生产成本不同而用不同价格出售就不属于价格歧视，例如，电力公司实行的峰谷电价是因为在不同时段发电的边际成本不同，不属于价格歧视。价格歧视包括同一成本的产品对不同顾客规定不同价格，或者不同成本的产品对不同顾客规定相同价格，或者同一成本的产品对同一顾客在不同时间、不同地点、不同数量规定不同的价格。差别定价的依据包括顾客的收入、身份、地区，以及产品的用途、购买量和购买的时间等。

（一）实行价格歧视的条件

一般来说，实行价格歧视需要满足三个条件：

第一，市场存在不完善性。比如市场不存在竞争，信息不畅通或市场被分割等。

第二，各个市场对相同产品存在不同的需求弹性。厂商可以在弹性高的市场实行低价，而在弹性低的市场实行高价。

第三，可以有效地将不同市场或市场的不同部分分开。比如电力企业可以将工业电网与民用电网分开，实行不同电价。相对而言，服务业更容易实行价格歧视。

完全垄断市场具有上述条件，厂商可以实行价格歧视。

（二）价格歧视的类型

根据价格歧视的程度，可以将价格歧视分为三个等级：

第一等级价格歧视，也叫完全价格歧视。如果完全垄断厂商了解每个消费者的需求价格，即对任何数量的产品愿意而且能够支付的最高价格，就可以按消费者的需求价格逐个制订差别价格，第一等级的价格歧视可以榨取全部消费者剩余。

第二等级价格歧视，是完全垄断厂商将产销量分为几组，按组制订差别价格，这样可以榨取相当一部分消费者剩余。图 7-8 显示了某电力公司实行的差别价格。

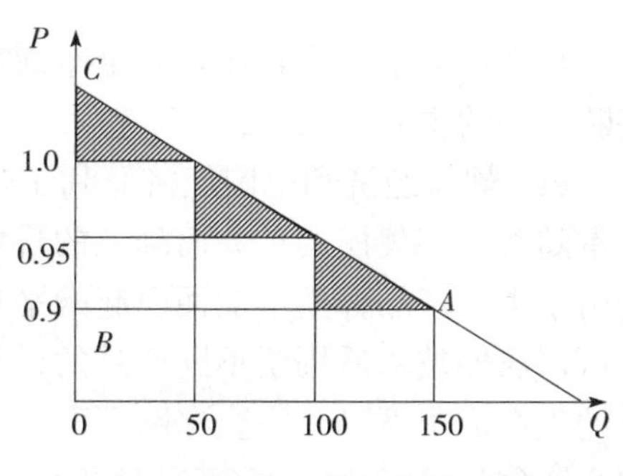

图 7-8　第二等级价格歧视

为鼓励家庭多用电，电力公司规定用电量低于 50 千瓦时时，每千瓦时价格为 1 元；用电量为 50～100 千瓦时的，价格为 0.95 元；用电量为 100～150 千瓦时的，价格为 0.9 元。如果都按照 0.9 元收取电费则消费者剩余应该是 ABC 部分，实行差别定价后，消费者剩余只剩斜线阴影部分。

第三等级的价格歧视是完全垄断厂商根据各分市场的需求价格弹性，分别制订差别价格，在弹性大的市场实行低价，而在弹性小的市场实行高价。

实行第三等级的价格歧视，必须满足两个条件：①完全垄断市场可以分割为相互独立的分市场，否则，产品将从低价分市场流向高价分市场。②各分市场具有不同的需求价格弹性。

假设某垄断厂商的产品在 A、B 两个市场销售，A 市场的总收益函数为 $TR_A=P_A(Q_A)\cdot Q_A$，B 市场的总收益函数为 $TR_B=P_B(Q_B)\cdot Q_B$；厂商的总成本函数为 $TC=TC(Q_A+Q_B)$，厂商的利润函数为：

$$\Pi = TR_A(Q_A)+TR_B(Q_B)-TC(Q_A+Q_B)$$

为实现利润最大化，令 Π 对 Q_A、Q_B 的偏导数为 0，则

$$\frac{\partial \Pi}{\partial Q_A}=\frac{dTR_A}{dQ_A}-\frac{dTC(Q_A+Q_B)}{d(Q_A+Q_B)}\cdot\frac{\partial (Q_A+Q_B)}{\partial Q_A}$$

$$=MR_A(Q_A)-MC(Q_A+Q_B)=0$$

$$MR_A(Q_A)=MC(Q_A+Q_B)$$

同理，得：

$$MR_B(Q_B)=MC(Q_A+Q_B)$$

完全垄断厂商利润最大化的条件是：

$$MR_A(Q_A)=MR_B(Q_B)=MC(Q_A+Q_B)$$

如果两个分市场具有不同的需求价格弹性，要使两个市场的边际收益相等，则两个市场的价格必然不同，弹性小的市场价格会相对较高。

七、对完全垄断市场的评价

与完全竞争市场相比，完全垄断市场既有其优点，也有突出的缺点。完全垄断市场的主要优点是：

（1）规模经济和范围经济有利于降低成本。规模经济是指厂商的平均生产成本随着生产规模的扩大而降低的现象，这在前面已经进行过分析。范围经济是由于生产产品种类增加而引起的平均成本的降低。例如，生产范围广泛的企业可以雇佣技术适用于不同产品的设计师和营销人员，从而使分摊到不同产品上的生产成本下降。完全垄断厂商通常是规模较大的企业，相对于规模很小的完全竞争厂商，垄断厂商通过规模经济和范围经济可以用更低的成本进行生产。

（2）公用事业部门的政府垄断有利于价格稳定。公用事业投资额大，利润率低，投资回收期长，但又是民众生活所必需的，由政府进行垄断能给公众带来更多利益，因为政府所掌握的公用事业不以追求垄断利润为目的。但政府垄断的公用事业也存在效率低下等问题。

（3）给发明人的垄断权有利于保护创新。对最先完成发明创造并提出申请的人给予专利权，可以鼓励人们积极创新并及早向社会公开其发明创造，从而推动社会的技术进步。

（4）有利于技术的突破。完全垄断厂商规模大，技术力量强，相对于完全竞争厂商更有能力进行产品研发，实现技术突破。

同时，完全垄断市场的缺点也非常突出：

首先，完全垄断市场的效率不高。与完全竞争市场相比，完全垄断市场的厂商在长期均衡时不是以最低的平均成本生产，说明存在资源的浪费。

其次，完全垄断市场会损害社会福利。由于垄断厂商可以实行差别定价，从而减少了消费者剩余和生产者剩余，造成社会福利的损失。

正是由于完全垄断市场既有优点也有缺点，所以，政府在制定针对完全垄断市场的政策时，需要在利用其优点与限制其不利影响之间寻求平衡。

第三节　垄断竞争市场上的厂商均衡

一、垄断竞争市场的条件

1. 厂商数量众多　在这个市场上存在大量企业，企业彼此独立，一个企业的决策对其他企业影响甚微。这些企业中大部分是中小企业，也有少量大型企业，但这些大企业也不能控制市场价格。

2. 产品存在差异性　这是垄断竞争市场区别于完全竞争市场的重要特点。产品的差异可以是质量、技术、原料等实质差异，也可以是包装、品牌、广告等引起的形象的差异，还可以是销售条件方面的差异。由于消费者偏好的不同，不同的产品能满足不同的消费者需求，这样，每种产品都可以凭借产品差异在一部分消费者中形成垄断，但产品的差异又没有大到无法相互替代。由于产品彼此间能够不同程度替代，存在较高的交叉弹性，所以，产品间存在竞争。这样，每个厂商既是竞争者又是垄断者。

3. 进出自由　进入或退出该行业不存在太多障碍。

大多数产品的市场都属于垄断竞争市场，比较典型的如餐饮、服装、百货等行业。

二、垄断竞争市场上厂商的需求曲线

垄断竞争厂商的需求曲线与完全竞争厂商的需求曲线不同，不是一条具有完全弹性的水平线，而是略微向右下方倾斜。这是因为，垄断竞争厂商的产品彼此有差异，不是其他厂商产品的完全替代品，因此，厂商增加产销量量时，价格必然下降。彼此间产品差异越大，需求曲线的斜率越大，越接近完全垄断厂商的需求曲线。由于产品有一定的可替代性，所以，垄断竞争厂商的需求曲线斜率小于完全垄断市场。

在垄断竞争市场上，厂商面临两条需求曲线：

一条是主观需求曲线，垄断竞争厂商主观认为自己的产品不同于其他企业，可以像完全垄断厂商那样独立决定价格，其他企业不会对自己决策作出反应。所以，垄断竞争厂商的主观需求曲线是一条斜率较小的曲线。

另一条是客观需求曲线，因为在垄断竞争市场上，不同的厂商的产品具有一定的可替代性，所以，当某个厂商改变价格时，其他厂商势必也会调整价格。这样，每个厂商实际面临的是一条斜率较大的需求曲线，即客观需求曲线。图 7－9 显示的是垄断竞争厂商面临的主观需求曲线与客观需求曲线：

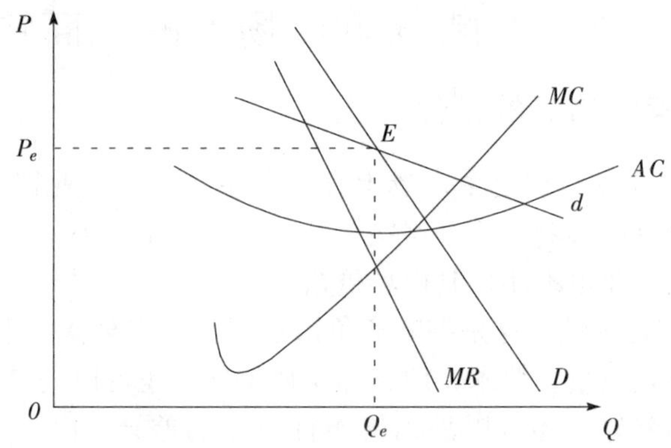

图 7－9　主观需求曲线与客观需求曲线

在图 7－9 中，d 表示厂商的主观需求曲线，D 表示厂商面临的客观需求曲线。只有让厂商的主观需求曲线与客观需求曲线相符合，即 $d=D$，市场才能在产量为 Q_e，价格为 P_e时实现均衡。

三、垄断竞争市场上的短期均衡

短期内，在垄断竞争市场上厂商实现均衡的基本条件仍然是：$MR=MC$，由于垄断竞争厂商面临两条需求曲线，厂商需要不断调整自己的主观需求曲线，使主观需求曲线与客观需求曲线相符合才能实现短期均衡。图 7-10 显示了短期内垄断竞争厂商实现均衡的过程。

在图 7-10 中，厂商面临的客观需求曲线是 D，对应边际收益曲线 MR，厂商的主观需求曲线是 d_1，相应的边际收益曲线是 mr_1。

如图所示，厂商应该按 $MR=MC$ 确定最优产量 Q_1，在这个产量下市场价格为 P_1。但在垄断竞争市场上，厂商往往根据自己的主观需求曲线和相应的边际收益曲线来确定最优产量，于是按 $mr_1=MC$ 的条件将最优产量确定为 Q_2，产品价格定为 P_2，但在这个价格下，实际需求量并没有 Q_2，于是厂商不断调整其主观需求曲线，当厂商的主观需求曲线为 d_2时，相应的边际收益曲线是 mr_2，由 $mr_2=MC$ 确定的最优产量为 Q_3，在这个产量下，厂商的主观需求曲线与客观需求曲线相交，产品价格为 P_3。厂商实现短期均衡。所以，在垄断竞争市场上短期均衡的条件是：①$mr=MC$；②$d=D$。

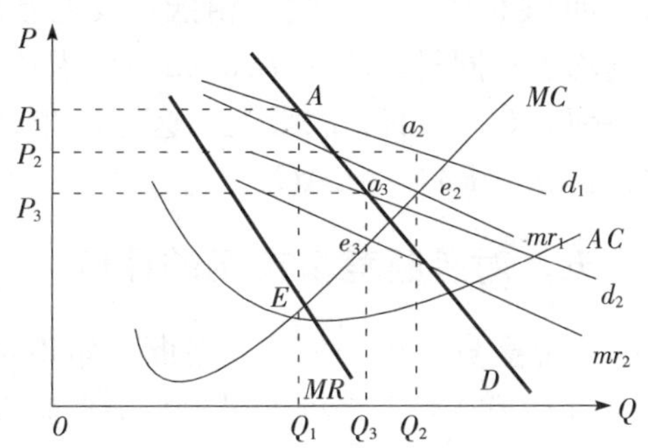

图 7-10 垄断竞争厂商的短期均衡

与完全垄断市场类似，在垄断竞争市场上短期均衡时，也可能出现厂商获得超额利润、收支相抵和亏损三种情况。

四、垄断竞争市场的长期均衡

在长期中，垄断竞争厂商可以调整生产规模，其他厂商也可以自由进入或退出行业，如果厂商能够获得超额利润，则会吸引新的厂商进入，从而导致客观需求曲线会不断向左移动，而厂商的主观需求曲线也会不断向下移动，直到与长期平均成本曲线相切，这时超额利润全部消失。当然，在长期均衡时，垄断竞争厂商也不会亏损，因为一旦有亏损，厂商的主观需求曲线与长期平均成本曲线相离，厂商会选择退出市场，导致客观需求曲线右移和主观需求曲线的上移，直到亏损消失。只有长期收支相抵，既没有新厂商进入，也没有厂商退

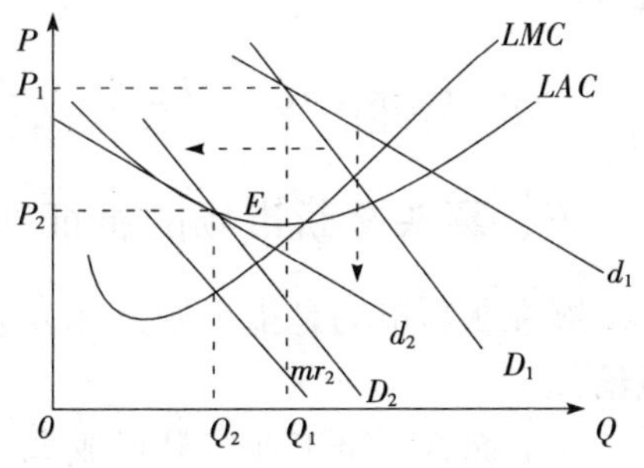

图 7-11 垄断竞争厂商的长期均衡

出，厂商实现长期均衡。厂商长期均衡的情况如图 7 - 11 所示：

从图中可以看出，当市场价格为 P_1时，厂商可以实现短期均衡，但这时 $d=D=AR>AC$，厂商有超额利润，这会吸引新的厂商进入，于是客观需求曲线 D_1向左移动，变为 D_2。相应的主观需求曲线 d_1向下移动变为 d_2，d_2与 LAC 曲线相切，厂商收支相抵，没有新厂商进入也没有厂商退出，厂商进出达到均衡；同时，$d_2=D_2$，市场供求达到均衡；由切点 E 所确定的产量 Q_2处 $mr_2=LMC$，厂商利润最大。这样，在 E 点厂商实现长期均衡。长期均衡的条件是：$mr=LMC=LAC$。

五、对垄断竞争市场的评价

与完全竞争市场相比，垄断竞争市场的主要优点包括：

（1）垄断竞争市场可以满足消费者多样化的消费需求。由于垄断竞争市场具有产品差异性的特点，消费者可以根据自己的偏好获得有差别的产品，从而得到更高的满足。

（2）垄断竞争有利于鼓励创新。在垄断竞争市场上，厂商通过生产有差异的产品可以在短期内获得垄断地位和超额利润，这可以激发厂商创新的动力。

垄断竞争市场的主要缺点有：

（1）与完全竞争市场相比，垄断竞争厂商的产量低而价格高。

（2）长期均衡时，厂商没有按长期平均成本的最低点生产，这说明存在资源浪费。

（3）垄断竞争会导致销售成本特别是广告成本增加。垄断竞争厂商为了让消费者了解自己产品的特色，需要广告宣传，这将增加销售成本和总成本。

一般认为，垄断竞争市场的优点大于缺点，所以，它成为一种普遍的市场类型。

第四节　寡头垄断市场上的厂商均衡

一、寡头垄断市场的特征

寡头垄断市场是指少数几家厂商垄断某一行业的市场，控制这一行业的供给。

一般而言，重工业容易形成寡头垄断。因为这些行业取得效益的前提是一定的生产规模，由于重工业初期投入大，只有产量达到一定规模，平均成本才能下降，厂商才能获得利润，这样就限制了中小企业的进入。在这些行业中，每家厂商的产量都很高，只需要少数几家厂商就可以满足全部市场需求，因此这些行业具有自然排他性。同时，寡头本身也会采取措施排斥新的竞争者进入该市场。而政府对寡头的支持也是形成寡头垄断市场的重要原因。

寡头垄断市场的基本特征有：

（1）厂商数量极少。市场上只有少数几家厂商，每个厂商在市场中都有举足轻重的地位。

（2）厂商之间相互依存。由于每个厂商都对市场价格有重要影响，任何一个厂商进行决策时都必须考虑其他竞争者的可能对策。

（3）行业进出不易。除已有的寡头，其他企业进入该市场存在较大难度，不仅有规模、信誉、原料、市场等方面的限制，而且原有寡头的相互依存也让其他竞争者难以进入。

在这些特征中，最重要的特征是厂商之间的相互依存性。在完全竞争市场和垄断竞争市场上，厂商数量众多，相互之间在决策上没有依赖性，一个厂商的决策对其他厂商没有直接影响，也不受其他厂商决策的影响。而完全垄断市场只有一家企业，也不受其他企业的影响。但在寡头垄断市场上，厂商数量很少，每个厂商的决策都会对其他厂商的利益造成影响，也会受其他厂商决策的影响。所以，厂商在作出决策前，不仅需要分析自己的决策对市场的影响，还需要分析其他厂商可能的反应。

假设市场上只有三家厂商，其中一家降价而其他厂商不降价，则率先降价的厂商销量会大量增加，而另两家厂商的销售量大为减少，这样，另两家厂商也不得不降价，而这又会导致最先降价的厂商销量下降，收益减少。所以，每个厂商在降价之前，必须预测其他厂商可能的反应，以及这些反应对自己收益与利润的影响。

这种依存性使寡头垄断市场上价格与产量的决定具有三个特点：第一，难以确定价格与产量。因为厂商在决定产量与价格前，必须考虑竞争对手的反应，而对手的反应又多种多样，难以准确预测；第二，价格与产量确定后的相对稳定性。由于难以预测对手的行为，厂商一般不会轻易改变已有的价格与产量；第三，寡头之间的相互依存使它们之间容易形成某种形式的勾结。为避免两败俱伤，厂商容易相互勾结。

寡头垄断市场的情况非常复杂，类型也多种多样：既有生产同质产品的纯粹寡头（存在于钢铁、石油等行业），也有生产异质产品的差别寡头（存在于汽车、造船、重型机械等行业）；既有独立行动的竞争寡头，也有相互勾结的合作寡头；寡头之间勾结的方式又分为公开勾结、暗中默契等；寡头的竞争又有价格竞争、非价格竞争等手段……这些不确定性都会影响寡头垄断厂商的产量与价格的决定。所以，寡头垄断厂商的均衡产量与价格没有一个确定的解，对寡头垄断市场的分析还没有一套完整统一的理论模型。尽管如此，经济学家还是从不同的假定出发，提出了各种研究寡头垄断市场产量与价格决定的模型。

二、古诺模型

最早出现的寡头垄断模型，是19世纪法国经济学家古诺针对寡头垄断市场的特例“双寡头”所提出的推测产量决定的模型。

古诺模型的假设条件是：①只有两个寡头，生产完全相同的产品；②不考虑成本因素，这里可以假设产品为来自自流井的天然矿泉水；③厂商面临线性的需求曲线；④各方根据对方反应决定自己的行为；⑤双方都通过调整产量来实现利润最大化。

图7-12显示了古诺模型中实现厂商均衡的过程：

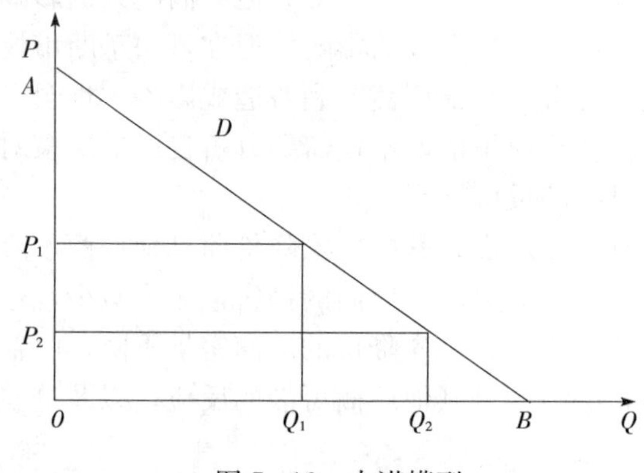

图7-12　古诺模型

图中D代表产品的需求曲线，与X轴、Y轴的交点分别是A、B。现假设有厂商A先发现自流井，根据需求曲线将最优产量确定为$Q_1=\frac{1}{2}OB$，市场价格为P_1。这时，厂商B也发现了这口自流井，由于A已经生产了$\frac{1}{2}OB$，B将最优产量确定为$\frac{1}{4}OB$，于是总产量达到Q_2，产品价格下降到P_2。厂商A只好调整产量，A假设B的产量不变，将剩余产量$\frac{3}{4}OB$中的一半确定为自己的最优产量，在这种情况下，厂商B也会调整产量……这样的调整会一直进行，直到实现均衡。具体过程如下：

第一回合：A 的最优产量$=\frac{1}{2}OB$，B 的最优产量$=\frac{1}{4}OB$；

第二回合：A 的最优产量$=\frac{1}{2}(OB-\frac{1}{4}OB)=\frac{3}{8}OB$，与第一回合相比，减少 $\frac{1}{2^3}OB$；

B 的最优产量$=\frac{1}{2}(OB-\frac{3}{8}OB)=\frac{5}{16}OB$，与第一回合相比，增加 $\frac{1}{2^4}OB$；

……

经过 N 回合后，A 的均衡产量$=OB\left(\frac{1}{2}-\frac{1}{2^3}-\frac{1}{2^5}-\cdots\cdots\frac{1}{2^{2n-1}}\right)$

$=OB\left(\frac{1}{2}-\frac{\frac{1}{2^3}}{1-\frac{1}{2^2}}\right)=\frac{1}{3}OB$。

同理，B 的均衡产量也是 $1/3OB$。

除了用几何法以外，还可以利用 $MR=MC$ 的条件来推导 A、B 的最优产量：

设厂商面临的需求曲线是：

$$P=a-bQ$$

$$Q=Q_A+Q_B$$

$$\text{则}\quad P=a-b(Q_A+Q_B)$$

A 的总收益 $TR_A=P\times Q_A=[a-b(Q_A+Q_B)]\times Q_A=aQ_A-bQ_A^2-bQ_AQ_B$

A 的边际收益 $MR_A=\frac{\mathrm{d}TR_A}{\mathrm{d}Q_A}=a-2bQ_A-bQ_B=MC=0$

$$Q_A=\frac{a}{2b}-\frac{Q_B}{2}$$

同理可得　　$Q_B=\frac{a}{2b}-\frac{Q_A}{2}$

于是可得　　$Q_A=Q_B=\frac{1}{3}\frac{b}{a}$

三、张伯伦模型

在古诺模型中，厂商在确定自己的最优产量时，都是假设对方的产量不变，即假设对手不会对自己的决策作出反应，这种假设被称为天真假设，相应的寡头被称为天真寡头。而老练寡头则会根据市场的相互依存性寻求妥协，以求得双方利益的最大化。美国经济学家张伯伦所提出的张伯伦模型就是建立在老练假设的基础上。

张伯伦模型首先也假设 A 先发现自流井，将最优产量确定为 $\frac{1}{2}OB$，随后 B 进入这个市场。由于 A、B 都是老练寡头，所以，当 A 发现 B 进入市场后，明白只有双方分享利润才是明智的，于是主动让出一半的产量；B 也知道最优分享利润才是最优选择，将产量维持在 A 让给它的一半产量。这样，双方的产量都是 $\frac{1}{4}OB$。在这个模型中，两个寡头在确定产量时首先求得共同利润最大，然后再分享利润。与古诺模型相比，厂商获得了更高的价格与利润，而产量却低于古诺模型。

四、斯威齐模型

1939 年，美国经济学家斯威齐在解释经济危机期间寡头垄断市场存在的“价格黏性”时，提出了拐折的需求曲线模型。它的基本假设是：在寡头垄断市场上，如果一家厂商提高价格，其他厂商不会追随；但一家厂商降低价格，其他厂商则会跟着降价。这样，厂商面临的需求曲线会在某一价位发生拐折，如图 7－13 所示：

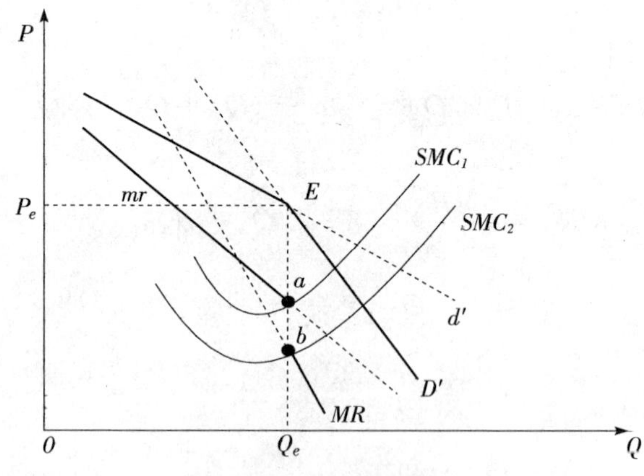

图 7－13　斯威齐模型

在图中，厂商 A 面临两条需求曲线：一条是 A 调整价格而其他厂商不作出反应所形成的需求曲线，即图中的 d'，是一条斜率较小的曲线；另一条则

是 A 调整价格其他厂商也调整价格而形成的需求曲线，即图中的 D'，是一条斜率较大的曲线。在寡头垄断市场上，为保持自己的市场份额厂商通常会选择“跟跌不跟涨”，如果市场均衡价格为 P_e，则当价格高于 P_e，厂商面临的需求曲线是 d'在 E 点左边的部分；当价格低于 P_e时，厂商面临的是需求曲线 D'在 E 点右边的部分，是一条拐折的需求曲线。

与这条拐折的需求曲线相对应，厂商 A 所面临的边际收益曲线由两段构成：一段是与需求曲线 d'相对应的边际收益曲线 mr 在 a 点以上的部分，另一段是与需求曲线 D'相对应的边际收益曲线 MR 在 b 点以下的部分。

当短期边际成本曲线向下移动时，在一定范围内，由于厂商面临断开的边际收益曲线，最优产量与价格不会发生变化。正如图中所显示的，当 SMC_1 移动到 SMC_2 位置，与边际收益曲线的交点由 a 移动到 b，但对应的均衡价格与产量仍然是 P_e和 Q_e。

重要概念

完全竞争市场（perfect competition market）
完全垄断市场（perfect monopoly market）
垄断竞争市场（monopolistic competition market）
寡头垄断市场（oligopoly market）
价格歧视（discrimination price）
第一等级价格歧视（first - degree price discrimination）
第二等级价格歧视（second - degree price discrimination）
第三等级价格歧视（third - degree price discrimination）
主观需求曲线（subjective demand curve）
纯粹寡头（pure oligopoly）
差别寡头（differentiated oligopoly）

复习思考题

1. 完全竞争市场的条件是什么？
2. 形成垄断竞争市场的条件与完全竞争市场有哪些异同？
3. 完全垄断市场有哪些主要的优点和缺点？
4. 什么是价格歧视？实施价格歧视的条件是什么？完全垄断市场的价格歧视有哪些类型？
5. 寡头垄断市场的主要类型有哪些？
6. 垄断竞争市场与完全垄断市场相比，有哪些优点和缺点？

练习题

1. 假设某完全竞争厂商的短期成本函数为：$STC=0.04Q^3-0.8Q^2+10Q+5$。求该厂商的短期供给函数。

2. 假设某完全竞争市场上所有厂商的规模相同，每个厂商都在产量为500时达到LAC最低点，这时LAC为4元。当厂商用最优规模生产600单位产量时，厂商的SAC为4.5元。再假设市场需求函数为$Q_d=70\ 000-5\ 000P$；供给函数为$Q_s=40\ 000+2\ 500P$。求：

(1) 求市场均衡价格。在该价格下，厂商处于短期均衡还是长期均衡？

(2) 当行业处于长期均衡时，该行业有多少厂商？

3. 假设某垄断厂商的产品需求函数为$P=12-0.4Q$，成本函数$TC=0.6Q^2+4Q+5$，求：

(1) 厂商利润最大时，产量、价格、利润分别是多少？

(2) 厂商总收益最大时，产量、价格和利润分别是多少？

4. 垄断竞争市场上某厂商的长期总成本函数为：$LTC=0.001Q^3-0.425Q^2+85Q$，面临的客观需求曲线为：$Q=300-2.5P$。求长期均衡时，该厂商的均衡产量与价格。

5. 假设在双寡头垄断市场上，两个寡头的行为遵循古诺模型，它们的成本函数分别是：

$$TC_1=0.1{Q_1}^2+20Q_1+100\ 000$$
$$TC_2=0.4{Q_2}^2+32Q_2+20\ 000$$

两个厂商生产同质的产品，市场需求函数为：$Q=4\ 000-10P$。

求市场均衡价格与厂商各自的均衡产量。

第八章 不确定性与博弈论

传统的微观经济学包括前面的章节都假设信息是完全的，而且，最优的决策也是唯一的。但在现实市场上，信息却是不完全、不确定、不对称的，不完全信息所带来的不确定性使经济主体的决策面临风险，经济决策中另一个问题是策略选择，在完全竞争市场上，市场参与者都采用既定的价格，也不需要考虑对手对自己行为的反应，但市场往往是不完全竞争的，市场参与者必须根据对手的可能反应来选择自己的最优策略，即进行博弈研究。掌握不确定性经济和博弈论的相关知识对经济主体的决策至关重要。

第一节 风险与不确定性经济

不确定性是指经济主体不能肯定决策会发生哪种结果，甚至不知道有哪些可能性。对不确定性环境中的决策行为和经济行为的研究形成了信息经济学。

一、信息的类型

（一）公共信息与私人信息

所有市场参与者都能自由获得的信息被称为公共信息；只有部分或个别市场参与者才能拥有的信息是私人信息。比如，市场上产品的价格属于公共信息，而消费者偏好或产品质量则属于私人信息。完全竞争市场一般只考虑公共信息而不考虑私人信息，但市场竞争往往是不完全的，所以私人信息也非常重要。

（二）完全信息与不完全信息

完全信息是指主体拥有市场环境的全部知识包括所有的公共信息和私人信息；如果只拥有部分知识或信息则为不完全信息。完全竞争理论假设信息是完全的，这样市场价格既能够灵敏反映市场供求变化，也能灵敏地调节市场供求，最终实现资源的最优配置。但信息往往是不完全的，更不是免费的，因而会出现市场失灵，需要政府对经济进行干预。

（三）确定信息与不确定信息

当一项决策只能产生一种结果时，称为确定信息；如果决策可能产生两种及其以上结果时，称为不确定信息。人们一般用概率来表示可能性的大小。

（四）对称信息与不对称信息

对称信息是经济主体同等拥有彼此信息，具体分为三种情况：①彼此都有完全信息；②彼此拥有不完全但同等程度的信息；③彼此都完全不拥有信息。不对称信息是指，有关经济主体不同等地拥有彼此信息。最常见的是卖方具有信息优势的不对称市场。

与农业社会相比，在工业社会由于劳动分工的专业化和科学技术的发展，信息不对称的情况更为突出。

由信息不完全所带来的不确定性将使经济主体的决策面临风险。面对风险，不同经济主体将如何决策？

二、风险决策

在不完全信息的环境下，主体决策面临风险，而不同的经济主体在面对风险时有不同的态度：有些敢于冒险，有些则尽量规避风险追求稳定。所以，他们的决策会呈现差异性。

（一）风险偏好

经济学将敢于冒险的决策者称为冒险者或风险爱好者，而将追求稳定的谨慎的决策者称为避险者或风险回避者。

以就业市场为例，某高校毕业生有两个工作岗位可供选择：一个是做公务员，每月固定收入 2 000 元；一个是做销售员，根据业绩确定收入，干得好每月 3 000 元，干得差则只有 1 000 元，可能性各占一半。现以 I 表示收入，以 g、s 分别表示公务员和销售员，则两者的预期收入分别是：

$$E(I_g) = 2\,000 \times 100\% = 2\,000$$

$$E(I_s) = 3\,000 \times 50\% + 1\,000 \times 50\% = 2\,000$$

可见，做公务员与做销售员的预期收入相同，但冒险者会选择做销售员，因为有 50%机会得 3 000 元，而避险者会选择公务员，旱涝保收。决策者之所以对相同的预期收入作出不同选择，原因在于，决策者追求的是预期效用而非预期收入。

（二）预期收入与预期效用

前面分析了做公务员与销售员的预期收入相同，即：$E(I_g) = E(I_s) = 2\,000$。但预期效用却因人而异，即：

$$U_s(3\,000) \times 50\% + U_s(1\,000) \times 50\% \gtreqless U_g(2\,000)$$

比较两端的大小，可以将决策者分为冒险者、避险者与中性者。这取决于决策者收入的边际效用是递减、递增还是不变。图 8-1（a）显示的是货币边际效用递增的情况。

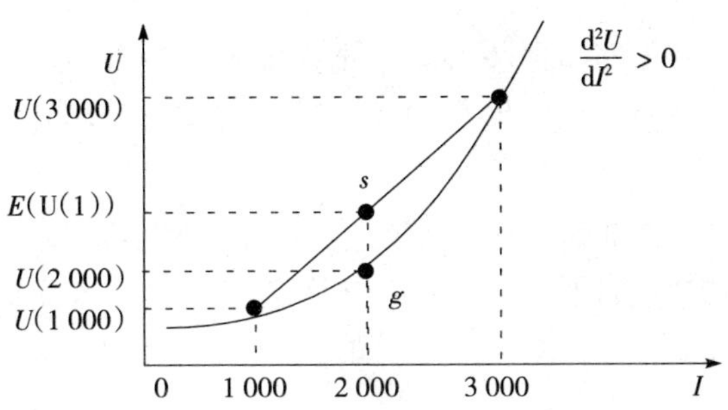

图 8-1（a）　冒险者的效用曲线

在图中，点 g 表示预期收入的效用，在这里代表当公务员的预期效用；点 s 表示预期效用的加权平均值，在这里代表当销售员的预期效用。可以看出，当决策者货币收入的边际效用递增时，当销售员的预期效用大于当公务员，决策者会选择当销售员，是冒险者。

图 8-1（b）则显示了决策者货币收入的边际效用递减时的情况：

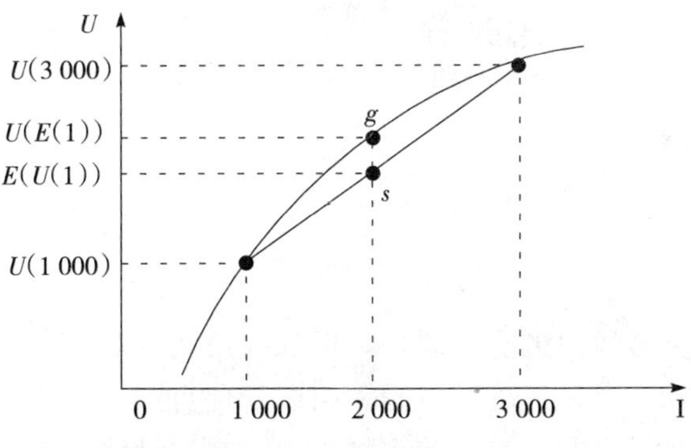

图 8-1（b）　避险者的效用曲线

如图所示，当决策者货币收入的边际效用递减时，他会选择当公务员，是避险者。

三、风险分摊与保险

鉴于未来充满不确定性，为弥补可能遭受的损失，产生了对各种各样保险的需求。保险是风险分摊的主要形式，通过保险可以把对于个人来讲很大的风险分摊给许多人，从而使每个人所承担的风险或损失变得很小。保险公司尽管不知道什么人在什么时候、什么地方会发生意外，但只要掌握同类事故发生的概率，就可以按照“事故损失×概率+管理费用”的原则收取保险费，通过吸引大量参保人使收入大于补偿额。如果不考虑管理费用，则保险费为“事故损失×概率”，称为公平保费。

对于避险者而言，即使保险费等于预期损失，他也愿意购买保险，因为参保后尽管预期收入不变，但预期效用会大于不参保，而决策者追求的是预期效用的最大化。

设某家庭原有的全部财产为 A，发生火灾的概率为 P，发生火灾的损失为 L，则保险公司向家庭收取的公平保费应该是 $L\times P$，当发生火灾时，该家庭可以得到赔偿额 L，若家庭愿意支付的最高保费为 R，则至少应满足以下条件：

$$U(A-R)=U(A-L)\times P+U(A)\times(1-P)$$

若家庭愿意支付的保费大于实际保费，即 $R>LP$，则该家庭为避险者。

若家庭愿意支付的保费小于实际保费，即 $R<LP$，则该家庭为冒险者。

现举例：假设某家庭货币的效用函数为 $U(I)=\sqrt{I}$，家庭财产为 90 000 元，发生火灾的为 5%，一旦发生火灾损失为 80 000 元，保险公司收取的公平保费为 4 000 元，求该家庭愿意支付的最高保费 R。

由 $\sqrt{(90\ 000-R)}=\sqrt{90\ 000-80\ 000}\times5\%+\sqrt{90\ 000}\times95\%$

得 $R=5\ 900$

所以，$R>LP$

显然该家庭是避险者。

四、信息市场失灵

尽管保险是分散风险的有效手段，但保险市场并非总能有效率地运行，由于“逆向选择”和“道德风险”等因素引起的信息市场失灵会导致市场给出错误的信号，破坏激励机制，甚至使市场消失。在这种情况下，需要由政府介入并提供社会保险。

在信息不对称的情况下，拥有信息较多的一方称为知情者，另一方称为不知情者。信息不对称也有不同的划分方法，按不对称行为发生的时间分为事前不对称与事后不对称，发生在签约前的为事前不对称，发生在签约后的为事后不对称；按不对称信息的内容可以分为隐藏信息的不对称与隐藏行为的不对称。其中，事前隐藏信息的不对称称为逆向选择，事后隐藏行为的不对称称为道德风险。

（一）逆向选择与信号传递

逆向选择本来是保险业中承保人的用语，指投保人的选择恰好与承保人的期望相反。在汽车保险中，投保人（司机）发生事故的概率千差万别，保险公司只能根据平均事故率制定统一的保费。但在实践中，驾驶技术好而且小心谨慎的司机由于出事的概率低往往不愿意投保，而技术不好的司机却千方百计隐瞒私人信息参保，以骗取保险。这样，实际事故率将高于平均事故率，保险公司将出现亏损。保险公司希望投保人事故概率越低越好，但投保的往往是事故率高的，所以，保险公司面临司机的逆向选择。逆向选择同样发生在其他市场上，比如由于信息不对称许多消费者不愿意购买品相特别好的水果或蔬菜，因为担心这样的农产品使用过过多的农药或被化学药品处理过。

为了解决逆向选择问题，不知情者总是诱使知情者基于利己的动机选择“不撒谎”，将知情者的私人信息变为公共信息，缩小双方的信息差距，经济学称之为“信号传递”。

在产品市场上常见的信号传递的方式包括：广告宣传、产品凭证（如商标、质量认证标志等）、售后服务（由于售后服务的预期成本往往高于保证质量的新增成本，所以售后服务的承诺可以传递产品质量有保证的信息）等。

（二）道德风险与机制设计

道德风险也是保险业中承保人的用语，指投保人的行为发生了不利于承保人的变化。当保险减小了个人躲避和防止风险的动力，从而扭曲了损失的概率时，便会发生“道德风险”。仍然以汽车保险为例，保费由投保人过去的平均事故率制定，但签约后，投保人（司机）可能改变自己的行为使事故率上升，比如，对自己的车不再注意保养，也不再小心谨慎，当汽车的保金超过其残值时，投保人甚至会故意制造事故。由于保险公司难以直接观察到投保人的隐蔽行为，特别是其行为的动机，大大增加了亏损的可能性。

为了解决在契约中难以明确规定的道德问题，不知情者总是诱使知情者基于利己的动机选择“不偷懒”，采取对不知情者最有利的行为，使知情者在追求自身利益最大化的同时，也使不知情者的利益最大化，这在经济学上成为“机制设计”。

机制设计包括激励机制与约束机制。激励机制是让知情者有利可图，而约束机制是使知情者损害不知情者利益的行为也损害自己的利益。有效的机制设计通常包括：

（1）合同制约。在订立合同时详细规定签约后双方在各种可能情况下的利益安排，如商品买卖的三包条款，保险合同中的“免责条款”等。

（2）品牌信誉。通过媒体和消费者口碑对厂商行为进行约束。

(3) 抵押保证。比如有些企业要求员工缴纳一笔抵押金，如果员工自行跳槽就扣除这笔保证金。

(4) 效率工资。在信息不对称的条件下，由工资来决定边际生产力，即当劳动者的努力程度不能直接观察时，雇主用较高的工资来防止工人偷懒。因为工资越高，工人偷懒的机会成本就越高，他们将更珍视现有岗位，减少偷懒的倾向。福特汽车通过高出市场平均工资一倍的效率工资使生产效率的提高大大超过工资的增加，从而实现了利润的大幅度增长。

(5) 利益分享，风险共担。不知情者将部分利益和风险转移给知情者，比如高科技公司给员工提供的“股票期权”，如果员工努力，公司效益好则股票价值高持有股票的员工才能分得多，反之就分得少。

(三) 委托—代理问题

委托—代理问题属于道德风险的一种。当乙方接受甲方的委托，代表甲方从事某种活动时，就可能出现委托—代理问题。其中，甲方称为委托人，乙方称为代理人。一般也可以将知情者称为代理人，不知情者称为委托人。比如，上市公司的所有人是公司股东，但大多数股东并不从事实际的经营，企业资产交由经理人员经营，这里，股东是委托人，经理是代理人。另一组委托—代理关系在个工人与管理者之间，管理者是委托人，工人是代理人。

由于委托人难以直接观测到代理人的行为，特别是其行为的动机，所以容易产生“道德风险”问题。产生委托—代理问题的主要条件包括：①委托人与代理人是相互独立的利益主体，且都追求自身利益的最大化；②委托人与代理人利益不一致，且代理人的行为影响委托人的利益；③代理人的业绩不仅取决于自己的行为，还取决于外在环境和随机因素。所以，委托人不能完全根据业绩来判断代理人是否“偷懒”。

委托—代理问题产生的关键在于委托人希望利己的代理人按委托人的利益行动，但不能直接观测到代理人的行为，只能观测到一些变量如税后利润、销售量等，这些变量由代理人行为和随机因素共同决定，只是代理人行为是不完全信息。委托人需要根据能观测到的信息签订最优契约，诱使代理人从利己动机出发选择对委托人最有利的行为。

面对委托—代理问题，通常的对策包括：①剩余利润，将代理人的收入与利润挂钩。这种方法的难点是确定合理的利润目标，代理人承担的风险较大。②分享利润，如前面提到的股票期权、职工持股等方法，通过利润分享、风险共担激励代理人选择“不偷懒”。③经理人市场，虽然委托人难以直接观察和监督代理人的行为，但完善的证券市场能够通过上市公司股价变动，对代理人的业绩作出客观评价。这需要有完善的证券市场和经理人市场。

由于“逆向选择”和“道德风险”会导致保险市场失灵，使市场价格被扭曲，甚至使市场消失（阿克洛夫的“柠檬市场”模型就是典型例子）。这时需要政府的介入，即使在市场经济最发达最自由的国家有些保险也需由政府负责提供。

第二节　博弈论

传统经济学在研究既定的约束条件下的利益最大化问题时，决策者只考虑自己的选择，不需要考虑自己的行为对他人的影响，也不考虑他人选择对自己的影响。这显然不符合经济活动的实际情况，博弈论（也叫对策论）是分析两个或两个以上参与者选择能够共同影响每一个参与者的行为或战略的方法。现代经济博弈论由冯·诺依曼（John von Neumann）所开创，他与摩根斯坦在1944年合著的《博弈论与经济行为》一书被认为是经济博弈论的开山之作。1994年的诺贝尔经济学奖授予了对博弈论研究作出杰出贡献的纳什、赛尔腾和海萨尼。博弈论的研究拓宽了经济学研究的思路，使其更接近于现实的市场竞争环境。

一、博弈要素

一个完整的博弈包括局中人、策略集合和收益函数三要素。

1. 局中人。指参与博弈并承担后果的利益主体。比如，在审讯囚犯的过程中，参与者除了囚犯外，还有公诉人、审判人、辩护人等，但只有囚犯才是利益相关的局中人，其他参与者不承担后果属于外部环境。

2. 策略集合。策略指局中人在给定条件下的行为方案，策略集合是局中人可能采取的所有行为方案的集合。例如，在审讯囚犯时，囚犯的基本策略无非是“坦白”或“抗拒”。如果只有两个囚犯则相应的策略集合包括四种组合：即“坦白，坦白”、“坦白，抗拒”、“抗拒，坦白”和“抗拒，抗拒”。

3. 收益函数。收益（也叫支付）是策略集合的函数，反映局中人采用特定策略所得到的收益，可以用基数效用或预期效用表示。

二、博弈的类型

（一）合作博弈与非合作博弈

按照局中人之间是否达成有约束力的协议，可以将博弈分为合作博弈与非合作博弈。如果局中人之间有协议或承诺且具有完全约束力能够执行，则该博弈是合作博弈；否则就是非合作博弈。合作博弈强调集体理性和集体最优，非合作博弈则强调个体最优。

（二）常和博弈与变和博弈

按局中人的收益特征，可以分为常和博弈与变和博弈。常和博弈指局中人的利益根本对立，各方的收益之和为常数，如乒乓球比赛中赢一局得一分，对方没有分，所以每局的得分之和恒等于1。零和博弈是常和博弈的特例，比如在期货交易中买方的盈利就是卖方的亏损，双方收益之和恒等于0。变和博弈是指博弈双方利益既对立又统一，各方收益之和是一个变数。比如足球比赛中，胜的一方得3分，但如果打平则双方各得1分，各方的收益之和可以是3分也可以是2分。

（三）静态博弈与动态博弈

按局中人行动的先后顺序可以分为静态博弈与动态博弈，如果局中人同时行动或后行动者无法观察到先行动者的行为，无法根据先行动者的行为作出自己的选择，该博弈是静态博弈；如果局中人行动有先后，且后行动者能根据先行动者的行为选择自己的策略，则该博弈为动态博弈。

（四）完全信息博弈与不完全信息博弈

按局中人是否拥有其他局中人有关博弈的信息，可以将博弈分为完全信息博弈与不完全信息博弈。如果收益函数是局中人的公共信息，则博弈为完全信息博弈，相反如果某一方的收益函数是私人信息，则博弈为不完全信息博弈。

在完全信息博弈中，在给定信息下，如果局中人只能选择某特定策略作为最优策略，该策略是纯策略，如果需要以某种概率选择不同策略，则称为混策略。

三、完全信息静态博弈

（一）纯策略上策均衡

1. 概念。在博弈过程中，如果无论对方选择何种策略，某特定策略都是我能够选择的最优策略，则该策略称为“上策”或“占优策略”，各方上策的组合称为“上策均衡”或“占优均衡”。

2. 囚徒困境。某案件中有A、B两个囚犯（犯罪嫌疑人），依据“坦白从宽，抗拒从严”的原则：如果一方坦白而另一方抗拒，则坦白的一方因为有立功表现而被减轻处罚只判1年，另一方从重判10年；如果双方都坦白，则都从轻判5年；如果都抗拒，则法官只能根据已经掌握的证据将两个犯罪嫌疑人各判2年。囚犯面临以下的收益矩阵（表8-1）：

表 8-1

A \ B	坦白	抗拒
坦白	−5　−5	−1　−10
抗拒	−10　−1	−2　−2

对于 A 来说，如果 B 选择“坦白”，则自己的最优选择是“坦白”；如果 B 选择“抗拒”，那么 A 的最优选择仍然是“坦白”，所以，“坦白”是 A 的上策。同样，B 的上策也是“坦白”，这样就形成了上策均衡“A 坦白，B 坦白”。于是，A、B 会被各判 5 年。这个结果显然不如选择“A 抗拒，B 抗拒”。在非合作博弈中，各方均出于利己动机选择自己的行为，最后的均衡往往不是最优的。这反映出个人理性与集体理性的冲突。

（二）重复剔除的上策均衡

1. 概念。如果无论对方采取什么策略，某特定策略都是对自己不利的策略，则该策略称为严格下策；通过剔除严格下策重新构造一个不包括所剔除策略的新矩阵，重复进行这一过程，直到剩下唯一策略组合，该策略组合称为“重复剔除的上策均衡”。

2. 智猪博弈。假设猪圈里有大、小猪各一头，猪圈的一头有一个食槽，另一头安装了控制猪食的按钮。每按一次按钮，将有 8 单位猪食进入食槽。大猪和小猪可以选择的策略有两个：自己去按按钮，或者等待对方按按钮。如果某猪选择按按钮，其付出的代价是：第一，需要付出相当于两个单位猪食的成本；第二，后到食槽，从而减少进食量。此外，大、小猪进食速度也有差异。具体食量如下：如果大猪按按钮，则大猪可以吃到 4 个单位，小猪吃到 4 个单位猪食；如果小猪按按钮，则大猪可以吃 7 个单位，小猪吃 1 个单位猪食；如果两猪同时按按钮，则大猪可以吃 5 个单位，小猪可以吃 3 个单位。两猪面临的收益矩阵如表 8-2：

表 8-2

大猪 \ 小猪	按按钮	等待
按按钮	3　1	2　4
等待	7　−1	0　0

对于小猪而言，无论大猪选择“按按钮”还是“等待”，自己选择“按按钮”都是下策，所以“按按钮”是小猪的“严格下策”，小猪将其剔除，只会选择“等待”，当小猪选择“等待”时，则大猪的下策是“等待”，于是大猪剔除“等待”而选择“按按钮”，最后形成重复剔除的上策均衡“大猪按按钮，

小猪等待”。

（三）纯策略纳什均衡

1. 概念。在博弈中，如果对方选择某策略时，某特定策略是我能选择的最优策略，该策略称为纳什策略；各方纳什策略的组合称为纳什均衡。显然，上策一定是纳什策略，但纳什策略不一定是上策；上策均衡一定是纳什均衡，但纳什均衡不一定是上策均衡。

2. 对抗博弈。两个寡头在确定价格策略时各有两种选择：实行高价格或保持正常价格，如果双方都利用垄断地位实行高价，则都能获得高利润；如果一方采用高价，另一方维持正常价格，则采用正常价格的一方因为有价格优势而在竞争中取得有利地位并获取高利润，而另一方因产品销售困难而出现亏损；如果两个寡头都维持正常价格，则双方都只能获得较低的利润。两寡头面临如下收益矩阵（表 8－3）：

表 8－3

寡头 A \ 寡头 B	高价	正常价格
高价	100　200	−20　170
正常价格	150　−30	10　30

对寡头 A 而言，如果 B 选择高价，则 A 的最优策略是“正常价格”，如果 B 选择正常价格，则 A 的最优策略仍然是“正常价格”，所以，A 的纳什策略是“B 高价，A 正常价格”、“B 正常价格，A 正常价格”，同理，B 的纳什策略是“A 高价，B 高价”、“A 正常价格，B 正常价格”。最终实现纳什均衡“A 正常价格，B 正常价格”。

在某些条件下，纳什均衡可能不止一个：

3. 性别大战。一对情侣决定如何过周末，男方希望看球赛，女方希望逛商店，但如果分头活动，则不利于增进感情，而结伴活动则可以增进了解，但各方获得的效用不同（表 8－4）：

表 8－4

男方 \ 女方	看球赛	逛商店
看球赛	3　1	0　0
逛商店	−1　−1	1　3

从收益矩阵可以看出，男方的纳什策略是“女方看球赛，男方看球赛”、“女方逛商店，男方逛商店”；女方的纳什策略是“男方看球赛，女方看球赛”、

“男方逛商店，女方逛商店”，这样，最终的纳什均衡有两个：“男方看球赛，女方看球赛”、“男方逛商店，女方逛商店”。

在有些博弈中，确定性的纯策略不存在纳什均衡，但采用随机选择的混策略，可以实现混策略纳什均衡。

（四）混策略纳什均衡

1. 概念。如果对方以一定概率选择混策略，我所选择的混策略是我能选择的预期收益最大的混策略，该策略称为最优混策略，各方最优混策略的组合，构成混策略纳什均衡。

2. 社会福利博弈。政府福利政策的目标是鼓励工人积极就业，可以选择的策略包括“救济”和“不管”；面对政府的政策，工人可以选择“就业”或“休闲”（表 8-5）。

表 8-5

政府＼工人	就业	休闲
救济	3＼2	−2＼3
不管	−1＼1	0＼0

从收益矩阵可以看出，如果政府选择“救济”，则工人选择“休闲”；政府选择“不管”，则工人选择“就业”；工人选择“就业”，则政府选择“救济”；工人选择“休闲”，则政府选择“不管”。该博弈不存在纯策略的纳什均衡。

尽管不存在纯策略的纳什均衡，但双方可以以一定概率选择混策略，形成混策略纳什均衡。假设政府选择救济的概率为 p，选择不管的概率为 $1-p$；工人选择就业的概率为 q，选择休闲的概率为 $1-q$。政府的预期收益函数为：

$$R=3\times p\times q+(-2)\times p\times(1-q)+(-1)\times(1-p)\times q+0$$

政府要获得最大预期收益，必须使

$$\frac{\partial R}{\partial p}=0,\text{得 } q=1/3$$

同理，工人的预期收益函数为：

$$r=2\times p\times q+3\times p\times(1-q)+1\times(1-p)\times q+0$$

要实现工人预期收益最大，也必须满足

$$\frac{\partial r}{\partial q}=0,\text{得 } p=\frac{1}{2}$$

所以，最后形成的混策略纳什均衡是：政府以 50% 概率选择“救济”，50%的概率选择“不管”；工人以 1/3 概率选择“就业”，以 2/3 概率选择“休闲”。

四、完全信息动态博弈

在动态博弈中，局中人行动有先后，后行动者可以观测到先行动者的行为，并选择相应的策略。由于先行动者拥有后行动者可能选择的策略的完全信息，所以先行动者可以先分析自己的行动对后行动者的影响和后行动者可能采取的策略，在此基础上选择自己的策略。

(一) 序贯博弈

1. 概念。在动态博弈中，每次博弈结构不同而连续多次的博弈称为序贯博弈。棋类游戏如象棋、围棋都是典型的序贯博弈，博弈一方先下子，在下子前先行者必须分析自己出子的各种可能性及对方各种可能的应对，并选择最优的策略。

2. 房地产开发博弈。假设两个开发商决定是否在某地开发房产，若都选择开发，则因竞争导致两败俱伤，若只有一方开发，则开发方获利。双方面临如下收益矩阵（表 8－6）：

表 8－6

A \ B	开发	不开发
开发	−3　　−3	1　　0
不开发	0　　1	0　　0

如果这是完全信息的静态博弈，则存在两个纳什均衡：“A 开发，B 不开发”、“A 不开发，B 开发”。如果是动态博弈，假设 A 可以先行动，在行动前，A 需要先分析 B 的策略：

策略一，无论 A 是否开发，B 都选择开发。

策略二，如果 A 开发，则 B 也开发；如果 A 不开发，B 也不开发。

策略三，如果 A 开发，则 B 不开发；如果 A 不开发，则 B 开发。

策略四，无论 A 是否开发，B 都不开发。

其中，策略一包含了第二个纳什策略，但没有包含第一个，策略四刚好相反。只有策略三包含两个纳什均衡，也就是如果 B 选择策略三，那么无论 A 作出何种选择，B 的回应都可以实现纳什均衡。如果确定 B 会选择策略三，则 A 的最优策略是“开发”，最终的纳什均衡必然是“A 开发，B 不开发”。这一分析方法也称为“子博弈精炼纳什均衡”。

对于动态博弈，可以用博弈树进行分析。博弈树是用来表示和分析序贯博弈的图形方法，通过博弈树可以表示所有局中人能够采取的所有可能行动和博弈的所有可能结果，由节点和分支组成，节点之间由分支相连。

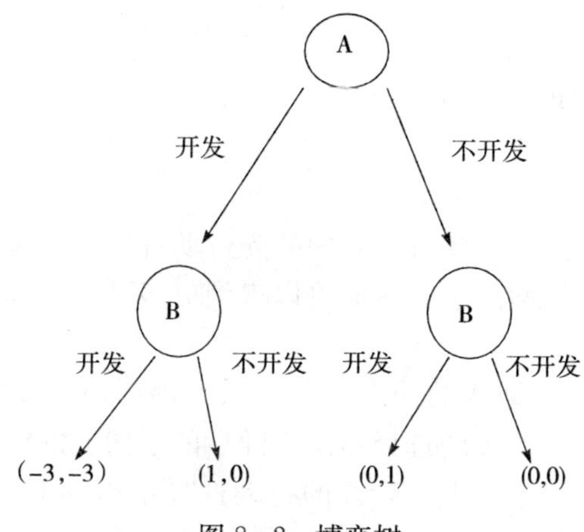

图 8-2　博弈树

通过图 8-2 可以看出，开发商 A 可以选择“开发”或“不开发”，如果 A 选择“开发”，B 选择“不开发”为 B 的最优策略，这时，A 的收益为 1；如果 A 选择“不开发”，则 B 选择“开发”为最优策略，这时，A 的收益为 0，显然，先行动的 A 选择“开发”更优。根据从后向前逆推的思路，动态博弈中局中人理性选择的结果一定是“A 开发，B 不开发”，从而剔除另一个纳什均衡“A 不开发，B 开发”。被剔除的纳什均衡是以一个不可置信的威胁为前提的：“无论 A 是否选择开发，B 都会选择开发”。因为，如果 A 选择“开发”，则 B 的最优选择应该是“不开发”。在有限序列博弈中，都可以用逆推法求解均衡，即从博弈树的末端开始，求解终点节的子博弈均衡，逐步向前推，直到始节点，求得整个动态博弈的均衡。这样，不仅整个动态博弈构成纳什均衡，而且可以剔除不可置信的威胁或承诺，使每个子博弈都构成纳什均衡，这是“子博弈精炼纳什均衡”，也叫“子博弈完美纳什均衡”。

3. 斯塔克伯格模型。斯塔克伯格模型与古诺模型的基本假设相同，不同点有三：①两寡头实力不同，强者为领先者，弱者为追随者；②两寡头不是天真寡头，会理性选择最优产量；③两寡头行动有先后，后行动者可以观测先行动者的行为。

假设 A 是先行动者，产量为 q_A，B 为后行动者，产量为 q_B，市场需求函数是：$P=120-(q_A+q_B)$，按照逆推法，B 的利润函数是：$\pi_B=q_B\times P=[120-(q_A+q_B)]\times q_B$，通过利润函数对 q_B 求导，令一阶导数为零，B 对 A 的最优反应函数为：

$q_B^*=60-\dfrac{1}{2}q_A$，这样，A 根据 B 的最优反应函数所得的利润函数为：

$$\pi_A = P \times q_A = \left[120 - (q_A + 60 - \frac{1}{2}q_A)\right] \times q_A = 60q_A - \frac{1}{2} \times q_A^2$$

令 A 的利润函数的一阶导数为零，得 $q_A^* = 60$，代入 B 的反应函数，得 $q_B^* = 30$

于是，$P^* = 30$，$\pi_A = 1\ 800$，$\pi_B = 900$

斯塔克伯格模型揭示了序贯博弈中的先行动者优势，A 为先行动者，敢于生产高于古诺模型的均衡产量，从而可以得到更多利润。

（二）重复博弈

1. 概念。如果同样结构的博弈重复多次，则该博弈为重复博弈。在序贯博弈中，局中人在前一阶段的选择将决定随后的子博弈的结构，子博弈有不同的结构。而在重复博弈中，上一阶段的行动选择不影响下一阶段的博弈结构，每个阶段的博弈具有相同结构。尽管重复博弈也追求收益最大化，但并非追求每个阶段的收益最大化，而是追求所有阶段收益的贴现值或加权平均值最大化，不会因为局部利益而牺牲长远的整体利益。

重复博弈根据博弈重复的次数可以分为有限重复博弈与无限重复博弈。

2. 产品定价博弈。假设 A、B 两寡头进行产品定价的决策，每个寡头分别都有两种策略可以选择，即“高价”或“低价”。两寡头面临如下收益矩阵（表 8-7）：

表 8-7

A \ B	低价	高价
低价	24, 24	40, 8
高价	8, 40	32, 32

与“囚徒困境”类似，如果这是一次性的完全信息静态博弈，则最终的博弈结果是形成上策均衡：A 低价，B 低价。而在动态的重复博弈中，局中人可以根据上一阶段博弈中其他局中人的行为和博弈结果来做出自己的选择，并以自己的选择来回应其他局中人上一阶段的行为。

如果重复博弈是有限次数的，那么在最后一轮博弈中局中人都会选择对自己最有利的策略，而不用担心对方的报复。于是，最后一轮的博弈结果是上策均衡：A 低价，B 低价。所得收益分别是 24，那么，在倒数第二轮博弈中 A 会如何选择？如果 A 选择低价，则当 B 选择低价时，A 的收益为本轮收益 24 与最后一轮的收益 24 之和 48，B 选择高价，则 A 的收益为本轮收益 40 与最后一轮的收益 24 之和 64，都高于 A 选择高价策略可能得到的收益：32 或 56。所以，A 的最优策略是低价。同理，在倒数第二轮中 B 的最优策略也是低价，最终形成的仍然是上策均衡：A 低价，B 低价。通过对每一轮博弈的分析可以得到如下结论：当一次性博弈有唯一纳什均衡时，n 次重复博弈的唯一子博弈精炼纳什均衡的结果是阶段博弈的纳什均衡重复 n 次。

在无限次的重复博弈中，如果 A 选择与 B 合作维持高价则 A 可以得到的收益为 32＋32＋32＋…，如果 A 不合作，在第一轮博弈中，当 B 选择高价时 A 选择了低价，那么 B 会在随后的博弈中进行报复，也选择低价，这样，A 尽管在第一轮得到额外利益，但在以后各阶段的收益却会减少，所得总收益为 40＋24＋24＋…，与选择合作相比，显然是得不偿失的。所以，A 的理性选择应该是高价，而 B 慑于 A 的报复也会选择高价，最终的结果必然是每轮博弈中都形成 A 高价，B 高价的纳什均衡。

五、不完全信息静态博弈

在很多情况下，局中人对对方的了解往往是不完全的，即局中人具有不为其他局中人所知的私人信息，这时的博弈为不完全信息博弈。在不完全信息博弈中，如果局中人需要同时做出决策或后决策者无法观察先行动者行为时，该博弈为不完全信息静态博弈。

（一）市场进入博弈

假设某市场被 A 企业垄断，B 企业也希望进入该市场。B 企业清楚，A 企业是否允许自己进入，取决于 A 企业阻挠自己进入所需要付出的成本。如果阻挠成本高，则双方面临如下收益矩阵（表 8－8）：

表 8－8

B \ A	默许		阻挠	
进入	40	50	－10	0
不进入	0	300	0	300

如果阻挠成本低，则有以下收益矩阵（表 8－9）：

表 8－9

B \ A	默许		阻挠	
进入	30	100	－10	140
不进入	0	400	0	400

如果是完全信息静态博弈，则对于第一个收益矩阵，有重复剔除的上策均衡：A 默许，B 进入；第二个矩阵也有重复剔除的上策均衡：A 阻挠，B 不进

入。但现在假设 B 企业不知道 A 企业的阻挠成本高还是低，这属于 A 企业的私人信息。局中人所拥有的所有私人信息称为局中人的类型。这里 A 企业有高阻挠成本和低阻挠成本两种类型。

现在 B 企业面临的是不确定条件下的选择问题，因为 B 企业不仅不知道 A 企业的类型，也不知道不同类型的分布概率。解决这种问题的方法之一，是将不确定条件下的选择转换为风险条件下的选择。在风险条件下，B 企业虽然不知道 A 企业的类型，但可以知道不同类型的分布概率。将不确定条件下的选择转换为风险条件下的选择，称为海萨尼转换。

海萨尼引入"自然"作为一个虚拟的局中人，"自然"首先行动，决定局中人的类型，局中人知道自己的类型，其他局中人不知道，将不完全信息博弈转换为完全但不完美信息博弈。这里的不完美信息是指其他局中人只知道某局中人某些方面类型的分布概率，但不知道该局中人在这些方面的真实类型。前面的博弈经过海萨尼转换后如图 8-3 所示：

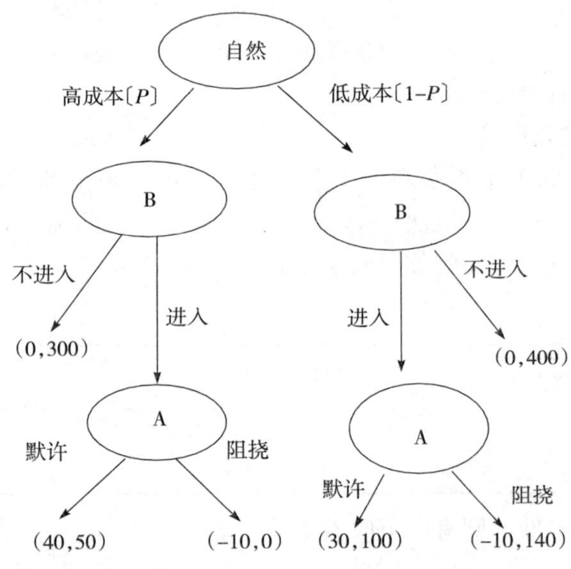

图 8-3　海萨尼转换

在海萨尼转换的基础上，海萨尼提出了贝叶斯纳什均衡。

(二) 贝叶斯纳什均衡

在不完全信息静态博弈中，局中人的最优策略依赖于自己的类型。由于每个局中人仅知道其他局中人类型的分布概率，而不知道其真实类型，所以他不可能知道其他局中人会选择什么策略。但局中人可以预测其他局中人的选择与各自的类型之间的关系。因此，局中人的决策目标是：在给定自己类型以及给定其他局中人的类型与策略选择之间关系的条件下，使自己的期望收益最大化。

所谓贝叶斯纳什均衡是指：在给定局中人类型和其他局中人类型的先验概率分布的条件下，所有局中人的都达到预期收益最大化的状态。

在前面的市场进入博弈中，B 企业不知道 A 企业的阻挠成本是高还是低，但它知道 A 在不同阻挠成本下可能的选择，以及不同阻挠成本的分布概率。假设高成本的概率为 P，则低成本的概率为 $1-P$。如果 A 的阻挠成本低，A 将“阻挠”B 进入市场；如果 A 的阻挠成本高，A 将选择“默许”。在上述两种情况下，B 选择“进入”的收益分别是 -10 和 40。因此，B 企业选择“进入”的预期收益为：$(1-P)\cdot(-10)+P\cdot 40$，而选择“不进入”的预期收益为 0，如果 $(1-P)\cdot(-10)+P\cdot 40>0$，$B$ 的最优策略为“进入”，即当 A 阻挠成本高的概率大于 20%时，B 选择“进入”，这时，贝叶斯纳什均衡为，企业 B 选择进入，阻挠成本低的 A 企业选择“阻挠”，阻挠成本高的 A 企业选择“默许”。

* 六、不完全信息动态博弈

在动态博弈中，局中人行动有先后，后行动者可以观察先行动者的行为，以此证实或修正自己对先行动者的判断。

在不完全信息的条件下，局中人只知道其他局中人可能的类型，以及不同的类型与相应策略选择之间的关系，但并不清楚其他局中人的真实类型。如果是不完全信息的静态博弈，可以通过海萨尼转换，最终得到贝叶斯纳什均衡解。而在不完全信息的动态博弈中，局中人在博弈开始时对于其他局中人的所属类型的分布概率只有自己的主观判断（即先验概率），但在博弈开始后，该局中人会根据所观察到的其他局中人的行为，不断修正自己的判断（即信念），并根据不断修正的信念选择策略。

在不完全信息动态博弈中，后行动者运用贝叶斯公式，对自己的先验概率进行修正，然后选择最优策略，而先行动者预计到自己的行动会被后行动者利用来修正先验概率，也会设法显示对自己最有利的信息。不完全信息动态博弈的均衡解为精炼贝叶斯均衡。

贝叶斯公式是根据新的信息修正先验概率以得到后验概率的计算公式：

$$P(A_i \mid B)=\frac{P(A_i)P(B \mid A_i)}{\sum_{i=1}^{n} P(A_i)P(B \mid A_i)}$$

其中，$P(A_i)$ 是人们从以往经验中得到的对事件 A_i 发生概率的主观判断即先验概率，$P(A_i \mid B)$ 是人们在事件 B 发生后对先验概率的修正，或者说是根据事件 B 推断事件 A_i 发生的概率，称为后验概率。

对于上一节市场进入博弈的例子，我们可以运用贝叶斯公式的分析思路求不完全信息动态博弈的均衡解：

企业 B 不知道企业 A 是属于高阻挠成本类型还是低阻挠成本类型，但 B 知道，如果 A 属于高阻挠成本类型，则 B 进入市场时 A 进行阻挠的概率为 20%；如果 A 属于低阻挠成本类型，则 B 进入市场时 A 阻挠的概率为 100%。

在博弈开始时，B 认为 A 属于高阻挠成本类型的先验概率为 50%，因此，B 预计自己进入市场时，受到 A 阻挠的概率为：

$$0.5\times0.2+0.5\times1=0.6$$

当 B 进入市场时，A 确实进行了阻挠。根据贝叶斯公式，B 依据所观察到的 A 的行为将 A 属于高阻挠成本企业的概率修正为：

$$0.5\times0.2\div0.6\approx0.167$$

根据这一概率，B 估计自己进入市场时，受到 A 阻挠的概率变为：

$$0.167\times0.2+0.837\times1\approx0.87$$

如果 B 再一次进入市场时，A 又进行了阻挠。使用贝叶斯公式，B 将 A 属于高阻挠成本企业的概率再次修正为：

$$0.167\times0.2\div0.87\approx0.038\,4$$

这样，根据 A 一次又一次的阻挠行为，B 对 A 所属类型的判断越来越倾向于低阻挠成本类型。最终，B 企业会放弃进入市场的行为。

上面的例子说明，在不完全信息动态博弈中，局中人所采取的行动具有传递信息的作用。哪怕 A 企业可能是高阻挠成本企业，但 A 连续进行的阻挠行为，也会让 B 产生 A 是低阻挠成本企业的判断，从而使其知难而退，停止进入该市场。

传递信息是需要成本的，A 的阻挠行为将导致 A 的收益减少，正因为如此，阻挠行为才能起到传递信息的作用。只要长期所增加的收益能够抵消该成本，A 就会选择阻挠。

重要概念

公共信息（public information）

私人信息（private information）

完全信息（complete information）

确定信息（certain information）

不确定信息（uncertain information）
对称信息（symmetrical information）
不对称信息（asymmetrical information）
风险爱好者（risk - lover）
风险回避者（risk - averter）
公平保费（fair premium）
知情者（informed player）
不知情者（uninformed player）
逆向选择（adverse selection）
道德风险（moral hazard）
信号传递（signaling）
机制设计（mechanism design）
委托—代理问题（principal - agent problem）
局中人（player）
策略（strategy）
策略集合（strategy set）
合作博弈（co - operative game）
非合作博弈（non - cooperative game）
常和博弈（constant - sum game）
变和博弈（variable - sum game）
静态博弈（static game）
动态博弈（dynamic game）
完全信息博弈（complete information game）
不完全信息博弈（incomplete information game）
纯策略（pure strategy）
上策（dominant strategy）
上策均衡（dominant equilibrium）
纳什策略（Nash strategy）
纳什均衡（Nash equilibrium）
序贯博弈（sequential game）
子博弈精炼纳什均衡（subgame perfect Nash equilibrium）
重复博弈（repeated game）
贝叶斯纳什均衡（Bayesian Nash equilibrium）

复习思考题

1. 什么是不对称信息？为什么说工业社会信息不对称程度高于农业社会？
2. 冒险者与避险者的效用函数有什么不同？
3. 信息不对称有哪几种主要类型？
4. 什么是逆向选择？解决逆向选择问题的主要办法有哪些？
5. 什么是道德风险？有哪些有效的机制设计？
6. 解决委托—代理问题的主要方法有哪些？
7. 举例说明“逆向选择”与“道德风险”如何导致市场失灵。

练习题

1. 某人拥有的财富总价值100万元，其效用函数为$U(w)=\sqrt{w}$，w是其财富总量。现假设他有25%的可能性会丢失价值20万元的轿车，问：

（1）如果他不参加保险，其预期效用为多少？

（2）如果参加保险，他愿意支付的最高保费是多少？

2. 假设两个局中人进行完全信息的静态博弈，面临如下收益矩阵（表8-10）：

表 8-10

	C	D
A	a \ b	c \ d
B	e \ f	g \ h

问：a、b、c、d、e、f、g、h满足什么条件，该博弈有上策均衡？

3. 假设寡头市场上，A、B两厂商计划推出新产品，有两种产品可供选择：一种是高品质的产品H，一种是低品质的产品L，厂商面临如下收益矩阵（表8-11）：

表 8-11

A \ B	L	H
L	40 \ 40	10 \ 80
H	80 \ 10	20 \ 20

问：（1）如果两厂商同时决定新产品计划，它们的收益是多少？

（2）如果A先推出新产品，它们的收益分别是多少？

4. 假设两寡头生产同质的产品，且边际成本均为 0。对寡头产品的市场需求曲线为 $P=30-Q$，$Q=Q_1+Q_2$，Q_1、Q_2 分别是寡头 1 与寡头 2 的产量。问：

(1) 假设两寡头进行一次性博弈，且同时决定产量。两寡头的产量分别是多少？

(2) 假设寡头 1 先决定产量，则两寡头产量、利润分别是多少？

第九章

分 配 理 论

分配理论主要解决为谁生产的问题，也就是生产的产品按照什么原则分配给各方。英国经济学家马歇尔提出了“四位一体”的分配理论，即在生产中，工人提供劳动获得工资；资本家提供资本而获得利息；地主提供土地获得地租；企业家提供企业家才能获得利润。各种生产要素的提供者根据自己在生产中的贡献获得相应的报酬。

各种生产要素所获得的报酬取决于生产要素的价格。分配理论的核心问题是生产要素的价格决定，而决定要素价格的主要因素是生产要素的供给与需求。

第一节　生产要素的供给与需求

一、生产要素的需求

（一）要素需求的特点

与产品需求相比，生产要素的需求具有派生性与联合性的特点。在产品市场上，产品需求直接来自于人的欲望，因而是直接需求；对生产要素的需求则是由产品需求派生出来的间接需求，这使得生产要素的需求具有了派生性的特点。在生产过程中，往往需要多种生产要素配合使用，而且在生产过程中如果只增加一种生产要素的投入，就会出现边际产量递减的现象，所以，对生产要素的需求还具有联合性的特点。

（二）影响要素需求的因素

1. 产品需求及产品价格。由于生产要素需求具有派生性的特点，如果对产品的需求增加，那么在其他条件不变的情况下，对相应的生产要素的需求也会增加。如果产品的价格上升，厂商的利润增加，厂商也会增加产品生产，从而增加对生产要素的需求。

2. 生产技术状况。生产过程中所采用的技术将影响要素的需要：资本密集型生产对资本品的需求量大，而劳动密集型的生产对劳动力的需求量大。此外，生产技术的发展也会对要素的需求产生影响。

3. 生产要素的价格。各种生产要素之间存在可替代性，如果某种要素价格上涨而其他要素价格不变或增幅较小，厂商会选择价格相对较低的要素，这样，价格相对较高的要素需求会减少，其他要素的需求则可能增加。

（三）要素的需求曲线

厂商对一种投入要素的需求取决于要素的边际生产力。所谓边际生产力，是指在其他条件不变时，每增加一个单位的要素投入所增加的产出。边际生产力的实物形态是边际产量；而边际生产力的价值形态是边际收益产量（marginal revenue product，*MRP*），是指在其他条件不变时，厂商每增加一个单位的要素投入所增加的收益：

$$MRP = MP \cdot MR$$

在完全竞争的产品市场上，边际收益产量也等于边际产值（value of marginal product，*VMP*），所谓边际产值是指在其他条件不变时，每增加一个单位的要素投入所增加的产量的价值。

$$VMP = MP \cdot P$$

由于边际生产力递减，要素的需求曲线是向右下方倾斜的。如图 9－1 所示：

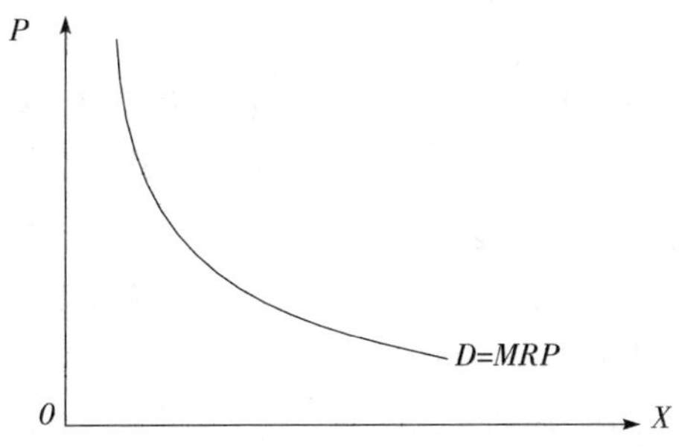

图 9－1　要素的需求曲线

图中，X 表示某要素的需求量，P 表示该要素的价格。

二、生产要素的供给

在生产过程中所使用的生产要素主要包括劳动力、资本、土地与企业家才能。其中，土地（泛指一切自然资源）的数量假定是固定的，其供给量不随价格而变动，因而供给曲线是垂直线；资本品包括原料、设备等是利用其他资源所生产的产品，其供给曲线与其他产品一样是向右上方倾斜的；劳动力的供给曲线比较特殊，在正常情况下，它也是一条向右上方倾斜的曲线，但在工资率很高或很低时会向右下方倾斜。

三、要素市场的厂商均衡

与产品市场一样，要素市场也可以分为完全竞争市场与不完全竞争市场。不同类型的要素市场与不同类型的产品市场组合，会形成不同的厂商均衡。

（一）要素市场完全竞争—产品市场完全竞争

当要素市场完全竞争时，要素的投入量、要素的价格（price of factor，PF）、要素总成本（total factor cost，TFC）、要素边际成本（marginal factor cost，MFC）与要素平均成本（average factor cost，AFC）的变动规律及其关系如表 9-1 所示：

表 9-1　完全竞争要素市场各变量变动规律

要素投入量	要素价格	要素总成本	要素边际成本	要素平均成本
1	1	1	1	1
2	1	2	1	1
3	1	3	1	1
4	1	4	1	1

从表 9-1 可以看出：在完全竞争的要素市场上，要素价格等于要素的边际成本，也等于要素的平均成本。因此，要素供给曲线与要素边际成本线重合，且都为平行线。

为实现要素市场的均衡，必须满足：

$$MRP = MFC = PF = AFC$$

在完全竞争的产品市场上 $MR = P$

由于 $MRP = MR \cdot MP$

所以，$MRP = P \cdot MP = VMP = PF$

按照英国经济学家罗宾逊夫人的观点，厂商付给要素的价格如果低于边际产值，即存在剥削。当产品市场与要素市场均完全竞争时，要素价格等于边际产值，这意味着没有剥削。

（二）要素市场完全竞争—产品市场不完全竞争

在不完全竞争的产品市场上，$MR<P$，而实现要素市场均衡，同样需要满足：

$$MRP = MFC = PF = AFC$$

所以，在要素市场均衡时：$MRP = MFC = PF < VMP$ 。可见，该市场存在剥削，投入的要素没有获得边际产值，但仍然获得边际收益产量。

（三）要素市场不完全竞争—产品市场完全竞争

在不完全竞争的要素市场上，增加要素投入量将导致要素价格上涨。要素投入量、要素价格、要素成本、要素的边际成本与要素平均成本的变动规律及其关系如表 9－2 所示：

表 9－2　不全竞争要素市场各变量变动规律

要素投入量	要素价格	要素总成本	要素边际成本	要素平均成本
1	1	1	1	1
2	2	4	3	2
3	3	9	5	3
4	4	16	7	4

可以看出，$PF<MFC$。所以，当要素市场均衡时：

$$MRP = MFC > PF$$

而在完全竞争的产品市场上 $MR=P$。所以，在要素市场均衡时：

$$MRP = VMP = MFC > PF$$

要素价格低于边际产值，也低于边际收益产量，说明该要素市场不仅存在剥削，而且剥削程度高于要素市场完全竞争—产品市场不完全竞争的情况。

（四）要素市场不完全竞争—产品市场不完全竞争

在两个市场都是不完全竞争市场的条件下，由于 $MR < P$，$PF < MFC$，所以，当要素市场均衡时：$VMP > MRP = MFC > PF$。可以看出，要素价格远低于边际产值，当两个市场都不完全竞争时剥削程度最高。

第二节　工资理论

一、工资的性质与种类

工资是劳动的价格，是给劳动力提供劳务的报酬。按计算依据的不同，工资可以分为计时工资与计件工资；按支付手段的不同，工资又可以分为货币工资与实物工资；根据是否考虑价格要素，还可以将工资分为名义工资与实际工资。名义工资也叫货币工资，以货币数量表示，不考虑货币的购买力；实际工资是按照能够购买的实物价值计算的。

二、完全竞争市场的工资决定

在完全竞争的劳动力市场上，有大量的劳动供给者和需求者，任何一方都不能形成买方或卖方垄断，工资由劳动的需求与供给共同决定。

（一）劳动的需求

与其他要素一样，劳动的需求取决于劳动的边际生产力。由于劳动的边际生产力与产品的边际收益递减，所以，劳动的需求曲线也向右下方倾斜。

（二）劳动的供给

劳动者愿意以什么价格向市场提供劳动取决于劳动的成本，劳动的成本包括两部分：一部分是实际成本，即维持劳动者及其家庭生活所必需的生活资料的费用及教育培训的费用；另一部分是心理成本，劳动力牺牲闲暇时间来获得收入，劳动会给劳动者心理带来负效用，补偿劳动者心理负效用的费用为劳动的心理成本。只有工资高于劳动的成本，劳动者才愿意提供劳动。

在一般情况下，工资越高，劳动的供给量越大。但劳动供给的特殊性在于，当工资水平很高时，劳动的供给量反而会减少。这是因为，如果工人不是以收入最大化作为目标，只要求维持一个较高的生活水平，那么当工资达到一定水平后，随着工资的提高，工人减少劳动时间也能维持较高的生活水平。这样，劳动的供给随工资的提高而减少。

工资与劳动供给的反向变动关系还可以用替代效应与收入效应来解释。一方面，工人通过劳动能获得工资收入，从而购买商品与服务，所以劳动具有正效用，同时，休闲也能给工人带来正效用，这样，劳动与休闲能相互替代。如果工人选择休闲，就必须放弃相应的工资收入，工资是休闲的机会成本，工资越高，休闲的机会成本越高，工人就越愿意劳动而减少休闲，这是工资的替代效应。另一方面，工资越高，工人的收入越多，工人就会购买更多的消费品，休闲也可以看成一种消费品，所以，工资越高，工人对休闲的需求量越大。因此，工人愿意减少劳动而增加休闲。这是工资的收入效应。替代效应使工人的劳动时间随工资增加而增加；收入效应使工人的劳动时间随工资增加而减少。当工资提高到一定水平后，由于劳动的供给量也相对较大，由工资增量与劳动供给量乘积所决定的劳动收入增量就非常大，从而使收入效应大于替代效应，这时，工资与劳动的供给反向变动。

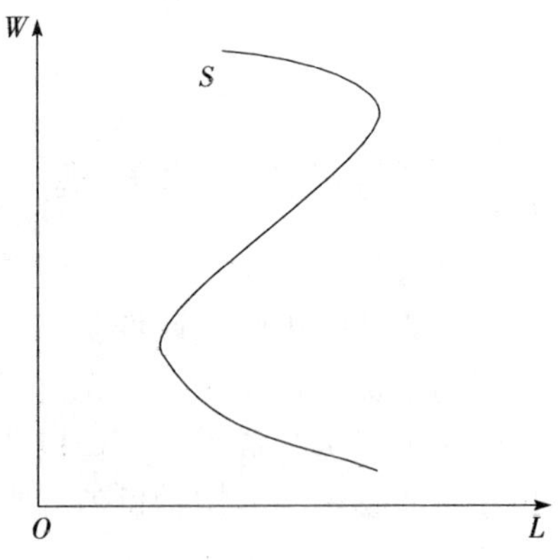

图 9-2　劳动的供给曲线

在某些不发达国家，工资水平极低，工人为维持最基本的生活水平，不得不延长劳动时间，而且，工资越低，工人需要劳动的时间越长。这样，工资与劳动的供给也呈现反向变动的关系。劳动的供给曲线如图 9-2 所示：

除了劳动成本外，工人的流动性、移民的规模等也是影响劳动供给的因素。

（三）均衡工资的决定

将所有个人的劳动供给曲线水平相加，可以得到整个市场的劳动供给曲线。尽管单个工人的供给曲线可能向后弯曲，但当工资较高时，会吸引新的工人提供劳动，所以，市场总的供给一般还是会随着工资的提高而增加，整个市场的劳动供给曲线向右上方倾斜。

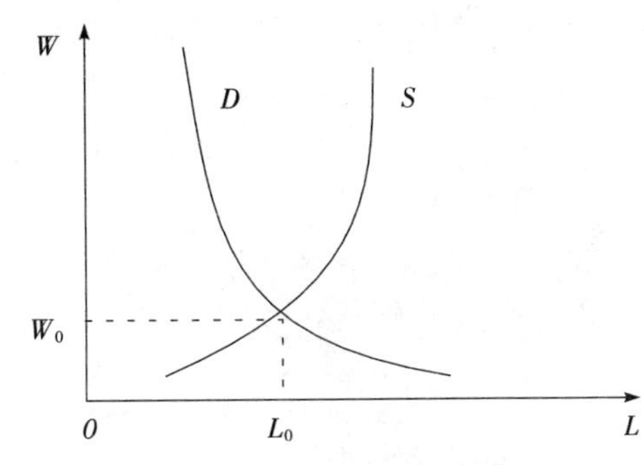

图 9-3　均衡工资的决定

劳动的供给曲线与需求曲线共同决定均衡的工资水平。

三、不完全竞争市场的工资决定

劳动市场的竞争往往是不完全的，特别是工会组织的存在使劳动市场出现了劳动卖方垄断的情况。在很多劳动市场上，工人通过工会集体出售他们的劳动。工会可以通过三种方法来争取提高工资：

（1）通过支持或要求政府实行贸易保护主义，增加对厂商产品的需求，以增加对劳动的需求。如图 9-4 所示，由于对产品的需求增加使得劳动需求曲线从 D_1 移动到 D_2，工资从 W_1 提高到 W_3，并且雇用量由 L_1 增加到 L_3。

（2）通过限制移民、减少童工、缩短劳动时间、提前退休等办法，减少劳动供给。如图 9-4 所示，当劳动供给曲线 S_1 移动到 S_2 时，工资由 W_1 提高到 W_2。

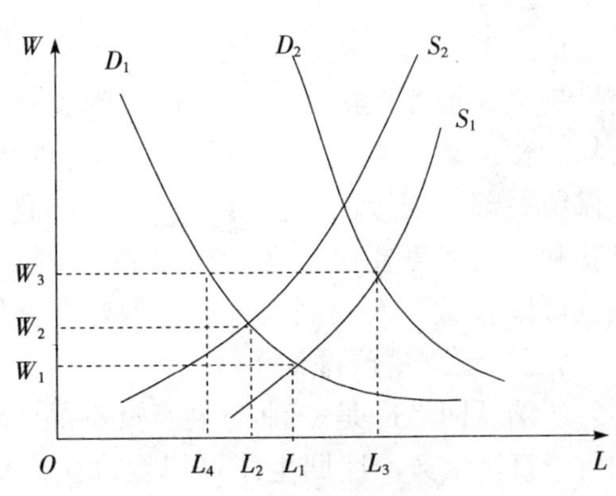

图 9-4　工会对工资的影响

（3）强行要求雇主将工资提高，否则举行罢工，或者要求政府立法规定最低工资。如图 9-4 所示，工会要求将工资提高到 W_3，否则罢工，如果罢工比提高工资给厂商的损害更大，厂商就会接受涨工资的要求，但雇用数量则会从 L_1 减少到 L_4，如果政府将最低工资确定为 W_3 也会带来同样的影响。所以，工会必须考虑厂商对劳动的需求弹性，以提出最有利的工资要求。

工会提高工资的努力还会受到产品的需求弹性、劳动力成本占总成本的比例、劳动的可替代性以及工会的基金和会员人数等因素制约。

第三节　利息理论

利息是资本的价格，是给资本提供者的报酬。这里所说的资本是货币资本。作为资本价格的利息通常不是指其绝对值，而是利息占资本总额的百分比，即利息率。

一、利息的产生

为什么提供货币资本应该得到利息？利息从何而来？

（一）时间偏好理论

该理论认为，在现期消费和未来消费中，人们更偏好现期消费。这是因为，未来存在很多的不确定性，所以人们对现期消费和未来消费效用的评价是不同的，现期消费的边际效用更高。如果将货币用作资本，就必须放弃现期消费而选择未来消费，利息就是对人们牺牲现期消费的补偿，它在理论上等于现期消费与未来消费边际效用之差。

（二）流动性偏好理论

该理论认为，基于交易动机、预防动机和投机动机，人们对现金有偏好。交易动机是指无论家庭还是厂商，都需要保留一些现金在身边，以方便日常的交易。预防动机是指家庭或厂商为了应对未来可能出现的各种意外情况，也必须保留一部分现金。而投机动机则是厂商或家庭为把握未来随时可能出现的投机获利机会而需要保留现金。如果进行投资，人们就需要放弃流动性偏好，利息也可以看做对人们牺牲流动性偏好的补偿。

（三）迂回生产理论

所谓迂回生产是一种先生产资本品，再用资本品生产消费品的生产方式。相对于直接生产，迂回生产可以提高生产效率。比如在捕鱼的时候，如果先制造渔船和编织渔网，再带着这些工具去捕鱼，显然比直接用手去抓鱼收获更多。机器大生产的特点是迂回生产，迂回生产需要资本，资本的使用可以带来更高效率，由于资本使用而提高的生产效率是资本的净生产力，这是产生利息的源泉。

二、利率的决定

利息率是资本的价格，决定利息率的基本因素是资本的供给与需求。

资本供给的主要来源是储蓄，家庭储蓄需要放弃现期消费和流动性偏好，利息是对这种牺牲的补偿，利息也可以看做保存现金的机会成本。利率越高，持有现金的机会成本越高，家庭越愿意减少现金而增加储蓄，资本的供给量越大。资本的供给量与利率同方向变动，资本的供给曲线向右上方倾斜。

厂商是可贷资金的主要需求者，厂商对资本的需求主要来自于资本品购买与更新等。厂商追求利润最大化目标，利息是厂商使用资金的成本，在利润率一定的条件下，利率越高，厂商的纯利润越少，投资意愿越低。资本需求量与利率反方向变动，资本的需求曲线向右下方倾斜。

如图 9-5 所示，在完全竞争的条件下，资本的供给曲线与需求曲线的交点决定了均衡利率 i_0 与资本量 K_0。

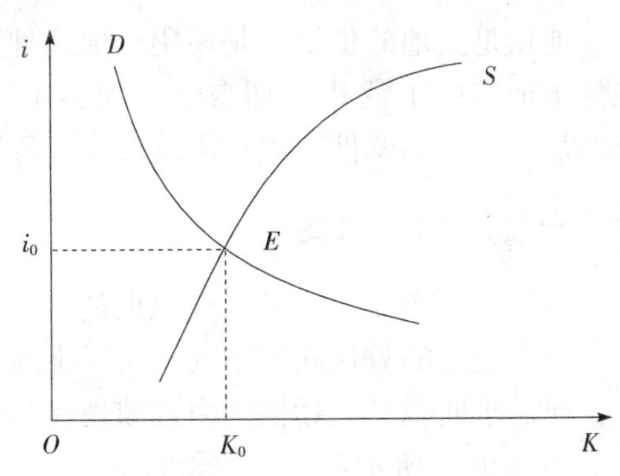

图 9-5　均衡利率的决定

当然，资本的供给除了家庭储蓄外还包括企业储蓄，中央银行发行货币也是资金来源。对资金的需求除了厂商的投资需求外，还有家庭的消费需求和政府投资需求等。这些因素的变化都会影响到均衡的利率水平。

决定市场利率的除了资本的供给与需求外，还有其他因素：比如风险因素，银行给个人或企业贷款前需要进行信用调查与评估，借款人信用越好的，银行的风险越低，相应贷款利率也越低；还有时间因素，贷款的期限越长，利率会越高。所以，影响利率的因素是多方面的，但资本的供给与需求是最根本的因素。

三、利息的作用

利息的最基本作用是配置资本。在利息率既定的条件下，社会会将资本配置到利润率最高的部门，使资本能得到最有效的利用。由于使用资本需要支付利息，这也可以迫使企业提高生产效率，采用最节约成本的生产方式。

利息的另外一个作用是动员社会资金，由于提供资本可以获得利息，这能刺激人们减少消费增加储蓄，还能将闲置的资金变为资本，提高资金的使用效率。

在宏观经济方面，利息率也发挥着重要作用：

首先，利息率是调节国民经济增长的重要手段。当经济过热时，政府通过提高基准利率，能够抑制投资需求，防止可能出现的通货膨胀；反之，当面临经济衰退时，政府也可以通过降低利率，刺激投资需求和经济增长。

其次，利息率能够发挥调节经济结构的作用。比如，通过实施差别利率，可以引导投资流向国家优先发展的产业，从而使经济结构更合理。

最后，利息率也是影响国际收支的一种手段。当一国出现贸易逆差时，可以通过提高利息率，吸引短期资金，达到改善国际收支的目的。

第四节　地租理论

地租是土地的价格，是使用土地这种生产要素所支付的报酬。经济学上所说的土地实际上泛指一切自然资源。土地具有永久性（不能消灭），固定性（位置不变），不变性（数量不能改变）等特点。

一、地租的决定

与其他生产要素一样，地租也是由土地的供给与需求共同决定的。

由于土地的数量固定不变，所以土地的供给曲线为垂直线，供给完全无弹性。而需求曲线受边际生产力递减规律影响向右下方倾斜。

如图 9－6 所示，均衡地租为 R_0，数量为 N_0。

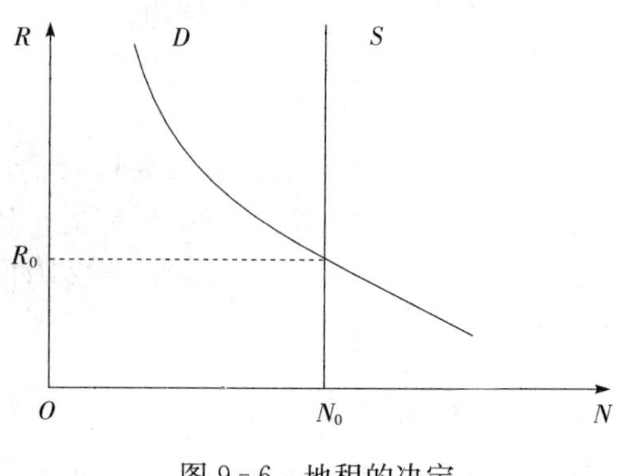

图 9－6　地租的决定

二、级差地租

土地有肥沃程度和地理位置的不同，矿藏也有贫矿、富矿的差异。由于土地肥沃程度、地理位置等差异而引起的有差别的地租被称为级差地租。在利用土地的过程中，人们一般先利用地理位置好的、肥沃的土地，随着对产品需求的增加，最劣土地也会被利用。产品的价格至少应该等于最劣土地的平均生产成本，否则就没有人去开发，产品就可能供不应求而导致价格上涨，直到等于最劣土地的平均成本为止。最劣土地的平均成本等于产品的市场价格，不会产生地租。这种土地叫做边际土地。优于边际土地的其他等级土地由于平均生产成本低，能够得到平均成本以外的剩余报酬。市场价格与边际土地以上土地的平均成本之差就是级差地租。

如果对产品的需求有增无减，所有可耕土地都将被利用，任何土地都会产生地租。当土地全部被私人占有后，任何土地一经使用，地主就会要求地租，这种地租成为产品价格的构成部分，它不是平均成本的差额产生的，称为绝对地租。边际土地只有绝对地租，边际土地以上各级土地既有绝对地租也有级差地租。

三、准租与经济租

（一）准租

在短期内，厂房、设备等固定要素不容易转移到其他产业，这些要素对厂商而言供给是固定的，要素价格下降也不会导致该要素的供给减少，这一特点类似土地。固定要素短期内所获得的收益通常被称为“准租”。

图 9-7 是某厂商的短期成本曲线图，其中 MC、AC、AVC 分别表示厂商的边际成本、平均成本和平均可变成本。现假设产品价格为 P_0，厂商的产量为 Q_0。这时，总收益等于 $P_0 \times Q_0$，即 P_0EQ_0O 的面积，可变成本等于 ABQ_0O的面积，总收益减去可变成本后剩余部分即 P_0EBA 的面积为准租，是给固定要素的报酬。

从准租中减去固定成本 $ABDC$，得到的是经济利润 P_0EDC。可见，准租是固定成本与经济利润之和。厂商收支相抵时，准租等于固定成本。厂商亏损时，准租小于固定成本，但准租必须大于 0，这是固定要素留在该产业的基本条件，也是短期厂商继续生产的基本条件。

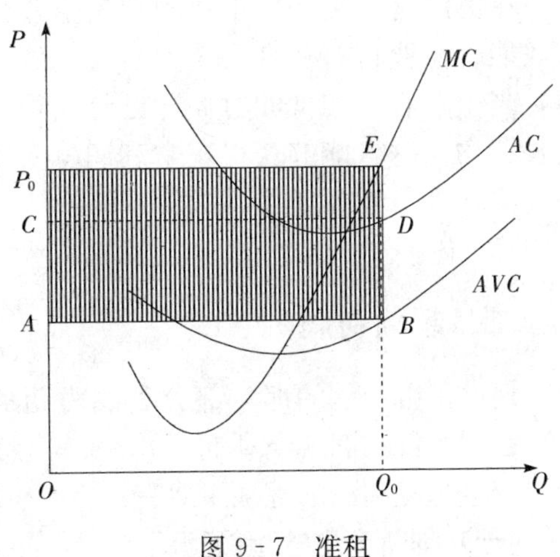

图 9-7　准租

（二）经济租

在短期内，只要收益大于可变成本厂商就会继续生产，但从长期来看，厂商将要素留在某行业生产的基本条件是在该行业所获得的收益大于在其他行业所能够得到的最大收益，即收益大于机会成本。厂商的收益与机会成本之差为经济租。经济租实际是厂商收益的一部分，从收益中减去这一部分并不影响要素的供给。经济租可以看做是生产者剩余。如图 9-8 所示：

在图中，要素的供给曲线为 S，需求曲线为 D，在交点 E 处形成均衡价格

R_0。AR_0E 部分为经济租。要素所得的总收益为 OR_0EQ_0，而厂商能够接受的最低收益是 $OAEQ_0$，拿掉 AR_0E 部分也不会影响要素的供给。

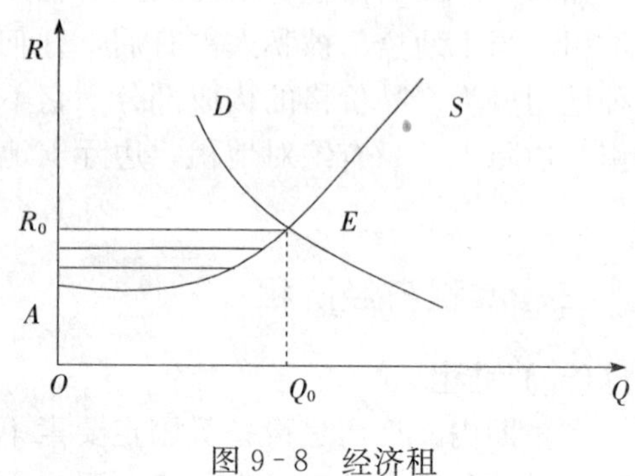

图 9-8 经济租

第五节 利润理论

利润分为正常利润与超额利润，经济学所说的利润指超额利润，也叫经济利润。正常利润是成本的一部分，是企业家才能这种生产要素应得的报酬。

一、正常利润

正常利润是企业家才能的价格，它包含在成本中，性质与工资类似。成为一个合格的企业家需要耗费很高的成本，所以正常利润远高于工人的工资。

在更广泛意义上，正常利润是企业所有自有要素的机会成本，包括企业家才能、企业自有资金、企业自有土地等的机会成本。正常利润属于隐含成本，当企业收支相抵的时候，已经获得了正常利润。在完全竞争市场上，厂商长期均衡时，能够获得正常利润就实现了利润最大化。而获得正常利润也是要素长期留在原有行业的基本条件，否则厂商会将要素转移到其他行业中。

二、超额利润

超过正常利润的那一部分利润为超额利润，即厂商收益超过总成本的部分，也叫经济利润或纯利润。

产生超额利润的源泉主要有：

（一）创新产生的超额利润

创新是对生产要素进行重新的组合。创新的方式包括：①开发新的产品；②采用新的更节约成本的生产方法；③开拓新的市场；④获得新的原料来源；⑤制度创新。成功的创新可以形成暂时的垄断，从而得到更高的价格，比如开发新产品或开发新的市场；有些创新能够降低生产成本，比如采用新的生产方法或获得新的原料来源。这些创新都是产生超额利润的重要途径。

创新能够推动社会进步，超额利润是社会对创新者的奖励。

（二）承担风险的超额利润

这里所说的风险是指发生损失的可能性。在动态经济中，未来存在很多的不确定性，企业家必须承担由此产生的风险。有些风险如水险、火险、职工意外伤害等可以通过投保加以化解，投保支出可以计入成本，但还有一些是企业无法控制和难以预测的供求变动所造成的风险，如经济危机等带来的风险，需要厂商自己承担。超额利润就是企业家承担风险的报酬。

（三）垄断的超额利润

由垄断产生的超额利润也叫垄断利润。垄断有买方垄断和卖方垄断两种类型。

垄断的买方可以通过压低采购价格，降低成本来获得超额利润。比如在某地区只有一家采煤企业，该地区的劳动力缺乏从事其他职业的技能或缺乏流动性，则该企业就可以用很低的工资雇佣工人，从而获得超过完全竞争市场的超额利润。垄断的卖方也可以通过控制产量，提高价格来获得垄断利润。买方垄断和卖方垄断所得到的超额利润被认为是对其他生产者、生产要素提供者或消费者的剥削。当然，有些垄断利润如通过专利权而获得的垄断利润也是鼓励企业发明创造的动力。

三、利润的作用

利润是厂商从事生产经营的动机，也是评价厂商生产经营活动的标准。正常利润是企业家才能应得的报酬，可以激励企业家提高经营管理能力。创新所带来的超额利润可以鼓励企业家开发新产品，开拓新市场以更好满足消费者需求，采用新技术和进行管理创新以降低生产成本。而承担风险所得到的利润也能激励企业家勇于冒险，促进总投资、总产量和总就业。从社会资源配置的角度看，利润可以引导企业家将更多资源投向社会最需要的领域，使资源配置更合理，资源利用更充分。

第六节 洛伦兹曲线与基尼系数

在市场经济体制下，生产要素的价格决定收入分配，每个经济体所投入的生产要素的数量和价格存在差异，这就决定了在市场经济条件下收入分配是不平等的。收入分配的不平等会带来诸多社会问题，各国政府的经济政策都需要将收入分配的平等化放在重要位置。分析社会收入分配不平等程度的最常用工具是洛伦兹曲线，最常用的指标是基尼系数。

一、洛伦兹曲线

美国统计学家洛伦兹于1907年提出洛伦兹曲线，用来分析社会收入分配的不平等程度。洛伦兹将社会居民按收入由低到高分为若干等级，在坐标图上将各个等级居民的收入占社会总收入的比例与该等级居民的人口占社会总人口的比例的对应关系表示出来。其中，用横轴坐标表示各个等级居民的累计人口占社会总人口的比例，纵轴坐标表示各个等级居民的累计收入占社会总收入的比例，将各个对应的点连接起来得到洛伦兹曲线。表9-3是某国各阶层收入的分布数据。

表9-3　各阶层收入数据

人口百分比	收入百分比	人口累计百分比	收入累计百分比
收入最低的20%	5%	20%	5%
收入次低的20%	10%	40%	15%
收入中等的20%	15%	60%	30%
收入次高的20%	26%	80%	56%
收入最高的20%	44%	100%	100%

将以上数据用坐标图表示出来可以绘制出洛伦兹曲线，如图9-9所示：

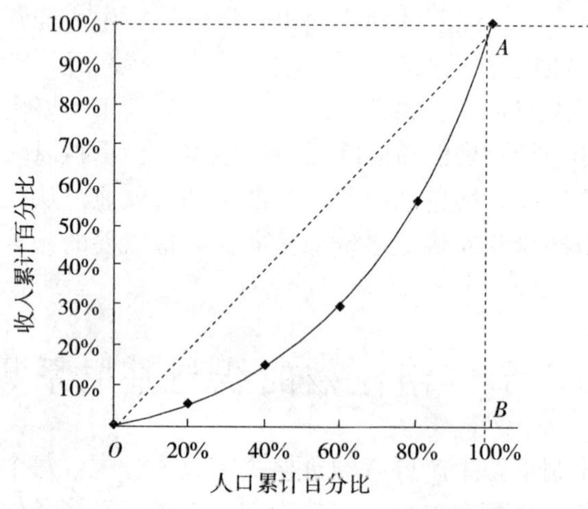

图9-9　洛伦兹曲线

从图中可以看出，洛伦兹曲线是一条向右下方弯曲的曲线。该曲线存在两种极端情况：一种是对角线，即直线 OA，它代表分配绝对平均，每个人收入完全相同；另一种是折线 OBA，代表绝对不平均，全部收入集中在一个人手中。显然，这两种情况都不大可能出现。在现实社会，洛伦兹曲线越接近于对角线，即弯曲度越小，收入分配的平等程度越高；越接近于折线，即弯曲度越大，收入分配越不平均。

二、基尼系数

1922 年意大利统计学家基尼在洛伦兹曲线基础上提出了基尼系数。基尼系数是代表绝对平均的对角线与洛伦兹曲线之间部分的面积与由 OAB 点所构成的直角三角形的面积之比。可以看出：基尼系数的值在 0～1 之间，当基尼系数等于 0 时，表示分配绝对平均；当基尼系数等于 1 时，分配绝对不平均；等于其他值时，基尼系数越大，表示分配越不平均。

根据国际公认标准，基尼系数小于 0.2 为绝对平均，0.2～0.3 为比较平均；0.3～0.4 为相对合理；0.4～0.5 为收入差距过大；大于 0.5 表示贫富悬殊。我国 2012 年的基尼系数为 0.472，而在改革开放之初，我国基尼系数的估计值为 0.28，这显示出我国在发展市场经济过程中所出现的贫富差距加大的现实，需要政府在收入政策方面采取相应的措施来加以改善。

重要概念

边际生产力（marginal productivity）
边际收益产量（marginal revenue product，MRP）
边际产值（value of marginal product，VMP）
要素总成本（total factor cost，TFC）
要素边际成本（marginal factor cost，MFC）
要素平均成本（average factor cost，AFC）
流动性偏好（liquidity preference）
迂回生产（roundabout production）
级差地租（differential rent）
准租（quasi rent）
经济租（economic rent）
正常利润（normal profit）
超额利润（super-normal profit）
洛伦兹曲线（Lorenz curve）
基尼系数（Gini coefficient）

复习思考题

1. 相对于产品需求，生产要素的需求具有哪些特点?
2. 影响要素需求的主要因素有哪些?
3. 如何理解产品市场与要素市场均为完全竞争市场时没有剥削?
4. 劳动的供给曲线向后弯曲的原因是什么?
5. 工会为提高会员工资主要有哪些办法? 存在哪些制约因素?
6. 用时间偏好理论和流动性偏好理论解释利息的产生。
7. 利息率在宏观经济领域主要有哪些作用?
8. 如何理解正常利润是成本的一部分。
9. 获取超额利润的途径主要有哪些?
10. 如何利用洛伦兹曲线与基尼系数分析社会收入分配的平等程度?

练习题

1. 假设某厂商的生产函数为：$Q=-0.01L^3+L^2+36L$，L 为劳动的小时数。要素市场与产品市场均为完全竞争市场，产品价格为 0.1 元，工资率为 4.8 元/小时。求厂商利润最大时：

(1) 厂商每天使用多少小时的劳动?

(2) 如果厂商每天支出的固定成本为 50 美元，厂商每天的纯利润是多少?

2. 假设某厂商在完全竞争的产品市场与要素市场上生产，其生产函数为 $Q=48L^{0.5}K^{0.5}$，Q 为产品的年产量，L 为工人人数，K 为资本量。产品价格为 50 元，工人的年工资为 14 400 元。求资本的长期均衡价格。

第十章
微观经济政策

按照微观经济学理论，价格机制能够解决“生产什么”、“如何生产”以及“为谁生产”的问题，使市场供求平衡，实现资源的最优配置。但这一结论是建立在“市场出清”、“完全理性”和“完全信息”这三个基本假设基础之上的，而在现实的经济社会中存在许多市场失灵的领域，从而导致市场机制难以充分发挥作用，必须通过政府对微观经济进行干预，实施必要的微观经济政策，才能弥补市场机制的不足，使资源配置更合理。

第一节　政府实行微观经济政策的理论依据

政府干预微观经济的根本原因在于，市场机制特别是价格机制难以充分发挥其配置资源的作用。这一方面是因为价格机制充分发挥作用的基本条件即微观经济学的三个基本假设存在缺陷，在现实经济社会这些条件难以完全满足；另一方面，经济社会存在价格机制难以有效调节的领域，即存在市场失灵的领域。

一、微观经济学基本假设的缺陷

（一）市场出清假设的缺陷

市场出清假设认为，价格具有充分的灵活性，能够迅速实现供给与需求的平衡，使市场没有超额供给与超额需求，从而成为“出清”的市场。在“出清”的均衡市场上，资源可以得到最优配置。这一假设适用于某些市场，但并非在所有市场上都有效。比如，在劳动力市场上，劳动的价格工资具有刚性，上升容易下降难，因而在经济发展中存在大量的非自愿失业，表明工资的调节没有能够出清市场。

同时，通过价格的调节作用来出清市场不可能一蹴而就，价格调节是一种自发的调节，具有盲目性和滞后性，市场需要经过一系列的失衡才能达到平衡。在这个过程中，资源配置难以实现最优。

最后，即使价格调节能够出清市场，这样的结果也未必最优，尤其是未必符合社会的长远利益。比如在农产品市场上，由于农业生产周期长，供给量无法根据需求的变化随时调整，所以农产品价格经常出现大起大落，使农业生产风险极大，从而影响农民的生产积极性，最终影响到农业生产的稳定。

（二）完全理性假设的缺陷

完全理性假设认为，无论是居民还是厂商都会自觉按照最大化的目标行动，即居民自觉追求效用最大化，厂商自觉追求利润最大化，他们不仅以最大化为目标，而且也知道如何选择以实现最大化。

这一假设的缺陷在于：经济个体在行动中既受理性驱使也受到感性因素的影响。凯恩斯指出，行为人并不具有完全理性所能导致的完全预期，实际上，受情绪等因素影响，行为人的预期是不稳定的。同时，行为人不具备完全的计算和逻辑推理能力，无法准确预测未来。正如赫伯特·西蒙所分析的，行为人只具备有限的理性。由于不具有完全的预测能力，所以行为人无法推知不确定性发生的概率分布；由于不具备完全的计算和逻辑推理能力，所以行为人无法找到全部的选择集合，即使可以找到也不可能在短时间内将全部方案付诸实施……如此等等，完全理性是难以做到的。

（三）完全信息假设的缺陷

完全信息的假设认为，无论居民还是厂商都能完整而迅速地掌握市场信息，从而对价格信号及时做出反应。

这一假设的缺陷在于，首先，该假设没有考虑到在经济生活中大量存在的私人信息。由于社会分工不断细化等因素导致私人信息大量存在，比如，在生产过程中，生产者掌握生产原料、生产工艺、成本等信息，而消费者并不清楚，上述信息就成为生产者的私人信息。反之，产品需求方面的信息也是消费者的私人信息。类似的情况在经济活动中是普遍存在的，居民或厂商都不可能掌握完全的信息。

其次，信息的收集和分析需要成本。如果信息活动所能带来的收益低于信息收集和分析所付出的成本，包括时间、精力与货币方面的机会成本，行为人就会放弃对这些信息的收集和分析，从而使自己处于不完全信息的状态。

通过以上的分析我们可以看到，“市场出清”、“完全理性”、“完全信息”的假设都是理想化的条件，在现实经济中很难实现。这使得价格机制在很多情况下不能充分发挥其配置资源的作用，出现了所谓的“市场失灵”。

二、市场失灵理论

所谓市场失灵，是指市场机制在某些领域不起作用或不能充分发挥作用，从而市场不能提供符合社会效率条件的商品或服务。市场失灵主要表现在公共物品、外部效应、垄断、收入分配不均以及信息不对称等方面。

（一）公共物品问题

公共物品是指具有非竞争性与非排他性，无法通过价格机制实现资源最优配置的物品。与公共物品相对应的是私人物品，私人物品具有竞争性与排他性。所谓竞争性是指，只有减少他人消费才能增加自己消费的特性。比如苹果，当它被某人消费时，其他人就无法消费该苹果。而公共物品具有非竞争性特点，即自己的消费不影响其他人的消费，比如河道旁边的灯塔，当某只船利用灯塔指示航向时，其他船只同样可以利用灯塔指示航向。对非竞争性的另一种解释是，对于给定的产出，额外增加一个单位的消费不会引起产品成本的增加。同样是灯塔的例子，多增加一只过往的船只，并不需要额外增加灯塔的维护成本。

排他性则是指可以因某种原因拒绝他人消费的特性。比如苹果或衣服，如果不付费就不能消费，它们都属于私人物品。而公共物品具有非排他性的特点，即不能排斥该社会任何人消费该物品。比如前面提到的灯塔就具有非排他性，对于灯塔的所有者而言，无论从经济性还是从技术上都难以排除不付费的使用者。既有非竞争性又有非排他性的物品也被称为纯公共物品，比如灯塔、国防等都属于纯公共品。

有些物品具有一定程度的非竞争性但没有非排他性，这类物品被称为准公共物品。比如到电影院看电影，必须付费才能入场观看，所以没有非排他性，但只要位子没坐满，增加一个观众并不会增加放映的成本，所以看电影具有非竞争性。具有类似特点的还有教育、有线电视、上网等。这类物品也叫“俱乐部物品”，因为俱乐部的成本往往由全体成员分担，只有付费才能称为俱乐部成员，所以俱乐部具有排他性；但只要俱乐部成员不是太多，增加一个成员并不影响其他成员消费，所以俱乐部具有一定的非竞争性，当然，俱乐部成员增加太多也会影响其他会员消费，这时俱乐部就有了竞争性。

还有一些物品具有一定非排他性，但没有非竞争性，这类物品被称为公共资源，如土地矿藏、野生动物、公共绿地、森林等。比如一片林地里有两家伐木厂，假设森林是公共资源，砍伐不需要付费，但如果一家伐木厂多砍一棵树就会导致另一家可以砍伐的树少一棵，所以这片森林具有非排他性，但不具有非竞争性。

由于公共物品具有非竞争性与非排他性特点，使用公共物品容易产生“搭便车”的问题：既然不付费也可以使用，自己干嘛付费？如果每个人都想搭别人的便车，期待别人购买公共品，结果就是没有公共物品的供给。没有人建灯塔，也没有人组建国防。对于公共物品，市场机制难以实现资源的有效配置。

面对公共物品市场机制失灵的状况，政府介入成为一种必要的选择。政府的重要职能就是提供社会所需要的公共物品，为经济正常、有效运行创造基本条件。政府提供公共物品的方式多种多样：对于纯公共物品，如国防、公共安全、航标灯等，政府通过税收收入承担公共物品的供给；对于准公共物品，政府通过提供补贴、经济资助、政府参股、授予经营权等方式保证其供给。

（二）外部效应问题

外部效应是指没有在市场交易中反映出来的一个经济体对其他经济体的外在影响。根据对其他经济体的影响是有利还是不利，可以将外部效应分为正效应与负效应。当一方的经济活动给另一方带来有利的影响，而受益人并未支付报酬时，称为正外部效应。例如，养蜂人所养蜜蜂采蜜同时也为附近果园的果树授粉，从而使果园的产量增加，但养蜂人并没有向果园所有人收取费用，养蜂带来的社会收益大于养蜂人的私人收益，这是养蜂的正外部效应。相反，如果某项经济活动给其他经济体带来不利影响而没有给予补偿，则产生了负的外部效应。比如，企业向河道排污，损害了鱼塘所有人利益而没有进行赔偿，这时，排污企业带来的社会收益小于私人收益，或者说社会承担的成本大于排污企业的私人成本，这是负的外部效应。

生产活动和消费活动都可能产生外部效应。由于私人成本与社会成本、私人收益与社会收益不一致，企业或个人的最优决策不一定是社会的最优决策。当存在生产的负外部效应时，由于生产者没有偿付生产过程中的全部成本，会生产过多产品，使产量超过社会最优的产出水平。当存在生产的正外部效应时，由于生产者没有获得全部的社会收益，产量会低于社会的最优水平，这样，潜在的生产能力没有充分发挥出来。所以，外部效应的存在使社会无法达到帕累托最优状态，使市场机制难以发挥其配置资源的基本功能。

处理外部效应问题的基本思路是让外部效应内部化，将个人或企业经济活动所产生的社会收益和社会成本转化为私人收益和私人成本。通常有以下三种做法：

第一，由政府进行干预。针对负的外部效应，政府可以有两种方式处理：税收或法律限制。如果企业排污，政府可以征收污染税，根据边际污染成本确定税率，使企业生产的边际成本等于社会边际成本，可以迫使企业将产量控制在社会最优产量。政府也可以制定排污标准，如果企业超标排污就进行处罚，这同样可以迫使企业控制产量或安装排污设备从而减少排污。

针对正的外部效应，政府可以给予补贴以鼓励生产或消费。比如，教育具有正的外部效应，受教育者可以从教育中得到私人收益：理想的工作和较高的收入等。同时，教育还能给他人和社会带来利益：与受过良好教育的人交往可以得到启发和指导，提高自身素养；整个社会受教育程度的提高可以减少犯罪，使社会更和谐。这些都是教育的正外部效应的体现。前面我们已经分析过，如果仅仅依靠市场调节，有正外部效应的经济活动往往出现生产或消费的不足。政府通过对学校或学生提供补贴，有助于将教育提高到社会要求的水平。

第二，合并企业。这是将外部效应内部化的另一种重要方式，企业合并既可以由政府主导也可以是企业之间的自愿行动。通过企业合并可以将一个企业对另一个企业的外在影响变为企业自身的成本或收益，比如造纸厂向河里排污会导致下游养鱼场的收益减少，如果两家企业属于同一家公司或同一个出资人，那么造纸厂给养鱼场造成的损失就属于公司的内部成本，养鱼场收益减少也是公司的损失，公司在制定造纸厂生产计划时就不得不考虑污染成本，从而控制造纸厂的产量或采取治理污染的措施。

第三，明确产权。这是以科斯为代表的产权学派经济学家提出的解决办法。产权是一系列的法定权利，比如土地使用权、不受污染权、对所受损失的索赔权等。科斯第一定理认为：如果产权界定是明确的，且协商成本为零，则无论产权属于谁都能实现资源的最优配置。

假设某农户的庄稼地旁边有一片草地，养牛人在草地放牧，所饲养的牛经常跑到庄稼地里毁坏庄稼，由此给农户带来500元损失。再假设农户有两种解决办法：一是与养牛人协商在庄稼地与草地之间安装篱笆，需要花费300元；第二是雇人赶牛，需要花费400元。显然，这两种方法中，第一种方法成本更低，代表最有效率的解决方案。如果产权属于农户，即农户享有庄稼不受损害权，则养牛人会主动与农户协商并花300元安装篱笆，否则毁坏庄稼需要赔偿500元，自己雇人看牛也需要花400元，成本都更高；如果产权属于养牛人，即养牛人可以随意放牧，则农户会与养牛人协商自己安装篱笆，同样的道理，这样做的成本最低。所以，无论最初的产权属于谁，市场机制都能得到最有效率的结果。但这一结论的前提是协商成本为零，否则，未必能得到最有效率的结果。比如，农户与养牛人的协商成本假设为150元，那么农户安装篱笆的总成本就是450元，他的理性选择只能是雇人赶牛。

（三）收入分配问题

在市场经济条件下，人们的收入取决于他们向市场提供的生产要素的数量与价格，每个经济体所拥有的财产、能力、身体条件、天赋、机遇和所处环境都存在差异，这就决定了社会成员之间收入分配的差异，收入分配的不平等是市场经济的必然结果。

适度的收入差距可以激励经济主体更努力地改善经济效率，但市场本身无法控制收入差距的“度”。市场经济的“马太效应”还会加剧收入分配的差距，因为人们的收入除了工资性收入外还有财产性收入，工资性收入的差距造成人们拥有的财产数量的不同，这又会带来财产性收入的差距，从而出现“穷人越穷，富人越富”的现象。收入分配不均会带来一系列的社会问题，特别是社会治安问题。在没有秩序的社会里，无论是穷人还是富人的利益都无法得到有效保障。而且当财富越来越集中到少数人手中时，由于富人的边际消费倾向低，还可能导致消费需求不足的问题。为缩小贫富差距，需要政府进行收入的再分配，通过转移支付制度、累进所得税政策、社会福利政策以及补贴政策等，改变社会收入分配不均的状况。

（四）垄断问题

自由竞争必然带来垄断，市场竞争使效率高的厂商淘汰效率低的厂商，结果是少数甚至个别高效率厂商控制整个市场。完全竞争市场只是在理论上存在，而不完全竞争市场则是普遍存在的。

垄断厂商通过控制产量等手段操纵价格，使市场交易量无法达到完全竞争状态下的最优水平，资源得不到充分利用。在竞争不足和存在超额利润的情况下，垄断厂商缺乏创新动力，没有提高生产效率的主动性，给生产力发展带来阻碍。所以，垄断会妨碍了市场机制的正常运行，降低经济效率。

垄断还使消费者的选择权受到限制，买方垄断和卖方垄断会导致生产者剩余和消费者剩余减少，这些都会造成社会福利的损失。同时，垄断厂商的高收入也是导致收入分配不均的重要原因。

垄断可能损害市场效率和社会福利，而市场机制本身不能解决垄断问题，需要政府采取必要的反垄断政策进行干预。政府通过价格管制减少垄断对社会福利的损害，通过税收调节限制垄断利润，还可以制定反垄断法保护竞争和防止厂商滥用其垄断权。

（五）信息不对称

按照完全信息的假设，如果消费者和厂商掌握完全的市场信息，消费者就可以实现效用的最大，而厂商则可以实现利润最大，资源配置达到最优。但正如前面所分析的，由于私人信息的存在和信息成本等原因，信息往往是不完全和不对称的。信息不对称所产生的“逆向选择”和“道德风险”等问题使资源难以得到最优配置，信息不对称给经济运行带来的效率损失是显而易见的。虽然通过信号传递和机制设计能够解决某些信息不对称的问题，但更多的信息不对称问题单凭市场机制是不能解决的。

政府可以采取多种措施来减少市场中的信息不对称并降低其不利影响，比如对上市公司的强制信息披露政策，制定产品质量标准并对企业产品质量进行监督，禁止误导性和欺骗性的广告宣传，强制性的社会保险制度等。政府这些干预行为对于改善信息不对称条件下市场运行效率发挥着重要作用。

由于微观经济学基本假设的缺陷和市场失灵的问题，市场机制难以充分发挥其配置资源的作用，所以，需要政府采取相应的经济政策来干预微观经济，弥补市场调节机制的不足，使资源的配置更优，资源的利用更充分。政府的微观经济政策包括价格政策、消费政策、产业政策和收入分配平等化政策等。

第二节 价格政策

价格是市场经济最基本的调节手段，政府干预价格的根本原因是价格调节的不完善性。

一、价格调节的不完善性

根据供求理论，由市场供求关系所决定的价格可以调节生产与消费，使资源得到最优配置。但在现实经济活动中，由市场所决定的价格未必对经济最有利，尤其是不一定符合社会的整体和长远利益。

比较典型的例子是农产品价格，由市场调节所形成的价格反映了短期的供求关系，但可能不利于农业生产的长期稳定。由于农业生产具有生产周期长、农产品需求缺乏弹性等特点，使得农产品的价格容易出现剧烈波动。比如在丰收的年份，农产品供大于求，价格下跌但需求量却不能同比例增加，从而导致农户的收入减少，出现所谓的“丰收悖论”，伤害农民的生产积极性；如果农民因此减少生产，又会引起农产品价格上涨，短期内供给量却不能随之增加，容易造成价格持续上升，从而损害消费者利益。还可能因此引导农户盲目增加下一季生产，为下一季的农产品过剩和价格下跌埋下隐患。这种农产品价格暴涨暴跌的现象在我国经常出现，不仅损害农户利益，也威胁到农业生产的长期稳定。

此外，生活必需品如果因为短缺而价格过高，还会影响到社会的稳定。当价格过高时，低收入者无法购买到最低数量的生活必需品就可能带来社会治安等方面的问题。所以，政府有必要对价格进行干预，政府的价格政策主要包括支持价格与限制价格。

二、支持价格

所谓支持价格是指政府为支持某行业的生产而规定的高于均衡价格的最低

价。支持价格的影响如图 10－1 所示：

图中的 P_e 是市场调节所形成的均衡价格，P_1 是政府为保护生产者积极性而规定的最低价即支持价格。在这个价格下，供给量为 Q_2，而需求量只有 Q_1，产品出现了过剩。过剩的部分可以由政府收购，变为政府的储备。

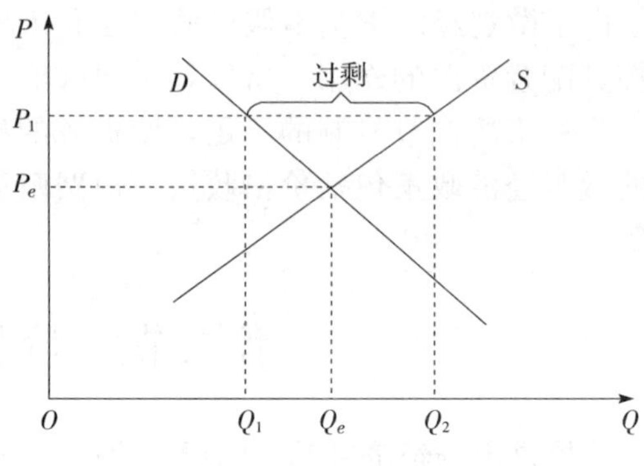

图 10－1　政府的支持价格

各国政府在实施支持价格政策时有不同的做法。比如在农产品的支持价格方面，有些国家政府采用保护价收购的政策，当市场价低于支持价格时，农户按支持价向政府出售农产品；市场价高于支持价格时，农户直接在市场上出售农产品。目前，我国采用的就是这种做法。还有些国家实行的是差价补贴政策，当市场价低于支持价格时，由政府向农户补足其间的差价。部分欧美国家采用这种做法。近年来，欧美国家对农业生产的支持已经逐渐从价格支持变为收入支持。无论哪种做法，都是为了保障生产者的收入，防止出现“增产不增收”的情况，保护生产者的生产积极性。

实行支持价格的主要作用，第一是稳定生产，通过支持价格政策减少供求关系变化对生产者收入的影响，保护生产者的积极性；第二是调整产业或产品结构，通过对不同产业、不同产品实行不同的支持价格，可以优化产业或产品结构；第三可以促进投资和提高生产效率。

但支持价格也可能带来一些不利的影响，首先是容易造成产品的过剩，正如图 10－1 所揭示的，由于支持价格高于均衡价格，使得产品的供给量大于需求量，从而出现产品过剩。其次，是增加政府的财政负担，无论哪种支持价格政策都需要政府大量的财政支出，美国政府每年用于农产品补贴的支出在 100 亿～300 亿美元。而政府收购剩余农产品以后，还需要建立储备仓库和管理仓库，这也会增加政府的财政负担。

对于某些生活必需品，政府则需要通过限制价格以防止其价格过高而影响社会的稳定。

三、限制价格

所谓限制价格是指政府为限制某些生活必需品价格上涨所规定的低于均衡价格的最高价格。政府实行限制价格的影响如图 10－2 所示：

从图中可以看出，由市场供求关系所形成的均衡价格为 P_e，政府为维护社会稳定将最高价格限定为 P_1，在这个价格下，需求量大于供给量，产品出现短缺。为保证每个家庭都能买到一定数量的必需品，政府往往在限制价格的同时需要实行配给制。

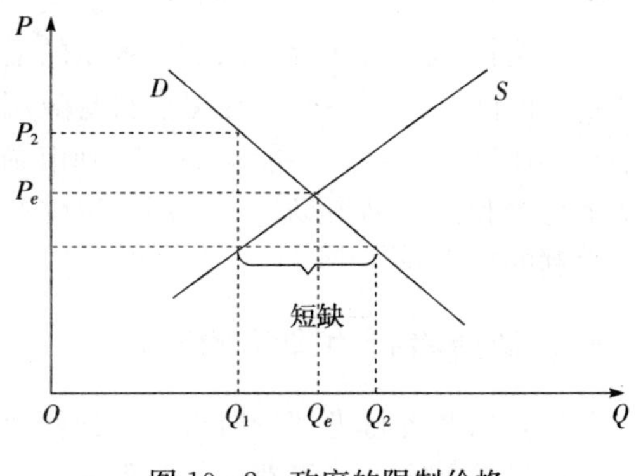

图 10-2　政府的限制价格

政府限制价格一般在战争或发生严重自然灾害时，这时，产品供给严重不足，如果完全由市场调节必然会出现价格暴涨，低收入者无法买到维持最基本生活所必需的物品，从而引起社会的不稳定。政府通过限制生活必需品的价格和实行配给制，可以让每个家庭都能买到维持最基本生活的必需品，从而有利于社会的稳定。当然，在正常时期，为了抑制通货膨胀或出于其他考虑，政府也可能选择对部分生产资料和消费品实行限制价格的政策。

政府的限制价格政策有利于实现社会的公平与稳定，但也会带来一些负面的影响：首先，限制价格会导致短缺长期存在。由于政府限价，厂商缺乏生产的积极性，供给量难以增加。其次，限制价格可能刺激不合理需求，造成资源浪费。比如当水价过低时，消费者就不会节约用水，从而出现水资源浪费严重的现象。第三，由于限制价格而实施的配给制可能败坏社会风尚。在配给制下，可能出现黑市交易，在图 10-2 中，由于限制价格造成供给量只有 Q_1，产品的黑市价可以达到 P_2，不仅高于限制价格，也高于均衡价格。黑市交易的巨大利益将刺激“权力寻租”，导致腐败的产生。最后，为应对政府的限价政策，厂商可能采取降低产品质量等方法变相涨价，从而损害消费者利益。

政府的价格政策不仅针对产品价格，还可以运用到其他领域。比如政府的最低工资法实际上就是对劳动的支持价格，而政府对市场利率的管制也是可以看做是在资金市场上的实施的限制价格。

第三节　消费政策

消费者行为理论说明在消费者自由的条件下，消费者可以根据产品价格确定各种消费品的最优消费量，通过市场交易实现个人效用的最大化。但消费者行为理论存在局限性，该理论的很多假设条件在现实经济中很难成立，所以完全依靠市场机制，消费者无法实现效用的最大化。此外，消费者的行为还存在外部效应的问题，即消费者在追求自身效用最大化的同时也会影响他人和社会的福利，而这种影响并不能全部反映到市场交易中。政府需要通过消费政策对消费者行为和消费品市场进行干预，以弥补市场调节的不足，实现个人效用与社会福利的最大化。

一、消费者行为理论的局限

首先，消费者行为理论所得出的消费者均衡条件是建立在完全理性和完全信息的假设基础之上。消费者行为理论假设消费者是完全理性的，在消费中会自觉按照效用最大化目标行动，而且知道如何实现效用的最大化。但在现实的消费活动中，消费者受自身知识、信息处理能力、消费习惯、传统风俗等因素的限制，无法做到完全理性。

而完全信息的假设也难以成立。在前面我们已经做过分析，由于私人信息的存在以及信息收集与处理的成本导致消费者在消费活动中所掌握的信息往往是不完全的。

在不完全理性与不完全信息的条件下，消费者无法依据价格信号来实现效用的最大化。这时，需要政府通过消费政策来解决市场信息不对称、信息不完全的问题，并引导消费者理性消费。

消费者行为理论的另一个局限是没有考虑消费者行为的外部效应。消费者的消费行为可能具有正的外部效应，即增加他人或社会的利益而不能得到补偿，比如接受教育；也可能具有负的外部效应，即损害他人或社会利益却不必偿付，比如吸烟。具有正外部效应的消费行为会因为得不到全部利益而导致消费不足，具有负外部效应的消费行为则因为不需要承担全部成本而导致过度消费，在这两种情况下社会资源都无法实现最优配置。这时，政府的消费政策可以矫正市场机制的不足，使消费者行为更符合消费者自身的长远利益，也更符合社会的整体利益。

政府的消费政策主要包括保护消费者利益的政策以及干预消费行为外部效应的政策。

二、保护消费者利益的政策

保护消费者利益的政策是为了消除或减少不完全信息和不完全理性对消费者利益，特别是对消费者长远利益的损害，以实现消费者效用的最大化。这方面的政策主要包括：

（一）保证商品的质量

在商品质量信息方面，消费者与厂商之间存在信息不对称，这不仅影响消费者的利益，也影响到整个社会资源的合理配置。各国为此制定了《消费者权益保护法》、《产品质量法》等法律法规以及各种产品的强制性质量标准，并由政府部门进行经常性的产品质量检验和生产过程监督，以保证产品质量符合消费者利益，从而弥补不完全信息给消费者可能带来的损害。

（二）规范商品信息的披露

对于厂商向市场提供的商品，政府要求厂商必须提供必要的信息，比如食品的配料、药品的成分等，这样可以减少消费者与厂商之间的信息不对称，有利于消费者做出正确的消费决策。而且厂商所提供的信息包括广告、说明书等必须真实、可靠，不得有夸大或隐瞒，以免误导消费者。对企业的广告行为还有其他方面的限制，比如香烟等不利于人体健康的商品不允许在大众传媒做广告，以降低其影响力。

（三）禁止或限制不正确消费

有些消费行为会损害消费者利益，但由于消费者的不完全理性，可能认识不到这些消费行为对自己长远利益的危害，仍然会对这些消费品产生需求。这时，需要政府对消费者的行为进行干预，以维护消费者的长远利益。比如，毒品会严重损害消费者健康，大多数国家都禁止生产和消费；香烟和某些药品也不利于消费者健康，政府通过控制销售或征收重税来限制其消费。

（四）强制消费

有些消费行为符合消费者的长远利益，但短期利益并不显著，在消费者不完全理性的情况下，可能出现消费不足的问题。出于保护消费者长远利益的考虑，政府可以强制消费者消费，比如义务教育。当然这种强制消费还考虑到教育具有正的外部效应，对社会整体利益有利。

（五）对某些劳务提供者的素质进行必要限制

由于服务往往具有非标准化的特点，无法像商品一样制定强制性的质量标准。为保证服务的质量，政府可以对服务人员资质进行规范，要求服务人员必须取得相应资格才能从事服务业，比如要求餐饮业从业人员取得健康证。这些措施也是为确保消费者获得符合要求的服务。

（六）建立或支持消费者权益保护组织

由于单个消费者在与厂商的交易中往往处于弱势的地位，建立“消费者协会”这一类的组织，可以在消费者权益受到损害时替消费者维权。还可以通过宣传正确的消费观念，发布消费警示信息等方式引导消费者理性消费。

三、消费行为外部效应的干预政策

个人的消费行为不仅影响消费者自身利益也影响他人或社会利益，而这些影响往往难以通过市场交易来反映。政府需要通过消费政策对消费行为的外部效应进行干预，对于产生正外部效应的消费提供激励，对产生负外部效应的消费进行限制，使消费者的行为更符合社会的整体和长远利益。

（一）为保护社会资源而采取的干预政策

某些消费行为如果不加以限制会导致社会资源的枯竭，影响社会的可持续发展。比如对野生动物的猎杀将破坏生态平衡，引发一系列的生态问题，所以，许多国家政府都禁止餐馆出售和消费野生动物。

（二）为保护环境和和公众利益而采取的干预政策

消费者的某些消费行为尽管可以增加自己的利益但会损害他人或社会利益，比如私家车可以带来交通的便利，但也会带来大气污染和交通拥堵，政府可以通过征收汽车消费税和燃油税等政策，提高消费者购买和使用私家车的成本，使消费者减少购买和使用私家车。还有公共场所禁止吸烟也是因为吸烟具有负的外部效应，会损害他人的利益。而对于教育等具有正的外部效应的消费，政府则通过助学贷款、财政补贴等政策予以鼓励。

（三）为树立良好社会风尚而采取的干预政策

高收入者对高档奢侈品的追求会助长社会的奢靡之风，还可能引发低收入阶层的不满，加剧社会矛盾。这些都是奢侈品消费所具有的负外部效应。为此，政府通过对高档奢侈品消费征收消费税可以抑制这类商品的消费，减少其外部效应。

第四节　产业政策

在市场经济条件下，厂商以自身利润最大化作为目标，由于厂商行为具有外部效应，在追求利润最大化的过程中，厂商利益可能会与社会利益产生冲突。而在不完全竞争的条件下，垄断厂商还可能利用自己的垄断地位损害其他经济体的利益，妨碍社会福利的最大化。对于厂商行为的外部效应和垄断问题，政府可以通过实施相应的产业政策来纠正市场失灵，实现社会资源的合理配置。

一、厂商生产活动的社会问题

厂商追求利润最大化的行为在增加自身利益的同时，也会对社会有利：比如可以使社会资源的利用更充分，使消费者的需求得到更好的满足以及增加社会就业等。但厂商的行为也可能给社会利益带来不利的影响，主要表现是：

（一）外部效应问题

由于厂商的私人成本与收益和社会成本与收益不一致，为得到更高利润，厂商会千方百计降低成本，而厂商私人成本的降低则可能带来社会成本的增加，比较典型的就是环境污染问题，直接排污可以降低厂商的生产成本但却增加了社会的治污成本。

而私人收益高的产品社会效益却未必高。比如毒品、盗版书、烟、酒都是利润率很高的产品，但社会效益很低，甚至会严重损害社会利益。

针对以上问题，政府可以通过制定和实施产业政策减少厂商行为的负外部效应，同时鼓励有正外部效应的厂商行为。

（二）垄断问题

自由竞争会产生垄断，垄断会阻碍社会进步，导致消费者剩余、生产者剩余减少，还是社会收入分配不公的重要原因。政府需要通过相应的反垄断政策来减少垄断所带来的负面影响。

政府的产业政策主要包括对厂商生产活动的干预和反垄断政策。

二、对厂商生产活动的干预政策

政府干预政策的具体手段包括：

（一）法律限制

对于厂商私人成本低但社会成本高的生产行为，比如前面提到的企业排污，政府可以通过法律进行限制。而对于利润高但会严重损害社会利益的产品则需要通过法律禁止生产，比如毒品、赌博机等。

（二）税收政策

对于厂商获利高而社会收益不高的产品生产和销售，政府可以征收重税以限制其生产，如香烟、白酒等。而对有利于国民经济长远发展但厂商的短期收益不高的产业如高新技术产业、某些基础产业等，则应实行税收的优惠政策以鼓励其生产。

（三）产量限制与价格管制

某些产品尽管社会有需要但生产过程存在高耗能、高污染等问题，不利于经济可持续发展的应通过限制产量来减少其负面影响；对于某些生产必需品的垄断行业如供水、供电、供气行业，为防止厂商利用垄断地位制定不合理高价，政府往往会实行价格管制。

这些政策有助于减少厂商行为的外部效应，但也有一些副作用：过多的干预将妨碍厂商的正常经营，削弱产品的竞争力，还可能影响社会资源的合理配置，导致社会福利的损失。

三、反垄断政策

垄断具有规模经济、范围经济等优势，但也有很多弊端：如妨碍创新、减少消费者剩余、加剧社会收入分配不公等。政府需要通过相应的反垄断政策来限制垄断厂商的行为，减少垄断对社会福利的损害。

政府的反垄断政策包括防止形成垄断和限制垄断厂商行为两方面措施，在反垄断政策中，最有代表性的是《反托拉斯法》，美国的《反托拉斯法》将价格歧视、排他性契约、公司相互持股等行为列为非法垄断行为。

对于不同行业的垄断限制，政府需要采取有差别的政策。某些行业如轻工、零售等，自由竞争更有利于社会福利，应该防止形成垄断；而公用事业和其他自然垄断行业，垄断能更好降低平均成本，实现规模经济，政府可以实行有限的反垄断政策，即允许垄断的存在但防止厂商滥用垄断地位，减少垄断对社会福利的损害。

四、国有化政策

有些行业由国家直接控制更利于社会整体和长远利益，这包括一些对国家长远利益与安全有重大影响的行业：如能源、军工等；还有一些属于风险大、投资金额高和投资回收期长，但对社会经济发展至关重要的基础性产业：如交通、邮电等。对这些行业实行国有化政策有利于经济的长远发展和社会的稳定，对于提高社会收入分配的平等程度也有积极的影响。但实行国有化的行业往往也存在官僚主义严重、效率低下等问题，同时，还会增加政府的财政负担。

五、政府干预政策的影响

政府的产业政策是为减少厂商行为的外部效应，增进社会福利，但政府政策的影响往往是多方面的，下面以从量税为例分析政府产业政策对社会福利的影响。

现假设政府对某商品每单位征税 t 元，则市场的均衡价格与均衡数量的变化如图 10 - 3 所示：

从图中可以看出，由于政府对每单位商品征税 t 元，供给曲线由 S_0 向左移动到 S_1，相应均衡价格由 P_0 上涨到 P_1，均衡数量由 Q_0 减少到 Q_1。由图可知，对于单位税收 t，消费者承担 $P_1 - P_0$，厂商承担 $P_0 + t - P_1$。消费者与厂商的分担比例取决于商品需求的价格弹性，弹性越大，消费者负担的比例越低，当商品需求完全弹性时，需求曲线为水平线，这时税负完全由厂商承担，相反，当需求价格弹性为零时，需求曲线为垂直线，税负完全由消费者承担。

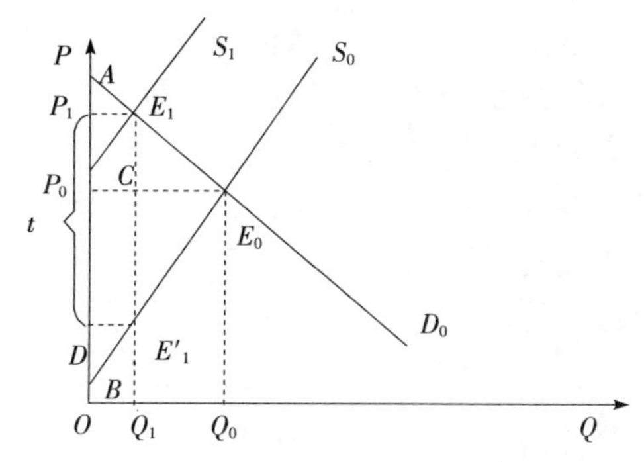

图 10－3　征收从量税的影响

再从社会福利看，征税前消费者剩余为⊿ P_0E_0A，征税后变为⊿ P_1E_1A，减少□$P_1P_0E_0E_1$，同理，征税前生产者剩余为⊿ P_0E_0B，征税后变为⊿ P_1E_1C，减少□$P_0E_0E_1'D$。消费者剩余与生产者剩余减少的部分中，□$P_1E_1E_1'D$ 作为税收转移给政府，而⊿ $E_1E_0E_1'$ 构成社会福利的净损失（即无谓损失）。

第五节　收入分配平等化政策

公平与效率往往是一对矛盾，依据效率原则，收入分配应该根据生产活动中社会成员所作出的贡献来进行，由于生产要素价格的差异和社会成员禀赋的不同，这种分配方式必然带来收入分配的不平均，而完全依据公平原则进行分配又会影响人们的劳动积极性，不利于经济效率的提高。公平与效率哪个原则应该优先，一直是经济学争论的问题。从市场经济国家的政策来看，大多依据效率优先、兼顾公平的原则，在收入的初次分配中依据效率优先原则，再通过政府的收入再分配政策，缩小收入分配的差距，在一定程度上实现收入分配的平等化。

政府的收入再分配政策主要包括税收政策与社会福利政策两部分。

一、税收政策

在微观经济政策中，政府对个人的征税是调节收入的一种重要方式，通过向高收入者征税可以使其可支配收入减少，以缩小收入的差距。个人所得税是这方面的主要税种。

个人所得税是一种累进税，收入越高，相应的税率也越高。按照我国现行税制，个人工资、薪金所得税起征点为 3 500 元，应纳税所得额不超过 1 500 元的，税率为 3%；应纳税所得额在 1 501～4 500 元的，税率为 10%；应纳税所得额在 4 501～9 000 元的，税率为 20%；应纳税所得额在 9 001～35 000 元的，税率为 25%；应纳税所得额在 35 001～55 000 元的，税率为 30%；应纳税所得额在 55 001～80 000 元的，税率为 35%；应纳税所得额超过 80 000 的，税率为 45%。累进税制使个人的税收负担程度与负税能力成正比，体现了公平负担的原则。这种计税制度有利于缩小收入的贫富差距，但累进程度过大也会造成奖懒罚勤，不利于激励个人努力创造财富，不利于有能力的人充分发挥自己才能。

在个人所得税的征收中，还需要区别劳动收入（如工资、薪金等）与非劳动收入（如股息、利息、租金等）。对劳动所得应按照较低的税率征收，而非劳动收入则可以按照较高的税率征收。这一方面可以体现“按劳分配”的基本原则，另一方面，财产收入是造成收入分配不平等的重要原因，对财产收入实行较高税率有助于降低收入分配的不平等。

除了个人所得税以外，政府的税收调节政策还包括遗产税、赠与税、财产税和消费税等。遗产税和赠与税是对财产转移的征税，财产税（比如房产税）属于对财产保有的征税，通过这些税收调节政策可以纠正财产分配的不平等，财产分配的不平等是收入分配不平等的重要原因，这些政策都有助于增进收入分配的平等化。而消费税主要针对奢侈品消费行为，由于奢侈品的消费者一般是高收入者，所以，征收消费税也有利于缩小贫富差距。

二、社会福利政策

税收政策通过对高收入者征税，减少其可支配收入来改变收入分配的不平等，而福利政策则是通过对低收入者提供救济，来增加他们的收入以实现收入分配的平等化。

社会福利政策的主要内容包括：

1. 社会保障与社会保险。政府通过转移支付对失业者发放救济金，为低收入者提供补贴，以及为退休人员提供养老保险等。政府的补助主要以货币的方式发放，某些西方国家还有食品券等形式。政府的这些政策有助于增加低收入群体的收入，保障其基本生活，减少由于贫富差异而引起的社会不稳定。

2. 给贫困者提供就业与培训的机会。造成收入分配不平等的一个重要原因是个人能力与机遇的差异，通过培训可以提高个人的能力，而创造更多就业机会也有助于增加个人收入，以解决收入分配不平等现象。

3. 医疗保障。由政府提供医疗保障，有助于消费者特别是低收入者减少医疗支出，从而间接增加他们的收入。

4. 资助教育事业。政府对教育的支持，可以减少个人的教育支出，减少由于收入差异而造成的受教育机会不均等现象，提高公众受教育水平，增加就业机会和个人收入。政府对教育的资助可以直接针对受教育者，比如减免学费、提供教育用品和奖学金、助学金等；也可以面向教育机构，由政府提供教育基础设施和培养师资等。

5. 立法保护劳动者利益。政府通过制定和实施最低工资法、劳动法等法律法规，增加劳动者的收入，改善劳动者的工作条件与生活条件。

6. 改善居住条件。住房支出往往占个人收入的很大比例，而住房需求又是个人最基本需求之一，住房需求无法满足也会引发很多社会问题。政府通过向低收入者提供廉租房、经济适用房等有助于减少他们的住房支出，改善其居住条件。

政府的收入分配平等化政策有助于缩小贫富差距，有利于社会安定和促进经济发展。但这些政策也可能影响人们的生产积极性，导致生产效率的降低，并会增加政府的财政负担。如何兼顾公平与效率，是需要政府持续研究的问题。

重要概念

市场失灵（market failure）
公共物品（public goods）
准公共物品（quasi-public goods）
公共资源（public resource）
私人物品（private goods）
竞争性（competition）
排他性（exclusion）
外部效应（externalities）
支持价格（support price）
限制价格（ceiling price）

复习思考题

1. 微观经济学三个基本假设存在哪些缺陷？

2. 什么是市场失灵？它表现在哪些方面？

3. 列举生活中的纯公共物品、准公共物品和公共资源的例子。

4. 为什么市场机制难以实现公共物品的有效配置？

5. 为什么说外部效应使市场机制难以发挥其配置资源的基本功能？解决外部效应问题的办法主要有哪些？

6. 政府实行支持价格的作用和负面影响分别是什么？

7. 政府限制价格作用和负作用分别是什么？

8. 政府干预消费者行为的原因是什么？政府有哪些干预消费行为外部效应的政策？

9. 政府为什么要干预厂商的生产活动？有哪些主要的干预政策？

10. 政府为增加低收入群体的收入，改善其生活而实行的社会福利政策主要有哪些？

练习题

1. 假设某商品的需求曲线为：$Q_d=150-50P$，供给曲线为：$Q_s=-60+40P$。如果政府对该商品征收从量税，税率为每单位 0.5 元。

求：(1) 征税后的均衡价格与均衡数量；

(2) 政府的税收收入；

(3) 社会福利的净损失。

2. 若有以下两种方法可以保护你的汽车不被偷盗：

(1) 防盗杆使得偷车者难以偷走你的汽车；

(2) 报警器使得你的车被偷以后，警察可以轻易抓住小偷。

试分析以上哪一种类型的保护会给其他车主带来负外部性？哪一种类型的保护会给其他车主带来正外部性？

第十一章
国民收入核算理论

第一节　国内生产总值的核算

一、国民收入的概念

国民收入（national income，*NI*）的概念有广义和狭义之分。广义的国民收入是指生产、收入、支出的一个总的基本概念，包括国民收入核算中的几个主要变量指标。狭义的国民收入仅指一个国家或地区在一定时期内（通常为一年）各种生产要素所获得的以市场价格计算的收入。国民收入核算中的国民收入概念，通常是指广义的国民收入，在国民收入核算中，国民生产总值或国内生产总值是最基本的指标。

二、国内生产总值的概念

国内生产总值（gross domestic product，*GDP*）是指一个国家或地区在一定时期内（通常为一年）所生产的最终产品和劳务的市场价值的总和。它反映一个国家社会经济活动的总水平，是一个最概括最重要的经济指标。

与国内生产总值一样可以反映一国经济活动总水平的另一个经济指标是国民生产总值（gross national product，*GNP*）。国民生产总值与国内生产总值的统计范围略有差异。以一个国家为例，其国民生产总值的统计范围应为该国的“永久居民”所生产的最终产品和劳务。它们包括：①住在该国的具有该国国籍的公民；②住在该国具有永久居住权的外国移民；③居住在海外的该国国籍公民所生产的产品和劳务。而国内生产总值的统计范围为：①居住在该国具有该国国籍的公民；②在该国具有永久居住权的外国移民；③居住在该国的外国公民在该国境内生产的产品和劳务。国民生产总值与国内生产总值的关系可用下式来表示：

国民生产总值＝国内生产总值－外国公民在本国生产的产品和劳务＋本国公民在海外生产的产品和劳务，或国内生产总值＝国民生产总值－本国公民在海外生产的产品和劳务＋外国公民在本国生产的产品和劳务。

在理解国内生产总值这一概念时，需要特别注意下列四个问题：

第一，国内生产总值只计算本年内所生产的最终产品的总价值。往年生产而在今年销售的或今年库存中的往年生产的产品不计入国内生产总值。

第二，避免重复计算的问题。要使计算出的国内生产总值能准确地反映一国一定时期内在生产上的贡献，必须避免各种产品与劳务价值的重复计算。为达到这一目的，这些产品和劳务必须是最终产品和劳务，也就是供最终使用而不再出售的产品和劳务。在现实生活中，一个国家在某一时期所生产的产品或劳务并不都是供最后使用的，其中有许多是中间产品，即作为生产要素继续投入生产过程中的产品与劳务。例如，有许多是原料或半制成品，它们最后还要出售而用来制成其他产品，由于它们的价值已计算在最后制成的产成品之中，为避免重复计算，这些中间产品的价值，就不应包括在国内生产总值之中。这种将所有最终产品与劳务的价值累加起来，计算国内生产总值的方法，叫做"最终产品法"。

表 11-1　国内生产总值的重复计算

单位：万元

生产阶段	产品价值	中间产品成本	增加价值
棉花	1 000		1 000
棉纱	1 500	1 000	500
棉布	2 000	1 500	500
衣服	2 500	2 000	500
合计	7 000	4 500	2 500

现在如采用"最终产品法"来计算，则最终产品为衣服，即为 2 500 万元，其中棉花、棉纱和棉布等都是中间产品，不应将其价值再计算进来，如果再计算进来就是重复计算，结果使总价值变为 7 000 万元，显然将所生产的产品价值高估了。

如果改用"价值累加法"，第一阶段是农场主的贡献，这里假定农场主所使用的各种生产要素都是自己的。第二阶段是纺纱厂的贡献，他们将棉纱销售以后获得 1 500 万元，但其中 1 000 万元来自前一阶段，故应减去，结果纯增值为 500 万元。第三阶段是织布厂的贡献，他们所贡献的价值为 500 万元，最后阶段是制衣厂的贡献，他们所贡献的价值也为 500 万元。所以将增加值累加起来，就是 2 500 万元，与采用最终产品法所得到的结果完全相同。

第三，在统计无形产品如劳务的价值时，一般以劳务提供者所得的报酬计入。

第四，生产活动的范围问题。国内生产总值是表示一国在一定时期内全部的最终产品和劳务的市场价值的总和。不参与市场交易而完全自用的产品和劳务，如企业自制自用的设备、家庭妇女在家庭中的劳动等一般不计入国内生产总值。但农民自产自用的粮食、自建自住的房屋因为数量庞大且有明确的市场价格一般都计入国内生产总值之中。

另一方面，还有一些在市场成交的非生产性的活动要剔除，不应计入国内生产总值，如一般转移支付、证券的买卖、旧货的交易、非法交易等。因为这些交易本身对生产并无贡献。

三、国内生产总值的计算方法

国内生产总值的衡量，可以根据居民用于购买商品和劳务的支出来衡量，也可以根据居民提供生产要素所得到的总收入来衡量，还可以根据厂商生产出来的产品与劳务总量来衡量。下面分别加以介绍。

（一）支出法

支出法也称产品流动法或最终产品法。该方法是从最终产品的流向或使用出发，把一定时期内购买的各种最终产品和劳务所支出的货币加在一起，得出最终产品和劳务的货币价值的总和。

产品支出法从购买者来看，实际是收入后的支出，即社会的总消费，包括私人消费支出、私人投资支出、政府支出和国外的购买。因此，以产品支出法计算国内生产总值，可以具体分为以下几方面。

1. 私人消费支出。即私人及非盈利机构购买的产品和劳务的市场价格，包括各种消费品及各种劳务。居民购买新建住宅并不包括在消费开支中，而是列入固定资产投资项目下的住房投资中。私人消费支出用 C 表示。

2. 国内私人投资。投资也称作为资本的形成。国内私人投资可以分为两类：一类是固定资产投资，具体又分为两种：①非住宅性固定资产投资，指国内私人企业投资的厂房、设备；②住宅性固定投资，指新建造的住宅和公寓。新建的住宅和公寓之所以作为投资而不作为消费品，是因为它们与其他建筑物一样，是耐久而且可以赚钱的。另一类是存货投资，指已经生产出来但未销售的产品存量的增量。国内私人投资用 I 表示。

3. 政府购买。在一国经济中，政府通过税收获得收入，并发行各种公债获得资金，用于向私人企业购买各种产品和向政府工作人员支付薪金。政府购买用 G 表示。

4. 产品和劳务的净出口。一国在开放经济下，购买国外的产品和劳务是进口；国外购买该国的产品和劳务为该国出口。产品和劳务的净出口为该国出口总额减去进口总额。因为只有净出口值，才能反映该国的实际产品和劳务的产出。净出口用 NE 表示。

归结起来，用产品支出法计算的国内生产总值，概括为以上四大项目，并用市场价值的货币额表示为：

$GDP=C+I+G+NE$

（二）收入法

收入法也称要素支付法、要素成本法。其原理是以生产要素的投入所取得的收入的角度出发，把生产中所形成的各种收入相加而得到的。生产要素的收入等于企业的生产成本，也等于产品和劳务的销售价值。对于各种生产要素所得到的收入共有四种：劳动的工资、土地的租金、资本的利息和利润。但是这样相加的结果本身还不能得出国内生产总值，所以必须进行调整。

1. 雇员报酬（用 W 表示）。是企业为劳动所进行的所有支付。包括工人的净工资与酬金，加上从收入中征收的税收和所有社会保险等。

2. 租金收入（用 R 表示）。是对土地和其他租用的投入品的支付，包括业主自用住房的应计收入和来自于专利权、特许权和其他所有权的收入。

3. 公司利润（用 Π 表示）。是公司所获得的全部利润，包括分配的利润、未分配的利润和公司利润（所得）税。

4. 净利息（用 I 表示）。是居民户进行贷款所得到的总利息减去他们借款所支付的总利息。这一项中要加上包括企业向居民户持有的债券支付的利息、减去居民户为其信用卡未偿还余额支付的利息。

5. 所有者收入（用 P 表示）。又称公司企业收入或业主收入，是以上所论述的因素的混合。一个拥有并经营企业的所有者为经营提供了劳动、资本，也许还有土地和建筑物。国民收入统计学家发现，要将这个所有者的收入分为相应的部分（劳动报酬、资本利息、土地和建筑物的租金和利润）是困难的。因此，就把这种所有者兼经营者的各种收入合并为所有者收入这一项。

以上五项收入都是未纳税前的收入，将这五项加起来就是一国的国民收入，但它不是一国的国内生产总值。为了用收入法衡量国内生产总值，必须对要素成本的净国民收入做一些调整。这些调整包括加上间接税，减去补贴，再加上折旧。

6. 间接税（用 T_i 表示）。税收一般分为两类：直接税和间接税。直接税通常是指其负担不能转嫁的税，包括根据收入和财产征收的税，如个人所得税、公司所得税、财产税和财产转移税等。间接税通常是指由消费者在购买产品和劳务时所支付的税收，如政府的销售税、汽油税、烟草税等。间接税使消费者所支付的大于生产者所得到的。

7. 补贴（用 T_s 表示）。补贴是政府向生产者进行的支付。例如政府对粮食生产者的补贴。补贴的作用与税收正好相反，它使市场价格低于要素成本，即消费者支付的要少于生产者生产某产品的成本。

要使从生产要素所有者的收入计算的国内生产总值与支出法计算的国内生产总值保持相等，应该加上间接税而减去补贴，有时用“间接税减补贴”来表示。

8. 折旧（用 D 表示）。折旧是指当年国内生产总值中用来补偿因生产而消耗掉的资本部分。总要素收入加间接税减补贴是按市场价值计算的国内生产净值，国内生产总值等于国内生产净值加折旧。总支出中包括折旧，因为折旧包括在总投资当中。总要素收入加间接税减补贴不包括折旧，因为当厂商计算自己的利润时要扣除折旧，即要从总利润中减去资本存量的损耗。所以，为了使要素收入法与支出法计算的国内生产总值一致，要在国内生产净值中加上资本消耗，即折旧。

因此，用收入法计算国内生产总值表示为：

$$GDP=W+R+I+\Pi+P+T_i-T_s+D$$

（三）部门法

部门法又称产量法，其原理是把国民经济分成若干部门，然后按各部门生产的物质产品和劳务的货币价值来计算国内生产总值。该方法能较好地反映国民收入不同部门的生产情况。

以上三种方法是从不同的角度来计算国内生产总值的，从理论上讲，这三种方法计算出的结果应是一致的。但在实际计算中，由于统计上的误差，计算的结果可能不一致，通常是按产品支出法的数值进行调整。

四、国内生产总值核算的缺点

虽然国内生产总值概念被普遍运用，但是它在衡量各国经济活动时，并非是一个完美无缺的标准。作为衡量一个国家经济水平的标准，国内生产总值有以下几个缺点：

1. 国内生产总值不能完全反映一个国家的真实产出。因为国内生产总值的统计数据基本上是根据市场交换获得的，对那些没有经过市场交换，但是却对实际产出具有影响的经济活动不能通过国内生产总值反映出来。首先，非市场交易活动得不到反映。例如，许多不经过市场交易的活动，像家务活动、自给自足生产等，难以在国内生产总值统计中反映出来。家务劳动由自己干改为雇人干，国内生产总值就会上升，但国民经济实际产出并未增加。其次，不少地下交易只是为了逃避税收，在这里，经济活动发生了，国内生产总值统计中却未得到反映。

2. 国内生产总值不能完全反映一个国家的真实生活水平。国内生产总值所衡量的实质上是一个国家的产出，而不一定真实地反映一国的生活水平状况。首先，产出并不等于消费。产出只是在某种程度上促使人们去消费更多的东西，但是，由于投资增加而导致的国内生产总值的增长，却未必能反映人们当前生活水平的提高，它只是刺激了将来的消费。其次，闲暇和良好的工作条件是人们生活水平的一个重要组成部分，国内生产总值却不能反映这方面的状况。如果产出的增加是以人们劳动强度增加和劳动时间的延长为前提的，那么人们的福利水平并没有得到提高。再次，国内生产总值忽略了外部影响。现代工业社会的快速增长带来了许多环境污染问题，而这些问题都没有在国内生产总值中反映出来。

3. 国内生产总值无法说明收入如何分配。两个生产了同样多国内生产总值的国家，一国贫富严重不均，另一国收入分配比较均等，显然，两国人们并不同样幸福。总之，每一种衡量国民收入的方法都存在许多问题，比如股票、家务劳动、税收和补贴、转移支付、通货膨胀和地下经济，而且国际间的比较由于计算方法、汇率波动和人口规模等因素而变得更为复杂。

第二节　国民收入核算体系中五个总量指标及其相互关系

一、国民收入核算体系中几个相关总量指标

在国民收入核算中，国内生产总值是最基本最重要的总量指标，除此之外，还有四个与国内生产总值相关的重要总量概念，现分别加以说明。

（一）国内生产净值（*NDP*）

国内生产净值是指一国一年内新增加的产值，即将折旧从国内生产总值中减去后的数额。显然，这一概念比国内生产总值的概念更能反映出一国在某一时期提供的产品与劳务的真正数量。但是，尽管如此，国内生产总值使用更普遍。因为：①资本折旧不容易准确估计；②即使能准确估计资本折旧，但由于其短期内变化不大，求出 *GDP* 就可知 *NDP* 了；③反映一国的就业水平时，使用 *GDP* 更好。一国的就业水平是 *GDP* 的函数，而不是 *NDP* 的函数。因为一国能提供就业机会的多少以及生产能力的大小决定了整个社会的全部产量，而不论是重置投资还是新投资。

（二）国民收入（*NI*）

国内生产总值与国内生产净值都是以产品与劳务的市场价值来表示的，但居

民提供生产要素所得到的并不是产品与劳务的市场价值，而是其所提供的生产要素的价格。因此，要反映一国的国民收入，就应该用生产中消耗掉的生产要素的成本来计算，因为这是人们真正赚得的收入。这也是狭义的国民收入概念。

国民收入与国内生产净值的区别在于现代各国都有一些间接税。间接税被计入了生产成本，最终为消费者负担，所以计算国民收入时应用国内生产净值减去间接税；另一方面还存在政府对产品的补贴（如农产品补贴），政府补贴是一种负税，补贴后使厂商的成本减少，生产要素的投入也减少，因此在计算中应加入这一部分。

（三）个人收入（*PI*）

个人收入是指一国所有个人在一定时期内从各种来源所得到的收入总和。个人收入与国民收入有以下两点不同：

1. 个人从各种生产要素所赚得的收入不完全为生产要素所有者所得到，因此，就这一点来看，国民收入就要大于个人收入。例如，一个公司的股东，他们对公司所赚的全部利润显然有权全部领取，但如果国家要课征公司所得税，则该公司须先从其所赚利润中提取一部分缴纳所得税后，才能考虑剩余部分如何分配给股东。而且因为现在各公司还可能在其所赚利润中提取一部分作为今后扩大生产的准备，或应付各种意外需要，还会提取一部分资金，这就是未分配公司利润，也就是公司的储备。最后，现在各国都建立了社会保险制度，所有企业的员工都必须参加，以便年老退休或其他意外事件发生时生活有保障，其所须缴纳的保险费由各企业在支付工资前扣下，这样个人得到的收入自然就要减少。

2. 许多人的收入有可能并不完全是由于参加生产活动而获得的，从这一点看，个人收入又要多于国民收入。例如，退休金、养老金、失业救济金、灾难救济金、抚恤金、公债利息与消费者借款的利息等就是其中的主要项目。由于这些收入都不是因同时由产品与劳务的提供而产生的，即不代表对当年的产品与劳务的支付，所以不能算作为国民收入之中。对于这些收入一般从付出的一方来看称之为转移支付，以表示这只是一种国内生产总值的转移，并未创造国内生产总值。

由此可见，个人收入包括两种：①参加产品与劳务的生产获得的收入；②转移支付。

（四）个人可支配收入（*PDI*）

个人可支配收入是指个人收入中减去所有由个人直接负担的税收部分，可以实际得到的并由个人自由支配的收入。个人直接负担的税收有个人所得税、遗产税等。个人可支配收入可以用来消费，也可以用来储蓄。

二、国民收入五个指标之间的关系

根据国民收入核算五个总量指标的定义，可以将五个总量指标之间的关系表达如下：

国内生产净值＝国内生产总值－折旧

国民收入＝国内生产净值－间接税＋政府补贴

个人收入＝国民收入－未分配公司利润－公司所得税－社会保险费＋转移支付

个人可支配收入＝个人收入－个人所得税＝消费＋储蓄

重要概念

国内生产总值（gross domestic product，GDP）

国民生产总值（gross national product，GNP）

最终产品（finished products）

国民生产净值（net national product，NNP）

收入法（income approach）

支出法（expenditure approach）

国民收入（national income，NI）

个人收入（personal income，PI）

个人可支配收入（personal disposable income，PDI）

复习思考题

1. 说明国民收入核算体系中五个基本总量的定义及其相互关系。

2. 下列哪些活动包括在 GDP 中：

（1）购买一辆小汽车；

（2）某人在证券交易所购买了 10 000 股 TCL 股票；

（3）居民住自己的房子节省了一年的房租；

（4）企业支付了 1 000 亿元的营业税；

（5）一小学生帮父母做家务劳动获得 100 元报酬。

3. 下列每一交易应归入 GDP 的四个支出项目中的哪一项？

（1）联想公司向重庆政府出售一批笔记本电脑；

（2）联想公司向国内消费者小李出售一台笔记本电脑；

（3）联想公司向日本政府出售一批笔记本电脑；

（4）联想公司向腾讯公司出售一批笔记本电脑，腾讯公司将这批笔记本电脑供本公司网络维护人员的工作使用；

(5) 联想公司制造了1 000台供下一年销售的笔记本电脑。

4. 假设某国一年的国民收入（单位：亿元）数据如下：

个人消费	350
投资	280
政府购买	96
利润	167
工资	320
净出口	32
租金	85
折旧	30
间接营业税	66
净国外要素收入	12
利息	90
社会保障金	34
企业留存收益	47
转移收入	23
个人所得税	86

(1) 请分别用支出法和收入法计算*GDP*；

(2) 计算国民生产总值；

(3) 计算国民生产净值；

(4) 计算国民收入；

(5) 计算个人收入与个人可支配收入。

第十二章

国民收入决定理论

凯恩斯的宏观经济理论是在 20 世纪 30 年代初西方世界严重的经济危机和失业的社会背景下产生的。他的整个理论奠定了现代宏观经济学的基础，并开辟了分析整个社会的总需求和总供给相均衡的道路，为我们研究相关宏观经济问题和建立有关宏观经济政策，提供了重要的理论依据。凯恩斯关于国民收入决定的理论是凯恩斯整个宏观经济分析的核心。

第一节　简单的国民收入决定模型

在一个开放的社会经济系统中，国民收入的决定涉及产品市场、货币市场、劳动市场和国际市场的各自平衡及其相互之间的平衡。仅仅基于产品市场考察生产与收入水平决定的理论被称为简单的国民收入决定理论。

均衡的国民收入水平是由总需求与总供给共同决定的，但在 20 世纪 30 年代初的经济大萧条时期，存在大量的闲置资源，所以，凯恩斯认为总供给不成问题，将研究的重点放在总需求方面。

一、总需求的构成

总需求是整个社会对产品和劳务的需求总和，宏观经济单位大致包括居民户、厂商、政府和国外经济四部门，相应的需求包括消费、投资、政府购买和净出口四个部分。

消费是指居民对产品或劳务的支出，包括消费品购买、房屋租金等支出。

投资是厂商对资本品的需求或支出，包括固定资产投资、存货投资等。

政府购买是政府购买产品和劳务的支出，包括办公用品采购、工作人员的薪金等。

净出口是指出口与进口之差。

在四个宏观经济单位中，为了研究的方便，我们暂时不考虑政府与国外经济，这样对国民收入决定的分析就变成了两部门的简单凯恩斯模型。

二、消费函数与储蓄函数

在两部门的简单凯恩斯模型中，我们还可以将投资作为外生变量，假设它是既定的，即 $I=I_0$。于是，我们只研究消费变动对总需求和均衡国民收入的影响。

（一）消费函数

消费函数的分析立足于消费和决定消费的因素之间的关系。在家庭消费中，决定消费的主要因素是哪些呢？消费受很多因素的影响，如消费者的收入水平、商品的价格、利率水平、收入分配和习俗等等，但是凯恩斯主义者认为现期消费支出主要取决于可支配收入，凯恩斯还设定了一条“基本心理规律”：消费与可支配收入呈同方向变动的关系，收入增加消费也随之增加，但总的来说消费的增加不如收入增加的幅度大。这里应该注意，由于在假定条件下并没有考虑到政府部门的存在，也就是税收被忽略不计，因此个人可支配收入等同于国民收入，一般以 Y_d 表示个人可支配收入，以 Y 表示国民收入，那么这时 $Y_d=Y$，两者可以相互代替。

表示消费与可支配收入之间的函数关系，称为消费函数：$C=f(Y_d)$。其中，C 表示消费支出，Y_d 表示个人可支配收入，由于 $Y_d=Y$，消费函数也可以写成：$C=f(Y)$。如果收入与消费之间为线性关系时，消费函数可表示为：$C=a+bY$。

其中，a 表示不取决于收入的自发消费，对一个国家而言，即使一年中没有任何生产与收入，消费也不会完全停止，还是有最基本的消费支出即自发消费。b 为边际消费倾向，bY 表示随收入变动而变动的消费部分，称为引致消费。

在描述消费与收入之间的关系时，除消费函数以外，还可以利用消费倾向。消费倾向分为平均消费倾向和边际消费倾向。

平均消费倾向（average propensity to consume，APC）是指某一收入水平上，消费在收入中所占的比例。以公式表示：

$$APC=\frac{C}{Y}$$

假如收入为 1 000 亿美元，消费支出这时为 500 亿美元，那么 $APC=0.5$。当消费超出收入水平时 $APC>1$，相反，则 $APC<1$。

边际消费倾向（marginal propensity to consume，MPC）是指：增加一单位收入，用于消费的部分所占的比率即增加的消费和增加的收入之间的比率。以公式表示：

$$MPC=\frac{\Delta C}{\Delta Y}$$

如果收入增加 10 亿美元，消费的增量为 4 亿美元，则 $MPC=0.4$。表现在曲线上，MPC 是消费曲线在此点的斜率。且在凯恩斯的理论中，随着收入水平的提高，边际消费倾向和平均消费倾向都呈递减的趋势。

由于消费的增量是收入增量的一部分，边际消费倾向一般大于零小于 1，但是平均消费倾向并不一定如此。

将消费函数 $C=a+bY$ 代入平均消费倾向的公式可知：$APC=\frac{a}{Y}+b$，可以看出，平均消费倾向大于边际消费倾向，而且当 Y 逐步增大时，$\frac{a}{Y}$ 的值将会越来越小，这说明 APC 逐渐趋近于 MPC。

（二）消费曲线

消费曲线是表示消费支出与收入关系的曲线，消费曲线是一条直线，如图 12－1 所示：

（三）储蓄函数

储蓄是收入中未被消费的部分，以 S 来表示，则 $S=Y-C$。储蓄虽然受很多因素的影响，但收入是这许多因素中最重要的因素，而且同消费一样，储蓄和收入之间的关系是同方向的，储蓄和收入之间的这种关系称为储蓄函数，以公式表示为：$S=f(Y)$。

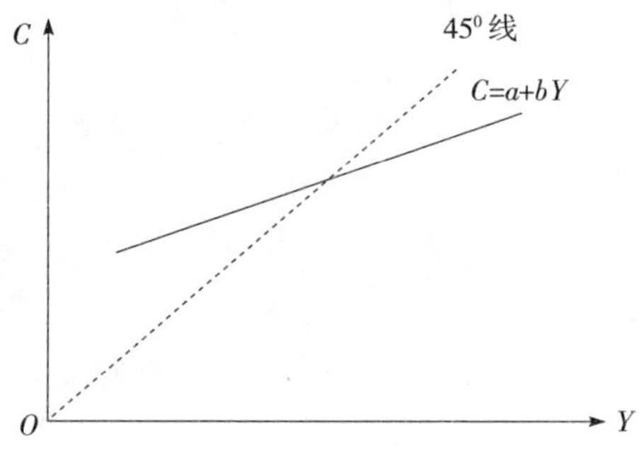

图 12－1　消费曲线

既然消费随收入增加而增加的比率是递减的，则储蓄随收入增加而增加的比率为递增。

如果收入和消费呈现出线性关系，那么，收入和储蓄也必然呈线性关系。据储蓄和消费之间的关系，储蓄函数关系式可表示为：

$$S=-a+(1-b)Y$$

式中 $(1-b)$ 代表边际储蓄倾向。这个函数关系是由 $S=Y-C$ 推导而出的，它所决定的储蓄曲线是一条向右上方倾斜的直线。

平均储蓄倾向（average propensity to save，APS）指在一特定的收入水平上，储蓄在其中所占的比例。以公式表示：

$$APS=\frac{S}{Y}$$

边际储蓄倾向（marginal propensity to save，MPS）是指增加一单位的收入中用于储蓄的部分所占的比率。以公式表示：

$$MPS=\frac{\Delta S}{\Delta Y}$$

其中 ΔS 和 ΔY 分别表示储蓄和收入的增量。

（四）消费函数与储蓄函数的关系

消费函数和储蓄函数是相互关联的函数，两者相互补充，同时也相互对应。得出一种函数，另一种函数便随之确立。如果将消费函数与储蓄函数表现在同一个图形中，可以看出两者之间的对应关系（见图 12－2），消费曲线与 45^0 线的交点和储蓄曲线与横轴的交点上下对应，处在一条垂线上。当收入为 Y_0 时，收入全部用于消费，储蓄为零。在 E 点的左方消费曲线在 45^0 线之上，消费大于收入，形成负储蓄，储蓄曲线在横轴之下，E 点右方消费小于收入，储蓄为正，储蓄曲线位于横轴之上。

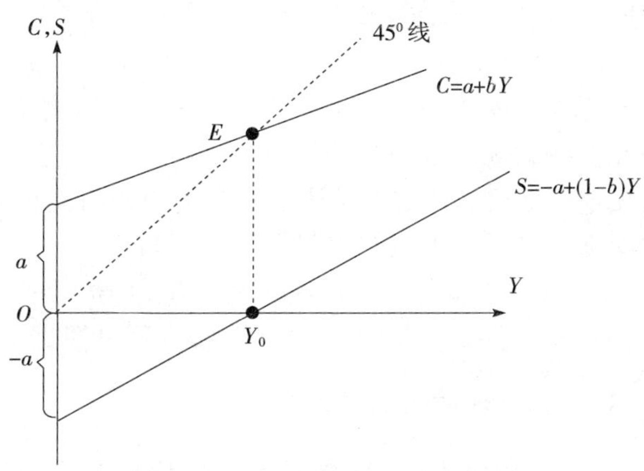

图 12－2　消费曲线与储蓄曲线

从消费倾向与储蓄倾向看两者之间的关系看：

因为 $$Y=C+S$$

则 $\frac{C}{Y}+\frac{S}{Y}=1$　　即 $APC+APS=1$

平均消费倾向与平均储蓄倾向之和等于 1。同理：

$$\Delta Y=\Delta C+\Delta S$$

则 $\frac{\Delta C}{\Delta Y}+\frac{\Delta S}{\Delta Y}=1$　　即 $MPC+MPS=1$

边际消费倾向与边际储蓄倾向之和等于 1。

三、均衡国民收入的决定

（一）简单国民收入决定的条件

当经济处于均衡状态时，一个国家在一定时期内所生产出来的全部产品（即总供给）一定会被该社会的所有经济单位全部购买（即总需求）。要达到这一点，必须使总支出等于总收入。总支出包括消费者的消费支出、厂商的投资需求（包括净出口）和政府的购买需求，其中投资、政府购买和净出口引起国民收入同方向变动构成了经济中的注入（injection，J）。总收入从来源看包括工资收入、利息收入、地租收入和利润收入。总收入从使用看又可以分为消费、储蓄和税收，其中储蓄和税收引起国民收入反方向变动构成了经济中的漏出（leakage，W）。

根据以上说明，经济中的总支出等于总收入是经济处于均衡的条件。经济的总支出等于消费加上注入，即 $AE=C+J$，而总收入等于消费加上漏出，即 $Y=C+W$，因此经济的均衡条件可以表示为：$C+J=Y$ 或者 $J=W$。

（二）两部门的均衡国民收入的决定

为了简单起见，前面已经假定经济中没有政府也没有对外贸易（这时，$J=I$）。在只存在两部门的条件下，假定投资是自主投资 I_0，总支出 $AE=C+I_0$，总收入 $Y=C+S$，于是，$C+J=Y$ 可以表示为：$C+I_0=Y$。

在已知消费函数的条件下，均衡国民收入数值可以根据下面的方程组求得：$\begin{cases} C=a+bY \\ Y=C+I_0 \end{cases}$ 可以得到均衡的国民收入为 $Y^*=\dfrac{a+I_0}{1-b}$。

两部门的均衡收入决定可以由图 12－3 中 45^0 线分析加以说明。

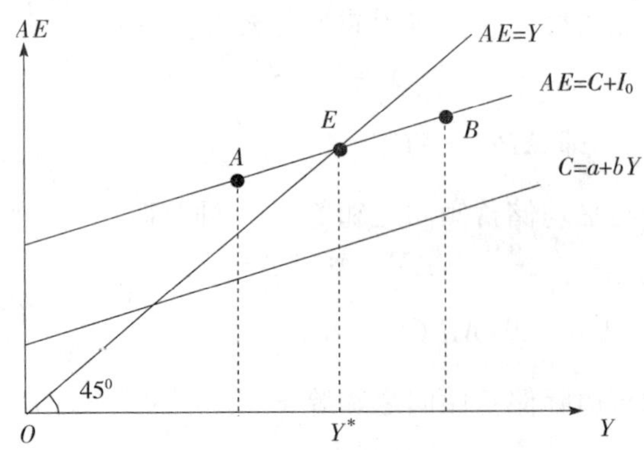

图 12－3　均衡国民收入决定：总支出等于总收入

在图 12－3 中，横轴表示收入，纵轴表示总支出，45°线上任何一点到纵轴和横轴的距离都相等，表明总支出等于总收入。根据消费函数，得到消费曲线。假定投资是自主投资，则在消费曲线上垂直相加投资，便得到总支出曲线 $C+I_0$。总支出曲线与45°线的交点 E，表明总支出等于总收入，这点决定的收入水平 Y^* 即是均衡的国民收入水平。

偏离均衡点 E，国民经济不处于均衡状态。在 E 点左边，比如图中 A 点，现有的社会支出大于收入，企业部门销售出去的产量会大于生产出来的产量，从而企业增加产量，国民收入增加，直至到均衡水平。相反在 E 点右边，比如图中的 B 点，现有社会支出小于收入，企业部门销售出去的产量会小于生产出量，从而企业库存增加，将引起生产缩小，国民收入减少，直至回到均衡水平。只有在 E 点，社会总支出正好等于社会正在生产或提供的收入，厂商生产的产量正好等于它们销售出去的产量，经济才处于均衡状态，生产既不扩大，也不缩减，因此，这点的国民收入为均衡国民收入。

根据前面的均衡国民收入的计算公式可以看出，均衡国民收入受到三个因素的影响：

第一，计划的投资 I_0。在其他条件不变时，厂商计划投资的增加将引起均衡国民收入增加。

第二，自发消费 a。当其他条件不变时，自发消费增加或自发储蓄的减少，将引起均衡国民收入增加。

第三，边际消费倾向 b。在其他条件不变时，边际消费倾向越大或边际储蓄倾向越小，均衡国民收入越高。

上述国民收入决定的过程也可以由 $J=W$ 给出的均衡条件加以说明。在两部门经济中，$J=W$ 可以表示为：$I=S$

于是，均衡国民收入数值可以根据下面的方程组求得：

$$\begin{cases} S=-a+(1-b)Y \\ I_0=S \end{cases}$$

同样可以得到均衡的国民收入为：$Y^*=\dfrac{a+I_0}{1-b}$

使用投资与储蓄相等的条件决定均衡国民收入的过程可以由图12-4说明。

在图12-4中，横轴表示收入，纵轴表示储蓄与投资。由于储蓄是收入的增函数，因此是一条向右上方倾斜的曲线。投资是自主投资，与收入变动无关，因被视为一常数，图形为一条水平线。两线交点，意味着公众想要有的储蓄与企业计划的投资是相等的，该点决定的收入是均衡的国民收入水平。

偏离均衡点，经济都是不稳定的。在 E 点的左边，公众想要有的储蓄低于企业计划的投资，这时市场上出现供不应求的情况，企业会提高产量和就业水平，从而收入上升；在 E 点右边，公众想要有的储蓄高于企业计划的投资，这时市场出现供过于求的情况，企业会降低产量和就业水平从而收入下降。由此可见，国民收入水平虽然可能高于或低于均衡收入，但经济体系不会永远停留在非均衡收入水平上。只有在均衡水平上，储蓄等于投资，企业部门才会保持这一产量。可见，$S=I$ 是国民收入均衡的基本条件。

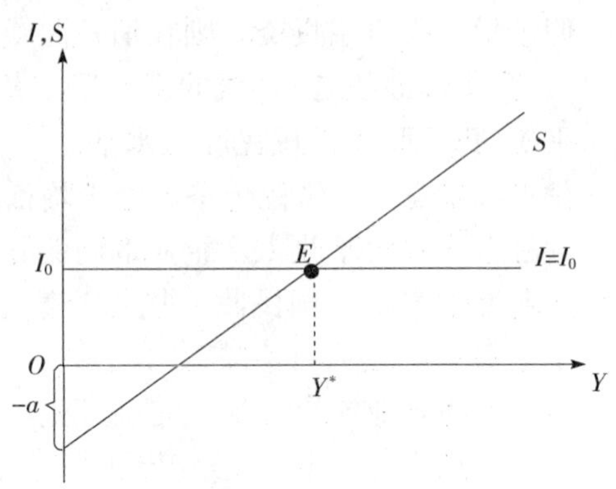

图 12-4　国民收入的决定：注入等于漏出

四、均衡国民收入的变动

以上说明，经济中均衡的国民收入量由总支出等于总收入或者说由注入等于漏出所决定。因此，注入或者漏出的变动会引起均衡国民收入的变动。如图12-5所示，如果漏出 W_0 保持不变，而注入 J 增加（$J_0 \to J_1$），则均衡的国民收入量增加；反之，注入 J 减少，均衡的国民收入量减少。根据注入的构成可以得出推论，投资、政府购买和（或）净出口的增加将导致均衡国民收入增加，投资、政府购买和（或）净出口的减少将导致均衡国民收入下降。

同样地，如果注入 J_0 不变，而漏出增加（$W_0 \to W_1$），则均衡的国民收入量减少；反之，漏出减少，均衡的国民收入增加。根据漏出的构成可以知道，储蓄和（或）政府税收增加（或转移支付减少）将导致均衡国民收入减少，储蓄和（或）政府税收减少（或转移支付增加）将导致均衡国民收入增加。

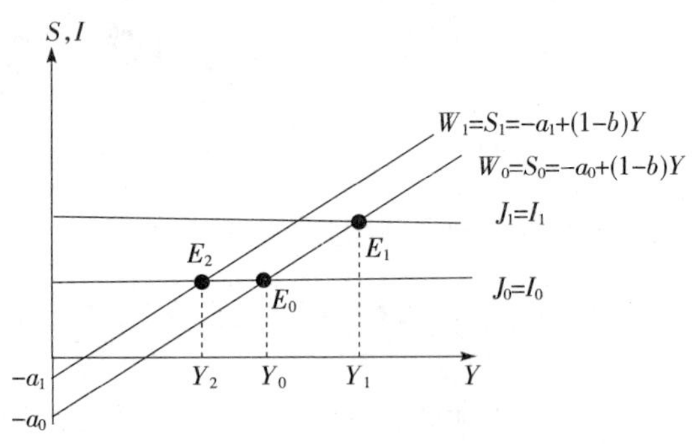

图 12-5　均衡国民收入的变动

五、投资乘数

前面我们分析了影响均衡国民收入的三个主要因素，即计划的投资 I_0，

自发消费 a，边际消费倾向 b。其中，自发消费 a 与边际消费倾向 b 是人们的消费行为参数，通常认为是比较稳定的，但计划投资是厂商的行为参数，容易变动。宏观经济学非常重视计划投资变动对均衡国民收入的影响，并将单位计划投资变动所引起的均衡国民收入的变动值称为投资乘数，即前面的 $\frac{1}{1-b}$，由于 $0<b<1$，所以，$\frac{1}{1-b}$ 是大于 1 的数，当计划投资增加时，国民收入的增加值为计划投资增加值的倍数。

假设某经济系统的社会消费函数为 $C=1\ 000+0.5Y$，计划投资 500 亿，则利用前面的公式可以算出，均衡的国民收入为 3 000 亿。如果计划投资增加 500 亿，达到 1 000 亿，则均衡国民收入为 4 000 亿，增加 1 000 亿，是计划投资增加值的 2 倍，这里的投资乘数刚好等于 2。

第二节　*IS*-*LM* 模型

简单的国民收入决定理论只分析了产品市场的均衡，并没有考虑货币市场，也没有分析利率的变动对国民收入的影响，而且将投资作为外生变量，假定投资是既定的。作为完整的宏观经济模型必须要考虑货币市场的均衡，考虑利率的变动对国民收入的影响，同时，在现实的经济活动中，投资并非是既定的，而是与利率负相关的经济变量。为分析产品市场与货币市场的关系，英国经济学家希克斯和美国经济学家汉森提出了 *IS*-*LM* 模型。

一、*IS* 曲线

IS 曲线是反映产品市场均衡条件下国民收入与利率关系的曲线。当产品市场均衡时，总供给等于总需求，这时 $I=S$，即投资等于储蓄。

投资是与利率负相关的经济变量，为了研究的方便，假定投资与利率之间是线性的关系，于是投资函数可以表示为：$I=I_0-dr$，其中 I_0 表示自发投资，即利率为 0 时，厂商计划的投资；d 是投资的利率弹性，即利率每增加一个百分点，投资的减少量。

利用前面的储蓄函数可知：$S=-a+(1-b)Y$。当产品市场均衡时，$I=S$，可以推出：$-a+(1-b)Y=I_0-dr$，于是：

$$Y=\frac{a+I_0}{1-b}-\frac{d}{1-b}\times r$$

可以看出，当储蓄函数与投资函数均为线性方程时，*IS* 曲线为一条向右下方倾斜的直线，表示利率与国民收入呈反方向变化。如图 12-6 所示：

在 IS 曲线上点所对应的国民收入与利率的组合都是产品市场均衡时的组合，但 IS 曲线外的点则不能实现产品市场的均衡。如曲线右边的点 A，收入为 Y_A，利率为 r_A，如果要实现产品市场均衡，利率必须降到 r_a，由于 A 点利率偏高，导致投资低于市场均衡所要求的投资，即出现了总需求的不足，或者说总供给过剩。在 IS 曲线右边的点都存在产品市场过度供给的情况。同理，也可以推知，IS 曲线左边的点都存在产品市场过度需求的情况。

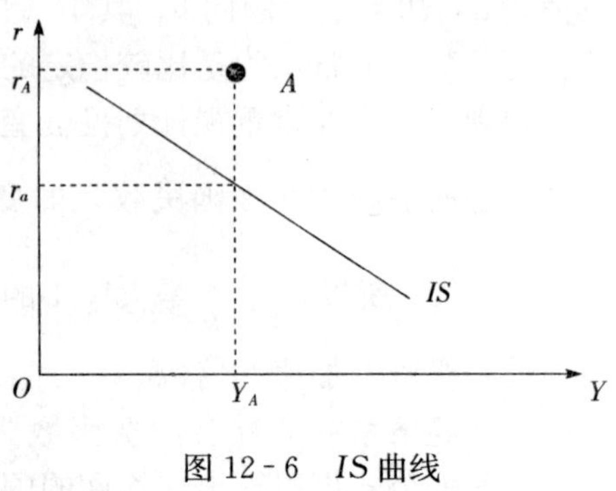

图 12-6　IS 曲线

根据前面的条件还可以知道，IS 曲线在横轴的截距为 $\frac{a+I_0}{1-b}$，当其他条件不变时，增加自发需求，比如增加自发消费 a 或增加自发投资 I_0 都会导致 IS 曲线向右平行移动。在三部门经济中，增加政府支出或减税也有同样的效果。所以，IS 曲线可以分析政府财政政策的效果。

二、LM 曲线

当货币市场均衡时，货币供给 M 等于货币需求 L，即 $L=M$，LM 曲线是用来表示货币市场均衡条件下，国民收入与利率关系的曲线。

货币市场均衡的条件涉及货币供给与货币需求，其中，货币的供给由中央银行决定，属于外生变量，可以看做是既定的，这里不进行分析。下面主要分析货币需求。

（一）货币需求

货币的需求是指人们在手边保存一定数量货币的愿望，它是人们对货币的流动性偏好引起的。货币需求又被称之为流动性偏好。凯恩斯的“流动性偏好”理论将货币需求概括为交易需求、预防需求和投机需求。

1. 交易性货币需求。交易性货币需求指人们因生活消费和生产消费所需要的货币，是基于人们的交易动机而产生的货币需求。交易动机是指人们为了应付日常交易而在手边留有一定的货币，因此产生的对货币的需求称为货币的交易需求。

凯恩斯认为，交易性货币需求取决于国民收入，若用 L_t 表示交易性货币需求，Y 表示国民收入则交易性货币需求可以表示为：

$$L_t = f(Y) = k_1 Y$$

式中的 k_1 是一个系数，其大小主要取决于社会支付制度。如果收入与支出在时间上完全同步，则不需要持有货币；否则就应当持有货币，其持有货币的数量取决于取得收入的时间周期。如果一个人每月取得一次收入，则其需要持有的货币要比每周取得一次收入的人需要持有的货币多。

2. 预防性货币需求。预防性货币需求也称预防动机或谨慎动机，是指人们为了防止意外情况发生而在手边留有货币的动机，因此产生的需求称为货币的预防需求。凯恩斯认为预防性货币需求对大多数公众和厂商而言，是在满足了交易动机的货币需求后随着收入的增加而增加。预防性的货币需求与交易性的货币需求一样，可以表示为收入的函数。若用 L_p 表示交易性货币需求，Y 表示国民收入，则预防性货币需求可以表示为：

$$L_p = f(Y) = k_2 Y$$

若用 L_1 表示交易性货币需求与预防性货币需求，Y 表示国民收入，则交易性货币需求与预防性货币需求函数可以表示为：

$$L_1 = L_t + L_p = L_1(Y) = kY$$

由于仅仅考虑了国民收入这一影响因素，所以也称为简单的货币需求函数。

3. 投机性货币需求。人们通过买卖有价证券所动用的货币，是为了能够及时把握投机机会而获得收益，因而需要在手边留有用于投机的货币余额。这类因期望获得投机收益而产生的对货币的需求称为货币的投机需求。投机性货币需求的主要影响因素是市场利息率。若用 L_2 表示投机性货币需求，r 表示利息率，则投机性货币需求可以简单表示为：

$$L_2 = L_2(r) = -hr$$

投机性货币需求与利率成反方向变动，利率高时，投机性货币需求小；利率低时，投机性货币需求大。凯恩斯认为如果利率降至极低时，有价证券的价格不会再上升，持有货币损失的利息很少可以忽略不计，而持有有价证券的风险却很大，此时人们往往会抛出有价证券，尽可能多地换回货币。即所谓的“流动性陷阱”或“凯恩斯陷阱”。流动性陷阱是指利率水平较低、证券市场的获利空间较大时，人们对货币的流动性偏好趋于无限大的现象。

4. 货币总需求函数。货币总需求是交易性货币需求、预防性货币需求与投机性货币需求的总和，即：

$$L = L_1 + L_2 = L_1(Y) + L_2(r) = L(Y, r) = kY - hr$$

（二）LM 曲线

根据前面的货币需求函数：$L = kY - hr$，结合货币的供给函数 $M = M_0/P$，

其中 M_0 表示货币的名义供给，P 代表价格水平。可以得到货币市场均衡条件下，国民收入与利率的函数关系：

$$Y=\frac{M_0}{kP}+\frac{h}{k}r$$

这是 LM 曲线的线性方程，由于货币需求的利率弹性 h 与收入弹性 k 均大于零，所以国民收入与利率呈同方向变化。如图 12 - 7 所示：

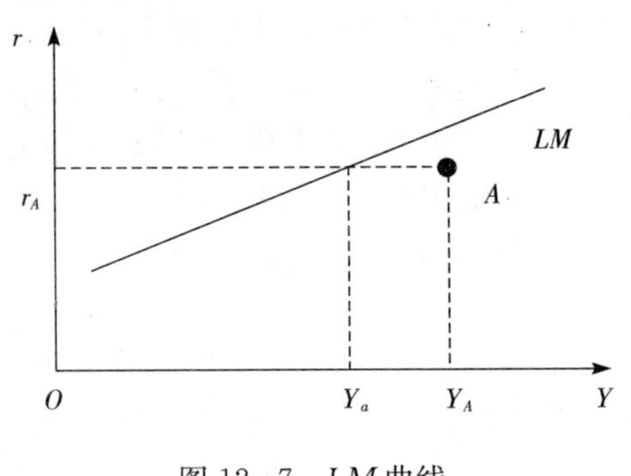

图 12 - 7　LM 曲线

在 LM 曲线上点所对应的国民收入与利率的组合都是货币市场均衡时的组合，但 LM 曲线外的点则不能实现货币市场的均衡。如曲线右边的点 A，收入为 Y_A，利率为 r_A，如果要实现产品市场均衡，国民收入必须降到 Y_a，由于 A 点国民收入过多，导致货币需求偏大。在 LM 曲线右边的点都反映货币市场存在过度需求的情况。同理，也可以推知，LM 曲线左边的点都反映货币市场存在过度供给的情况。

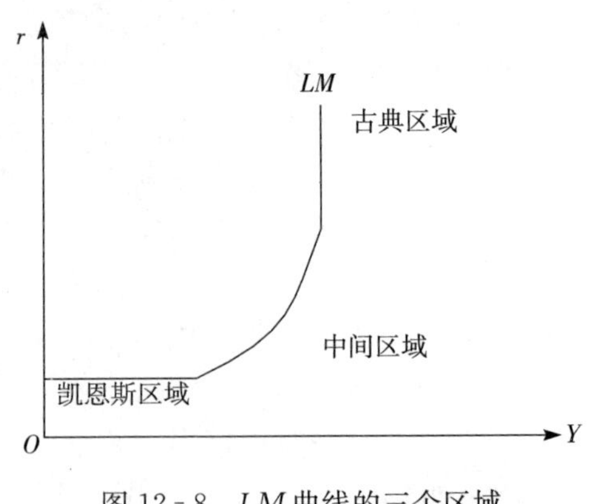

图 12 - 8　LM 曲线的三个区域

当利率水平特别低或特别高时，LM 曲线会出现两个特殊的区域，一个在利率足够低时，LM 曲线会成为横轴的平行线，如图 12 - 8 所示。前面在分析货币需求时，我们已经知道，当利率水平很低时，人们对货币的投机需求变为无穷大，这时投机性货币需求量与经济中的金融资产总量相等，货币需求曲线为横轴的平行线，即出现所谓的“凯恩斯陷阱”。这时，LM 曲线也成为横轴的平行线，无论国民收入如何变动，利率都不变，该区域也叫“凯恩斯区域”。

另一个特殊区域在利率特别高的时候，在图 12 - 8 中，当利率与国民收入都很高时，货币需求的收入弹性无穷大而利率弹性趋向于零，这时，货币的投机需求为零，全部需求为交易与预防需求，无论利率如何变动，国民收入都不变，LM 曲线为垂直线，这比较符合古典经济学关于经济经常处于充分就业的观点，该区域也被称为“古典区域”。

由前面的函数可知，当货币供给量增加而其他条件不变时，*LM* 曲线会向右移动，这时在相同的利率下均衡的国民收入增加。*LM* 曲线可以用来分析政府货币政策的影响。

三、*IS*-*LM* 模型

将 *IS* 曲线与 *LM* 曲线结合起来，可以得到产品市场与货币市场都均衡的条件下，国民收入与利率的决定。

从图中可以看出，由 IS_1 与 LM_1 所决定的均衡利率为 r_1，均衡国民收入为 Y_1，在此利率水平和国民收入水平下，产品市场和货币市场都实现了均衡。

如果自发需求变化或政府调整财政与货币政策，*IS* 曲线或 *LM* 曲线就会移动，从而使均衡利率与均衡国民收入发生变化。

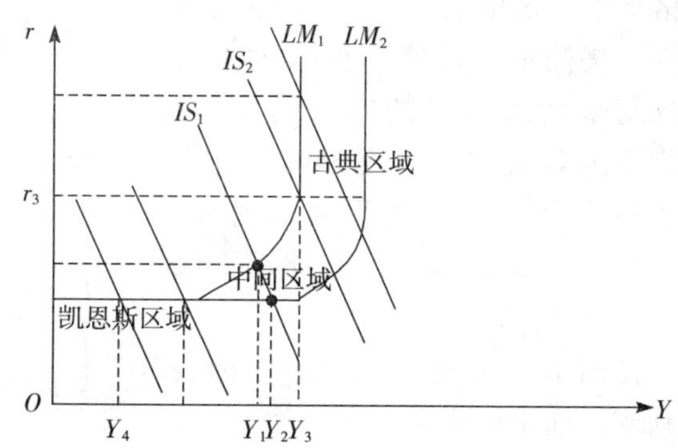

图 12-9　*IS*-*LM* 模型

如果政府增加财政支出，使 *IS* 曲线向右移动，则在中间区域和凯恩斯区域会带来均衡国民收入的增加，图中 IS_1 移动到 IS_2 就显示了这种影响，它反映了财政政策的效果。但在古典区域，*IS* 曲线向右移动，只带来了利率的上升，国民收入却没有增加。这说明财政政策在古典区域无效。

如果政府增加货币供应，使 *LM* 曲线向右移动，在中间区域和古典区域会带来国民收入的增加和利率的下降，图中当 LM_1 移动到 LM_2 时，在新的均衡点上，国民收入增加到 Y_2，利率下降到 r_2，这反映了货币政策的效果。但在凯恩斯区域，*LM* 曲线向右移动，没有带来国民收入和利率的变化，这说明货币政策在凯恩斯区域无效。对 *IS*-*LM* 模型的分析，可以为政府制定财政政策与货币政策提供理论方面的依据。

第三节　总需求—总供给模型

在前面简单的凯恩斯模型和 *IS*-*LM* 模型中，并没有考虑价格因素，都是将价格作为既定的条件，而总需求－总供给模型则将价格与国民收入联系起来，研究总供求的均衡。

一、总需求曲线

总需求曲线是用来表示，在其他条件不变的情况下，总需求量与价格关系的曲线。它可以从 IS-LM 模型直接推导出来。

在前面推导 LM 曲线时，货币的供给函数表示为：$M=M_0/P$，其中 M_0 表示货币的名义供给，P 代表价格水平。这里的 M 也叫实际货币余额，是按不变价格计算的货币余额，衡量货币存量的实际购买力。当货币的名义供给不变时，如果物价水平下降，实际货币余额增加，也会带来 LM 曲线的向右移动。如图 12-10 所示：

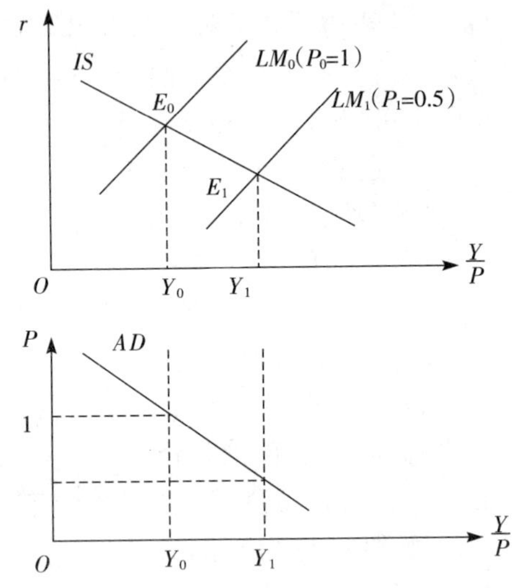

图 12-10　总需求曲线的推导

在图 12-10 中，上图纵坐标表示利率，横坐标表示实际国民收入，当物价指数由 1 下降到 0.5 时，LM 曲线向右移动，均衡点也由 E_0 移动到 E_1，均衡国民收入由 Y_0 增加到 Y_1。相应在下图中，物价指数为 1 时，对应的总需求为 Y_0，物价指数为 0.5 时，对应的总需求为 Y_1。可以得到一条向右下方倾斜的总需求曲线。

二、总供给曲线

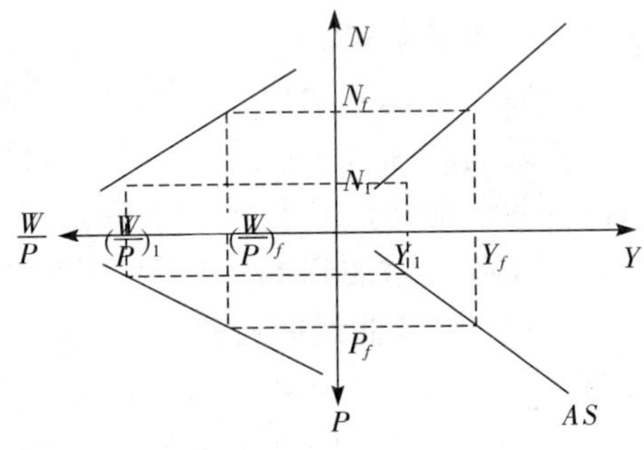

图 12-11　总供给曲线的推导

总供给曲线 AS 表示，在其他条件不变的情况下，社会总供给量与价格的关系。总供给曲线可以用四象限图从劳动市场均衡模型进行推导。

在图 12-11 中，第一象限表示总产量与就业量（劳动需求）的关系，两个变量同方向变动，就业量为 N_1 时，总产量为 Y_1；当实现充分就业时，就业量为 N_f，总产量为 Y_f。第二象限表示劳动需求与实际工资的关系，两个变量反方向变动，实际工资为$(\frac{W}{P})_1$时，劳动需求为N_1；实际工资为$(\frac{W}{P})_f$时，劳动需求为N_f。第三象限表示名义工资不变的情况下，实际工资与物价水平之间的关系，显然这两个变量是反方向变动的，物价水平为P_1时，实际工资为$(\frac{W}{P})_1$；物价水平为P_f时，实际工资为$(\frac{W}{P})_f$。这样在第四象限就可以得到总产量与物价水平的关系，Y_1对应P_1，Y_f对应P_f，两个变量是同方向变动的，从而推导出总供给曲线AS。

这里所得到的总供给曲线只是总供给曲线的一般形态，完整的总供给曲线如图 12-12 所示，大致可以分为三个部分。

平行线部分反映存在大量闲置资源的情况，比如经济萧条时期，由于资源没有得到充分利用，即使增加总供给也不会带来物价的上涨，这一段总供给曲线被称为凯恩斯总供给曲线。

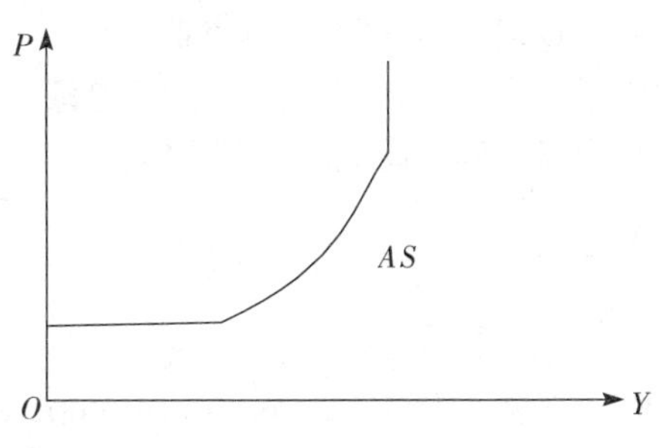

图 12-12　总供给曲线

在一般情况下，增加产量会导致要素价格上涨，成本增加，从而带来物价的上涨。这时总产量与价格同方向变动，总供给曲线向右上方倾斜，被称为短期总供给曲线。

从长期来看，资源总会得到充分利用，实现经济学所说的充分就业，这时，无论价格如何上涨，总供给都不会增加，总供给曲线变为垂直线，被称为长期总供给曲线。

三、总需求—总供给模型

总需求—总供给模型也叫 AD-AS 模型，是将总供给曲线与总需求曲线结合起来，分析均衡国民收入水平和均衡价格水平是如何决定的。在图 12-13 中，总供给曲线AS_1与总需求曲线AD_1的交点为E_0点，这个均衡点反映了产品市场、货币市场与劳动市场的同时均衡，这时均衡的国民收入水平为Y_0，均衡的物价水平为P_0。

如果在产品市场、货币市场或劳动市场某些影响均衡的因素发生变化，就会带来总供给曲线或总需求曲线的移动，从而使均衡点发生移动。如图 12-13 所示，在其他条件不变的情况下，如果自发投资增加，IS 曲线向右移动，会带来总需求曲线的向右移动，均衡国民收入增加，物价上涨；反之，则可能带来均衡国民收入的减少和物价的下跌。货币供给和名义工资的调整以及技术的进步等都可能带来总供给曲线或总需求曲线的移动，从而影响均衡国民收入与均衡价格。

从图 12-13 还可以看到，在凯恩斯总供给曲线区域，增加总需求可以使国民收入增加，但物价并不会上涨；在长期总供给曲线区域，增加总需求只会带来物价上涨而国民收入不会增加。通过对总需求—总供给模型的分析，可以为政府制定需求管理政策和供给管理政策来影响国民收入和物价水平，实现政府的宏观经济政策目标提供理论依据。

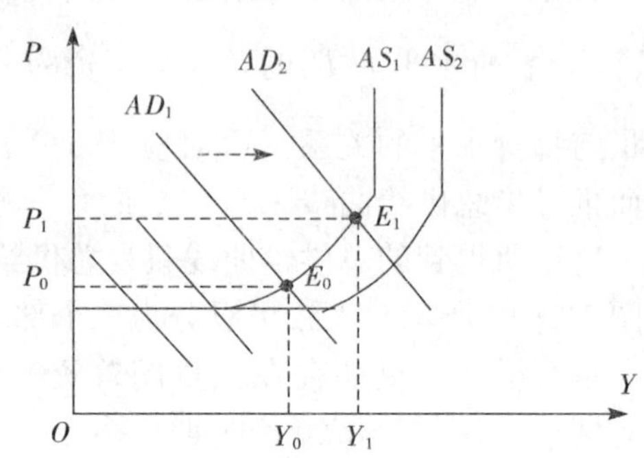

图 12-13　总需求—总供给模型

重要概念

平均消费倾向（average propensity to consume，APC）
边际消费倾向（marginal propensity to consume，MPC）
平均储蓄倾向（average propensity to save，APS）
边际储蓄倾向（marginal propensity to save，MPS）
自发性投资（spontaneous investment）
引致性投资（induced investment）
投资乘数（investment multiplier）
IS 曲线（IS curve）
注入（injection，J）
漏出（leakage，W）
预防性货币需求（precautionary demand for money）
投机性货币需求（speculative demand for money）
流动性陷阱（liquidity trap）
LM 曲线（LM curve）

复习思考题

1. 假定消费函数为 $C=120+0.5Y_d$（Y_d 为个人可支配收入），当 $Y_d=100$ 时，计算平均消费倾向、平均储蓄倾向、边际消费倾向和边际储蓄倾向。

2. 若某国有如下宏观经济模型（单位：亿元）。

(1) $Y=C+I+G$

(2) $C=160+0.75Y_d$

(3) $Y_d=Y-T$

(4) $T=-100+0.2Y$

(5) $I=100+0.1Y$

(6) $G=400$

试计算：该国的总产出、总消费、总投资、政府税收以及相应的投资乘数、政府购买乘数和税收乘数。

3. 两位部门经济中，假定货币需求函数为 $L=0.3Y$，货币供给函数为 300 美元，消费函数为 $C=150+0.8Y$，投资函数为 $I=80-5i$。

(1) 根据这些函数求 IS 与 LM 曲线的表达式。

(2) 若货币供给从 300 美元增加到 330 美元，LM 曲线如何移动？均衡收入、利率各是多少？

(3) 为什么均衡收入增加量等于 LM 曲线的移动量？

第十三章 宏观经济问题

各国在宏观经济发展过程中会面临各种不同的经济问题，其中共同的问题包括通货膨胀问题、经济周期问题和经济增长问题等。本章主要介绍与这三个问题相关的经济理论。

第一节　通货膨胀理论

通货膨胀是宏观经济学研究的一个重要问题，但是至今人们对通货膨胀的定义以及测量方法仍然存在着分歧，因此有必要对这一问题作一界定。

一、通货膨胀的定义

根据萨缪尔森的定义，通货膨胀是指商品和生产要素价格的普遍上升；而弗里德曼认为，通货膨胀是一种货币现象，起因于货币量的急剧增加超过生产的增长。

如果货币数量增加的速度超过能够买到的商品和劳务增加的速度，就会发生通货膨胀。由此可见，通货膨胀是一般物价水平的普遍的和持续的上涨过程。这一定义包括两点：①通货膨胀是一般物价水平即全社会所有的商品和劳务的平均价格水平的普遍上涨，局部的或个别的商品和劳务的价格上涨不能视之为通货膨胀；②通货膨胀是物价持续上涨的过程，而不是暂时的物价上涨。

二、通货膨胀的衡量指标

衡量通货膨胀的指标是物价指数。所谓物价指数是表示某些商品的价格从一个时期到下一个时期变动程度的指标，其基本计算公式为：

$$物价指数 = \frac{\sum P_t Q_t}{\sum P_0 Q_t} \times 100\%$$

其中 P_0、P_t 分别表示基期和本期的价格，Q_t 是本期的产量。根据统计范围的差异，常用的物价指数包括：

1. 消费者价格指数（consumer price index，CPI）：是反映一定时期内城

乡居民所购买的生活消费品价格和服务项目价格变动趋势和程度的相对数。利用居民消费价格指数，可以观察和分析消费品的零售价格和服务价格变动对城乡居民实际生活费支出的影响程度。

2. 生产者价格指数（producer price index，PPI）：是衡量一个时期生产资料与消费品出厂价格变化的指标。

3. *GDP* 平减指数：是按现行价格计算的 *GDP* 对按基期价格计算的 *GDP* 的比率，这是衡量某一时期一切商品与服务价格变化的指标，也叫国民生产总值折算数。它的优点是其包括的范围广，除了消费品和劳务外，还包括资本品以及进出口商品等，因而它能较全面地反映一般物价水平的变动趋势。但编制 *GDP* 平减指数需要收集大量资料，一般只能一年公布一次。

三、通货膨胀产生的原因

到目前为止，人们在通货膨胀产生的原因方面达成共识的包括三类：一是需求拉上型通货膨胀；二是成本推进型通货膨胀；三是供求混合推动型通货膨胀；四是结构性通货膨胀。我们首先介绍需求拉上型通货膨胀理论。

（一）需求拉上型通货膨胀

需求拉上型通货膨胀是指总需求超过总供给所引起的一般价格水平的持续显著的上涨。如图 13-1，横轴 Y 表示总产量（国民收入），纵轴 P 表示一般价格水平，AD 为总需求曲线，AS 为总供给曲线。AS 曲线分为水平、倾斜、垂直三段。

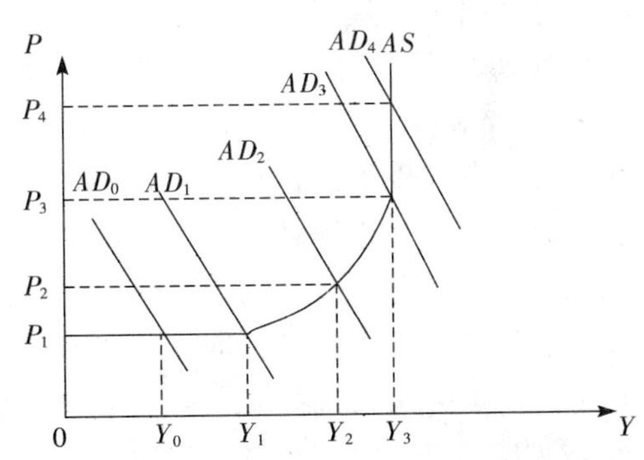

图 13-1　需求拉上的通货膨胀

在前面的总需求—总供给模型分析中提到，AS 曲线的水平段即凯恩斯总供给曲线部分，表示经济中存在大量的闲置资源，生产能力严重利用不足，随着总需求的扩大，总需求曲线 AD_0 右移至 AD_1 的位置，产出增加，由于生产能力闲置严重，即使价格水平不上升，厂商也愿意增加产出，结果产出增加了，价格不变。在 AS 的倾斜段，随着总需求的增加，AD_1 右移至 AD_2 的位置，假设这时价格水平保持不变，还为 P_1，则会出现总需求大于总供给，从而导致价格的上涨，一直上涨到 AD_2 与 AS 的交点所决定的 P_2 的价格水平，这时的产出由 Y_1 增加到 Y_2，价格由 P_1 上升到 P_2。这种伴随着产出的增加同时价格水平上升的现象被称为半通货膨胀。在这一阶段，由于生产能力逐渐得到利用，产出的增加会引起生产成本的上升，从而导致价格的上涨。随着总需求曲线的不断右移，一直到 AD_3 的位置，这时经济达到充分就业，整个社会的资源得到充分利用。如果总需求继续增加，从 AD_3 右移至 AD_4，则与垂直的总供给曲线相交，结果是产出不变，而价格从 P_3 上升到 P_4。这种产出不变，只有价格上升的现象被称为完全的通货膨胀。在这一阶段，由于所有的资源都得到充分的利用，生产能力已达到最大，总需求的扩大不能继续增加产出，只会引起通货膨胀。以上这种总需求不断扩大引起的价格水平的持续上升即为需求拉上型通货膨胀。

在 AS 曲线的不同形状阶段，反映了不同的政策含义。在水平段，经济处于严重衰退期，这时刺激总需求可以使经济复苏；在倾斜段，也是凯恩斯强调的阶段，他认为经济大部分时期都处于非充分就业，通过刺激有效需求可以增加产出，减少失业；在垂直段，是古典学派强调的阶段，认为经济的自由运行可以达到充分就业，无需政府的干预，政府刺激总需求的政策只会引发通货膨胀。

总需求的增加可以是由于实际因素引起的（例如增加财政支出、降低税收等），这会引起 IS 曲线的右移，也可以是由于货币因素引起的（例如货币供给的增加等），这会引起 LM 曲线的右移。

（二）成本推动型通货膨胀

在需求拉上型通货膨胀发生过程中，随着价格的上升，产出可能增加，也可能不变，但不会下降；而成本推进式通货膨胀发生过程中，随着价格的上涨，产出会出现下降。

所谓成本推进型通货膨胀是指在总需求不变的情况下，由于生产要素价格（包括工资、租金、利润以及利息）上涨，致使生产成本上升，从而导致物价水平持续上涨的现象。这种生产成本的提高主要是由于存在着强大的、对市场价格具有操纵力量的团体（如工会、垄断企业以及像石油输出国组织（*OPEC*）这样的国际卡特尔）。例如，当工会迫使厂商提高工资、并使工资的增长快于劳动生产率的增长时，生产成本就会提高，从而导致物价上涨，而物价上涨后，工会又要提高工资，对物价又产生压力（这称为工资推进型通货膨胀）。又如，当垄断企业凭借其垄断地位，通过提高价格来增加利润时也会导致物价的普遍上涨（这又称为利润推进型通货膨胀）。再如，当国际卡特尔组织（如 *OPEC*）提高其所控制的产品（石油）价格时，也会导致其他国家引发通货膨胀（这称为进口成本推进型通货膨胀）。

成本推进的过程可以用图 13－2 来表示，假设经济起始于总需求曲线 AD 与总供给曲线 AS_1 的交点 A 点，对应的价格为 P_1，产出为 Y_0，这时经济处于充分就业。假定由于生产所用原料（比如是石油）的价格突然上涨，引起厂商的生产成本增加，而此时厂商生产的产品的价格由于价格黏性等原因，不能迅速上升（假定价格保持不变），对厂商来说，其边际收益不变，而边际成本上升了，为了降低边际成本使其与边际收益相等，只得减少产量，结果总产出下降了，这样，对应于每个价格水平，表现为总供给曲线左移了，从 AS_1 左移至 AS_2，在 P_1 的价格水平上，总供给为 Y_3，总需求为 Y_0，总供给小于总需求，引起价格上涨。随着价格的上升，一方面总需求减少，另一方面总供给增加，当价格上升到 P_2 时，总供给与总需求再一次相等，对应的产出为 Y_2。在新的均衡点 B 上，不仅价格上升了（从 P_1 上升到 P_2），而且产出也下降了（从 Y_0 下降到 Y_2），就业低于充分就业水平。所以在成本推进型通货膨胀中，物价和失业同时上升。

以上只是说明由于成本因素可能会引发通货膨胀的过程，但是，如果成本只是一次性的上升，则不会引发持续的通货膨胀。由于原料价格上升的一次性影响，均衡点从 A 移到 B 点，在 A 向 B 移动的过程中，会出现一个正的通货膨胀率，但当到达 B 点后，价格就稳定在 P_2 的水平，通货膨胀率又降为零。所以，一次性供给冲击（supply shock）不会引发真正的持续的通货膨胀。由于供给的冲击是有限的，生产成本不可能无限制地上升，所以 AS 曲线不可能无限制地左移，那么由于供给的冲击引起的物价上涨也就不可能形成真正的、持续的通货膨胀，而要使这种通货膨胀成为可能，必须配合需求的扩张，那就是混合型通货膨胀。

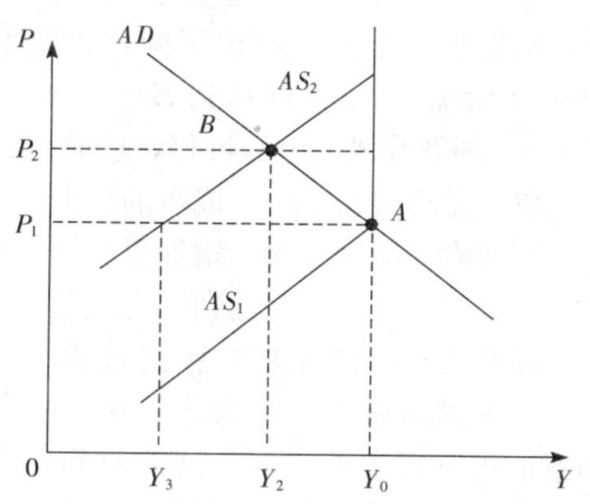

图 13-2　成本推动的通货膨胀

（三）供求混合推动型通货膨胀

供求混合型通货膨胀是将供求两方面的因素综合起来，认为通货膨胀是由需求拉上和成本推进共同起作用导致的。在现实经济社会中，通货膨胀的原因究竟是需求拉上还是成本推进是很难分清的，往往是两者混合，“拉中有推、推中有拉”。通货膨胀可能起始于需求拉上，也可能起始于成本推进，一旦通货膨胀已经启动，只要配合需求拉上的因素，这种混合型的通货膨胀就会成为可能。

混合型通货膨胀的过程可以表述如下。如图 13-3 所示，在初始状态，

AD_1与AS_1交于均衡点 A 点，对应的充分就业产出为Y_1，价格为P_1。假设由于工资的上升，使得总供给曲线左移，从AS_1左移到AS_2，但总需求曲线AD_1保持不变。在价格为P_1的水平下，总需求大于总供给，引起价格上升，直到P_2的水平，总供给与总需求又相等，这时新的均衡点即为 B 点，对应的产出为Y_2，低于充分就业的产出Y_1。从 A 点到 B 点的过程可以认为是成本推进的过程。由于这时的产出低于Y_1，导致失业的增加，政府为了降低失业，通过刺激有效需求，使总需求曲线右移，从AD_1右移至AD_2。这时由于工资不变，因而总供给曲线不变，仍为AS_2。AD_2与交于AS_2新的均衡点 C 点，对应的价格为P_3，产出为Y_1，经济又达到充分就业水平。经济从 B 点到 C 点的过程可以认为是需求拉上的过程。在这一过程中，价格上升了，而工资却没有变化，故工人要求增加工资以抵消价格上涨的影响。于是，随着工资的上涨，总供给曲线从AS_2左移至AS_3，与总需求曲线AD_2交于新的均衡点 D 点，结果价格上升，产出下降，失业增加。政府又刺激需求，AD_2右移至AD_3，均衡点又从 D 点移到 E 点，如此下去，就出现了从 $A \to B \to C \to D \to E \to$……的螺旋式的上涨过程，造成了真正的、持续的通货膨胀。

以上过程最初是由于成本的冲击引发的通货膨胀，如果经济始于图中的 B 点，则政府为减少失业，增加总需求，从而引发通货膨胀，其初因就是需求的冲击。所以，通货膨胀的初因可能是需求的影响，也可能是成本的影响。

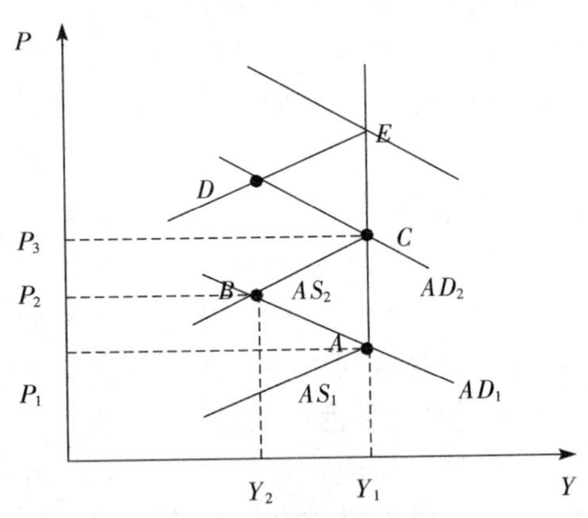

图 13-3　供求混合推动的通货膨胀

既然政府知道需求扩张的过程中会引发通货膨胀，那为什么还是不断地进行需求扩张呢？这涉及到政府的政策目标问题，高就业往往是政府追求的第一目标，因为这关系到政府的威信，如果社会上存在大量的失业，公众就会认为政府治理经济是失败的。所以，政府往往会以通货膨胀来换取高就业，当然这种通货膨胀被限制在公众可以接受的程度之内。当经济处于非充分就业时，政府唯一可以降低失业的方法是刺激有效需求，使总需求曲线右移。对政府来说，刺激总需求有两种方法：一是货币扩张（LM 曲线右移），一是财政扩张（IS 曲线右移）。对于货币扩张，前面已分析，不断增加货币供给会引发持续的通货膨胀。对于财政扩张，无非是增加财政支出或减税，结果是造成预算赤字的不断增加。如果政府通过印发钞票来弥补赤字，则增加了货币供给，财政扩张转化为货币扩张。广大的发展中国家由于资本市场很不发达，只能通过此种方式弥补财政赤字，结果产生了较严重的通货膨胀。如果政府通过发行债券来弥补赤字，从理论上不会引起货币供给的增加，但是，债券市场上债券供给的增加必然会降低债券价格，推动利率的上升，从而抑制投资，这又是政府不愿看到的。为了稳定利率，中央银行进行公开市场操作，买入债券，货币供给不断增加，又转化为货币扩张。所以财政扩张的结果是导致货币扩张，总需求的增加最终来源于货币的扩张，因而货币扩张是通货膨胀的真正来源，这又验证了弗里德曼的名言“通货膨胀无论何时何地都是一种货币现象”。

（四）结构性通货膨胀

结构学派认为，除了需求拉上型和成本推进型通货膨胀以外，由于结构性因素的变动，也会出现一般价格水平的持续上涨，他们将这种价格水平的上涨称为结构性通货膨胀。经济结构因素的变动包括需求结构的变动、各部门劳动生产率差异的变动、各部门开放程度的差异等。

比如由于市场需求结构的变化，某些部门的需求增加，另一些部门的需求则减少。需求增加的那些产业部门，工资与物价上涨，这些部门的产品价格影响着其他一些部门的成本，这又会带来其他部门的物价上涨。物价与工资往往存在“刚性”，在生产或生活成本上升时，企业往往选择涨价，工人也会要求增加工资；但在经济衰退时，企业却不愿意降价，工人也反对减薪。由于物价与工资的刚性，需求减少的产业部门工资与物价不会因需求减少而下跌，这样就会出现平均物价水平因需求结构的变动而持续上涨的情况。

各部门劳动生产率差异的变动同样可能带来通货膨胀，随着科学技术的发展，某些产业部门的劳动生产率增长更快，因此这些部门的工资增长也更多，而另一些部门尤其是服务性行业劳动生产率增长慢，为了保持各部门工资间的平衡关系，他们也会要求相应的工资增长，这种工资的“攀比”使工资增长大于劳动生产率的增长，从而带来一般物价水平的上涨。

四、通货膨胀对经济的影响

（一）通货膨胀对经济增长的影响

在分析通货膨胀对经济的影响时，经济学界存在着很大的分歧。分歧可以分为促进论和促退论。

促进论认为适度的通货膨胀有利于经济增长，理由主要有以下几点：

1. 在通货膨胀的情况下，由于货币幻觉的存在和工人对通货膨胀预期的不充分，工资的上涨往往慢于物价的上涨，结果实际工资下降，降低了厂商的生产成本，提高了利润，这样刺激厂商扩大投资，进而促进经济增长。这主要是一种短期效应。

2. 通货膨胀是一种有利于高收入阶层（即利润收入阶层）而不利于低收入阶层（即工资收入阶层）的收入再分配，由于高收入阶层的边际储蓄倾向较高，因此，通货膨胀会促使社会储蓄率的提高，根据哈罗德—多马经济增长模型，社会储蓄率提高会提高经济增长率，加快经济的发展。

3. 通货膨胀实际上是货币发行者（即政府部门）从货币持有者（即私人部门）手中获得收入的过程。政府通过发行货币，无偿获得对一部分商品或劳务的支配权，而货币持有者手中的货币却因通货膨胀不断贬值，降低了其购买力，这实质上是政府向所有货币持有者征税（通货膨胀税），从而使政府收入增加。如果政府将所获得的这种通货膨胀税收收入用于投资，则将提高社会的投资率，从而推动经济增长。

促退论认为，通货膨胀不仅不利于促进经济增长，反而会损害经济的增长，降低效率。其主要有以下观点：

1. 在持续性的通货膨胀过程中，市场价格机制将遭到严重破坏。由于市场价格机制失去了其应有的调节功能，这就往往会促使消费者和生产者作出错误的决策，从而导致经济资源的不合理配置和严重浪费，使经济效率大大下降。

2. 通货膨胀会动摇人们对货币的信心，并促使人们更多地持有那些价格随通货膨胀不断上涨的实物资产、黄金、外汇以及各种高档消费品或从事房地产等投机活动，而不去从事正常的生产性活动，结果将严重地阻碍经济增长。而且，在严重的通货膨胀情况下，人们会减少货币的使用，而用实物作为交易媒介，这将使交易成本大大提高，从而造成经济效率的损失。

3. 一国的通货膨胀长期高于外国，会使本国产品相对于外国产品的价格上升，从而不利于本国的出口，并刺激进口的增加，引起经常项目的逆差；本国通货膨胀率长期高于外国，还会促使人们将国内储蓄转移到国外，导致资本的外流，引起资本项目的逆差，不利于国际收支的平衡。

4. 通货膨胀意味着货币购买力的下降，它降低工薪阶层的实际收入水平和储蓄价值，因此公众都不愿意以货币的形式进行储蓄，以免遭受经济损失。在预期物价会进一步上涨的心理支配下，公众势必为避免将来物价上涨所造成的经济损失减少储蓄而增加目前消费，这就会使社会储蓄率下降，从而使投资率和经济增长率下降。

（二）通货膨胀对分配的影响

首先，通货膨胀不利于靠固定货币收入生活的人，这些人主要包括领取救济金者、退休者、一些雇工等。由于货币收入固定，随着通货膨胀率的上升，其实际收入则不断下降，即使有时货币收入能根据物价水平作出调整，但是这种调整也是滞后的，或者是不充分的，结果即使货币工资有少量上升，但实际工资还是不断下降，导致生活水平的下降。相反，那些可以获得可变收入的人特别是企业主则可从通货膨胀中获利，能获得可变收入的人，可以根据通货膨胀水平不断调整货币工资，有时甚至可以保持实际工资的上升，而企业主，由于支付的工资成本落后于物价的上涨，可以获得更多的利润。

其次，通货膨胀引起债权人与债务人之间收入的再分配。例如你借给别人100元钱，年利率为10%，一年后你可以得到110元，如果一年后价格水平上涨了20%，那么这110元钱的购买力就还不如现在的100元。这样，你不仅未能得到利息，反而损失了一些本金，别人却从价格上升中得到好处。这相当于通货膨胀将一部分财富从债权人手中转移到了债务人手中。这样，在通货膨胀时期，政府作为最大的债务人总是能够从中得到好处的。

再次，通货膨胀期间金融资产可能会因通货膨胀而降低实际价值，例如债券、存单、保险等，不过股票有时会随着通货膨胀的变化而调整，甚至会出现实际价值上升的现象，但影响股票价格的因素很多，所以股票绝非通货膨胀中较稳妥的保值资产，而实物资产如房产、土地等一般会随着通货膨胀率的变动而相应地调整价格，使实际价值变化不大，因而这类资产在通货膨胀中有较大的保值作用。

最后，通货膨胀增加了纳税人的负担，因为大部分国家对所得税实行累进制征收，随着货币收入越高，征缴的税率越高。假如政府规定，年薪10万元以上按20%交税，5万～10万元按15%交税，一个原来年薪是5万元的工人必须按15%的税率交税，如果发生了通货膨胀，使其货币收入上升到11万元，但实际收入不变，则他必须按20%的税率交税，结果其实际可支配收入下降了，政府从税收中获益。

第二节　经济周期理论

经济周期理论的提出源于资本主义的经济危机，每隔一段时间就出现的经济危机引起了经济学家的注意，为什么会出现周期性的经济危机？如何解决这一问题？经济学家从国民收入波动的角度提出了解释经济周期的理论，将经济周期看做以国民收入为中心的经济活动的短期波动。

一、经济周期的含义

经济周期（business cycle，trade cycle）亦称经济循环和商业循环，它是指经济处于生产和再生产过程中周期性出现的经济扩张与经济紧缩交替更迭、循环往复的一种现象。现代经济分析把经济周期分为四个阶段：繁荣、衰退、萧条、复苏。其中繁荣与萧条是两个主要阶段，衰退与复苏是两个过渡性阶段。图 13-4 说明了这四个阶段的特点。

图中纵轴 Y 代表国民收入，横轴代表时间（年份），向右上方倾斜的直线 N 代表正常的经济活动水平。A 为顶峰，A—B 为衰退，B—C 为萧条，C 为谷底，C—D 为复苏，D—E 为繁荣，E 为顶峰，从 A 到 E 即为一个周期。A—C，即衰退与萧条，就是收缩阶段，C—E，即复苏与繁荣，就是扩张阶段；收缩阶段总的经济趋势是下降，扩张阶段的经济趋势是上升。

（一）衰退

衰退是周期波峰过去，经济开始向下滑坡。根据美国的情况，国内生产总值（GDP）持续上升到达最高水平后即转而进入衰退时期。在衰退期间需求萎缩，从而生产和就业下降。就业下降导致家庭收入减少，又导致需求进一步萎缩，利润也随着下降，企业经营困难。在繁荣时期经济情况看好时所进行的投资，现在已变得无利可图，投资急剧降至最低水平。衰退情节严重时，大量生产能力闲置起来，磨损设备暂不需添补重置，就可应付生产的需要。

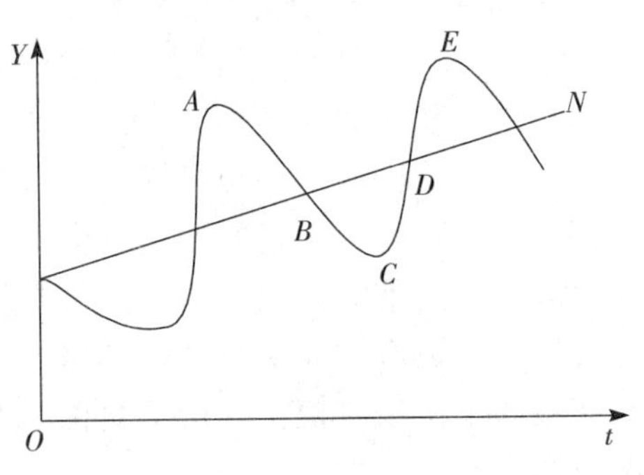

图 13-4　经济周期

（二）萧条

萧条是经济周期接近低谷的部分。此阶段的特点是劳动力失业率高，公众消费水平下降，企业生产能力大量闲置，存货积压，利润低甚至亏损，企业对前景缺乏信心，不冒新投资的风险。

（三）复苏

当复苏开始时，即已经到周期的最低点。但是，促使复苏的因素多种多样，例如大批机器经过多年磨损需要更换，存货减少需要补充，企业定单增加；就业、收入和消费支出均得到增加，使生产销售增加，随之利润增加。经济前景看好，投资的乐观主义代替了萧条时的悲观主义。由于需求增加，生产的顺利扩大基本上是由萧条时闲置的生产能力和解雇后又返回工厂的工人所完成。

（四）繁荣

繁荣体现为经济发展周期的波峰。因为繁荣时期所有生产设备已经得到充分利用，而劳动力特别是技术熟练劳动力已感缺乏。生产所需要的主要原材料也开始感到供应不足。由于这些原因，增产的困难越来越大。这时只有增加投资，扩大生产能力才能扩大产量。而投资建设需要时间，生产的增加满足不了需求的增长，价格不断上涨，生产要素需求的急剧增长促使要素成本上升，但由于商品价格也同时上涨，企业生产仍有较为丰厚的利润可图。由于经济前景看好，投资量可能超过现有销售水平。

二、经济周期的类型

（一）康德拉季耶夫周期

1926 年俄国经济学家 N·康德拉季耶夫发表《经济生活中的长期波动》一书，书中提出了著名的“长波理论”。他认为经济生活中有一种平均长度约为 50 年左右的长期循环。

（二）朱格拉周期

朱格拉认为经济中存在一个长度约为 9～10 年的经济周期。熊彼特把这种周期称为中周期或称为朱格拉周期。

（三）基钦周期

J·基钦提出经济周期实际包括大周期和小周期两种周期。小周期平均长度为 3.5 年（约 40 个月），而一个大周期则包括两个或三个小周期。熊彼特则把这种约 40 个月的周期称为短周期或称基钦周期。

需加特别说明，熊彼特在他的两卷本《经济周期》（1939 年版）中对前三种经济周期作了高度综合与概括。他认为前三种周期尽管划分方法不一样，但并不矛盾。每个长周期中套有中周期，每个中周期中套有短周期。每个长周期包括 6 个中周期，每个中周期包括 3 个短周期。熊彼特还把不同的技术创新与不同的周期联系起来，以三次重大创新为标志，划分了三个长周期：第一个周期，从 18 世纪代到 1842 年是“产业革命时期”；第二个周期，从 1842 至 1897 年是“蒸汽和钢铁时期”；第三个周期，1897 年以后是“电气、化学和汽车时期”。

（四）库兹涅茨周期

S·库兹涅茨是对经济周期和增长都颇有研究的美国经济学家，他在 1930 年出版的《生产和价格的长期变动》中分析了美国、英国、德国、法国、比利时 1866—1925 年 53 种商品的历史统计资料，认为经济中存在着长度为 15～25 年不等长期波动。这种波动在美国的许多经济活动中，尤其是在建筑业中表现得特别明显，所以库兹涅茨周期又被称为“建筑业周期”。

除了对经济周期的描述以外，经济学家还提出了解释经济周期的各种理论。现代经济周期理论主要从国民收入决定理论出发来解释经济周期，其中，最为著名的理论是萨缪尔森的乘数—加速模型。

三、加速原理

在国民经济中，投资与国民收入是相互影响的，在国民收入决定理论中所分析的乘数原理说明了投资变动对国民收入变动的影响，而加速原理则是说明国民收入变动如何影响投资变动。

加速原理说明这样一种经济现象：收入或消费需求的增加必然引起投资的若干倍增加，而收入或消费需求的减少必然引起投资若干倍的减少。加速原理所说的投资的变动是指引致投资的变动，这里假定自发性投资是不变的。所谓自发性投资是指不受国民收入或消费变动影响的独立投资，是指由于心理方面、政治方面的原因或生产技术的进步而引起的投资。引致投资则是指由于国民收入或消费等因素的变动而引起的投资。

可以用总投资函数来分析加速原理：

$$I_t = I_0 + D = \alpha(Y_t - Y_{t-1}) + D$$

其中，I_t表示总投资，I_0表示净投资或新增投资，D表示重置投资或折旧。α即加速系数，是净投资与产量增量之比。$Y_t - Y_{t-1}$表示产量或国民收入的增量，在一定的技术条件下，如果增加100万元的产量需要增加净投资200万元，则加速系数$\alpha=2$。现假设某生产活动中，加速系数$\alpha=2$，折旧率为10%，产量与投资量的关系如表13-1所示：

表13-1　产量与投资的关系

时间（t）	产量（万元）	资本量（万元）	净投资（万元）	重置投资（万元）	总投资（万元）
1	100	200	0	20	20
2	110	220	20	22	42
3	125	250	30	25	55
4	125	250	0	25	25
5	115	230	−20	23	3

从上表的数据可以看出：①产量的变动决定了投资的变动；②投资的变动大于产量的变动，这也是加速的含义；③要投资增长不变必须使产量保持一定的增长速度，即使产量不变也会带来投资的减少，如表中3～4行所显示的。

四、乘数—加速模型

投资和收入之间是互相影响、互相作用的。在凯恩斯的经济模型里面，只强调了乘数的作用，即投资变动对国民收入变动的影响，而忽略了国民收入变动对投资变动的影响，即加速作用。由美国经济学家汉森和萨缪尔森提出的“汉森—萨缪尔森模型”恰好弥补了这个缺陷，把乘数和加速的作用紧密地结合在一起。这个模型实际上是引进时间因素的国民收入决定模型，即国民收入决定的动态化。

乘数—加速模型是把这两种原理结合起来以说明经济周期的原因。这一模型可以表述为这样一个公式：

$$Y_t = C_t + I_t + G_t$$

式中，Y_t为现期收入，C_t为现期消费，I_t为现期投资，G_t为现期政府支出。这个公式说明，根据凯恩斯主义的国民收入决定理论，现期收入等于现期消费、现期投资与现期政府支出之和（不考虑开放经济中的净出口）。

现期消费取决于边际消费倾向 c 和前期收入 Y_{t-1}，即

$$C_t = c \cdot Y_{t-1}$$

现期投资取决于加速系数 α 和消费的变动（$C_t - C_{t-1}$），于是

$$I_t = \alpha \cdot (C_t - C_{t-1}) = \alpha \cdot (c \cdot Y_{t-1} - c \cdot Y_{t-2}) = \alpha \cdot c \cdot (Y_{t-1} - c \cdot Y_{t-2})$$

这说明在考虑消费时，投资最终仍取决于收入的变动，即加速原理说明的关系。设现期政府支出为既定，则有：$Y_t = c \cdot Y_{t-1} + \alpha \cdot c \cdot (Y_{t-1} - Y_{t-2}) + G_t$

现假设边际消费倾向 $c=0.5$，加速系数 $\alpha=1$，政府支出 $G_t=1\,000$ 亿，可以得到表 13－2。

表 13－2　消费、投资与国民收入

年份（t）	现期消费（C_t）（亿元）	政府支出（G_t）（亿元）	现期投资（I_t）（亿元）	现期收入（Y_t）（亿元）
1	0	1 000	0	1 000
2	500	1 000	500	2 000
3	1 000	1000	500	2 500
4	1 250	1 000	250	2 500
5	1 250	1 000	0	2 250
6	1 125	1 000	－125	2 000
7	1 000	1 000	－125	1 875
8	937.5	1 000	－67.5	1 875
9	937.5	1 000	0	1 937.5
10	969	1 000	63	2 032

对乘数—加速数模型应做如下说明：

第一，经济中的投资、国民收入、消费之间相互影响，相互调节。假定政府支出既定（即政府不干预经济），只靠经济本身的力量自发调节，那么，就会形成经济周期。经济周期中所体现的阶段性的发展趋势是乘数与加速原理互相作用的结果，因而，这种自发调节中的投资是关键，经济周期主要由投资引起。

第二，乘数与加速原理相互作用引起经济周期的具体过程是由投资增加引起国民收入的更大增加，国民收入的更大增加又引起投资的更大增加，这样，经济就会出现繁荣。在国民收入达到一定水平后，由于社会需求与资源的限制无法再增加，这时会由于加速原理的作用使投资减少，投资的减少又会由于乘数的作用使国民收入继续减少，这两者之间的共同作用又使经济趋于萧条。萧条持续一定时期后由于国民收入回升又使投资增加、国民收入再增加，从而经济进入另一次繁荣。正是由于乘数与加速原理的共同作用，经济中就形成了由繁荣到萧条，又由萧条到繁荣的周期性波动。

第三，政府可以通过干预经济的政策来减轻经济周期的波动，在上例中，假设 G_t、α、c 都是不变的，从而有周期性波动。如果政府运用经济政策改变这些变量，则经济周期的波动可以缓和或减轻。例如，政府可以依据经济运行的状况适时改变政府支出的大小或采取影响私人投资的政策，而使经济的变动比较接近政府的意图。政府还可以采取措施影响加速系数，比如通过适当的政策来提高劳动生产率，从而提高投资的经济效率。此外，还可以影响边际消费倾向，即通过适当的政策，影响人们的消费在收入增量中的比例，从而影响下一期的收入。

经济学家认为，从动态的角度来看，单纯的加速原理或乘数原理只有理论意义，而没有实际意义。汉森和萨缪尔森把两者结合起来，以乘数与加速数的结合作为政府按照收入变动趋势来调节经济生活的依据，这被看成是动态经济学领域内凯恩斯主义的一个重要发展。

第三节　经济增长理论

前面对宏观经济学的讨论都属于短期分析的范围。在短期分析的框架内，为了重点说明和分析一些宏观经济问题，一直假定经济的潜在生产水平是固定不变的。但从较长的时间范围来看，这一假定显然是不合理的，更何况讨论国民经济长期发展问题本身也是宏观经济学的一个重要内容。正因为如此，本节专门讨论国民经济长期发展方面的问题。经济增长理论研究的是国民经济，尤其是国民收入的长期变化。换言之，经济增长理论研究的是国民经济的各种主要宏观经济变量在不同时期的数值的变化。

一、经济增长的含义

经济增长是指人均国民收入的增长。美国统计学家和经济学家西蒙·史密斯·库兹涅茨给经济增长下了这样一个定义："一个国家的经济增长，可以定义为给居民提供种类日益繁多的经济产品的能力长期上升，这种不断增长的能力是建立在先进技术以及所需要的制度和思想意识之相应的调整基础上的。"

经济增长这一定义有以下三个含义：第一，经济增长就是实际国内生产总值的增加。如果考虑到人口的增加，经济增长就是人均实际国内生产总值的增加。第二，技术进步是实现经济增长的必要条件。在影响经济增长的诸因素中，技术进步是第一位的。一部经济增长的历史，就是一部技术进步的历史。第三，制度与意识形态的调整或变革是经济增长的充分条件：一方面，社会制度与意识形态的变革是经济快速增长的前提。例如，私有产权的确立是经济增长的起点和基础。只有在制度与意识形态的调整基础上，技术才能极大地进步；另一方面，新的经济制度的出现，使交易费用降低时，分工将进一步细化，促进经济增长。

二、经济增长的源泉

对于经济增长的源泉，不同的经济学家常有不同的看法。亚当·斯密强调分工、专业化生产与国际贸易中的绝对优势；李嘉图强调了比较优势与自由贸易；马克思和恩格斯以及熊彼特强调了创新；而索洛等人强调生产要素；贝克尔和舒尔茨则强调了教育与人力资本；新经济增长理论强调内生性增长，特别是规模报酬递增在经济增长中的贡献，其实质是强调内生性技术创新；诺斯等人强调制度创新对经济增长的作用。

一般来说，经济增长的源泉主要有四个，劳动、资本、自然资源和技术进步。设经济社会的总产量生产函数由下式表述：

$$Y_t = A_t \cdot f(K_t, L_t)$$

式中，Y_t、L_t、K_t依次表示t时期的总产量、投入的劳动量和投入的资本量；A_t为t时期的技术状况。由总产量生产函数可以看出，经济增长的源泉是资本积累、自然条件的改善、劳动素质的提高或人力资本的积累与技术进步。

（一）劳动

劳动力的数量与质量是决定一国经济增长的重要因素。尤其是劳动力的质量或素质，如劳动者的生产技术水平、知识水平与结构、纪律性以及健康程度，是决定一国经济增长最重要的因素。一个国家可以购买最先进的生产设备，但是这些先进的生产设备只有拥有一定技术的受过良好训练的劳动者才能使用，并使它们充分发挥效用。提高劳动者的知识水平与生产技能，增强他们的身体素质与纪律意识，将极大地提高劳动生产率。一般来说，在经济增长的开始阶段，人口增长率较高，这时，经济增长主要依靠劳动力数量的增加。而经济增长到了一定阶段，人口增长率下降，劳动时间缩短，这时，就要通过提高劳动力的质量或人力资本的积累来促进经济增长。

（二）自然资源

自然资源也是影响一国经济增长的重要因素。一些国家，例如加拿大，就是凭借其丰富的自然资源，在农业、渔业和林业等方面获得高产而发展起来的。但在当今世界上，自然资源的拥有量并不是取得成功的必要条件。许多几乎没有自然资源可言的国家，如日本，通过大力发展劳动密集型与资本密集型的产业而获得经济发展。

（三）资本

资本分为物质资本和人力资本。物质资本又称有形资本，是指设备、厂房、基础设施等存量。人力资本又称无形资本，是指体现在劳动者身上的投资，如劳动者的文化技术水平、纪律性与健康状况等，已经包含在人力资源之中。因此，这里的资本是指物质资本，包括厂房、机器设备、道路以及其他基础设施等。

资本积累是经济增长的基础。英国古典经济学家亚当·斯密曾把资本的增加作为国民财富增加的源泉。现代经济学家认为，只有人均资本量的增加，才有人均产量的提高。许多经济学家都把资本积累占国民收入的10%～15%作为经济起飞的先决条件，把增加资本积累作为实现经济增长的首要任务。西方各国经济增长的事实表明，储蓄多从而资本积累多的国家，经济增长率往往是比较高的，例如德国、日本等。

（四）技术进步

技术进步在经济增长中的作用，主要体现在生产率的提高上，使得同样的生产要素投入量能提供更多的产品。

上述分析，隐含着现存的社会政治经济制度和意识形态符合经济增长的要求的假定。若不具备这一假设条件，社会政治经济制度和意识形态的相应调整对促进经济增长具有十分重要的作用。一个社会只有在具备了经济增长所要求的基本制度条件，有了一套能促进经济增长的制度之后，上述影响经济增长的因素才能发挥其作用。战后许多发展中国家经济发展缓慢的原因，关键并不是缺乏资本、劳动或技术，而是没有改变他们落后的制度。

三、哈罗德—多马经济增长模型

英国经济学家哈罗德与美国学者多马几乎同时提出自己的经济增长模型。由于两者在形式上极为相似，所以称为哈罗德—多马模型。两者的区别在于哈罗德是以凯恩斯的储蓄—投资分析方法为基础，提出资本主义经济实现长期稳定增长模型；而多马模型则以凯恩斯的有效需求原理为基础，得出与哈罗德相同的结论。哈罗德—多马模型考察的是一国在长期内实现经济稳定的均衡增长所需具备的条件。

哈罗德—多马模型的假定条件包括：①社会只生产一种产品，既可作为消费品也可作为资本品；②生产中只使用两种生产要素即劳动与资本，且生产中比例固定，不能相互取代，即资本—劳动比（K/L）不变，同时，资本产量比（K/Y）不变，劳动产量比（L/Y）不变；③规模报酬不变；④技术水平既定。

哈罗德的增长公式分为三个部分：

（一）有保证的增长率，即实现充分就业的均衡增长

$$G_w=\frac{\Delta Y}{Y}=\frac{s}{v}$$

其中，G 表示国民收入的增长率。s 代表储蓄率，是本期收入中不用于消费的部分占总收入的比例，$s=\frac{S}{Y}$。v 表示资本产量比，$v=\frac{\Delta K}{\Delta Y}$ 即增加一个单位产量 Y 所需要增加的资本量，也就是前面所提到的加速系数。

如果上述条件满足，则 $\frac{\Delta Y}{Y}\cdot v=s\rightarrow\frac{\Delta Y}{Y}\cdot\frac{\Delta K}{\Delta Y}=s\rightarrow\frac{\Delta K}{Y}=\frac{S}{Y}$

由于 $\Delta K=I$（即新增投资），所以，由上式可以得到 $I=S$，这是使总供给＝总需求实现国民收入均衡增长的条件。

（二）实际增长率

$$G=\frac{\Delta K/Y}{v}$$

式中，$\Delta K/Y$ 是投资率，即收入中用于新增投资的比例。由经济增长率的定义可以知道，经济的实际增长率 $G=\frac{\Delta Y}{Y}$，而 $\frac{\Delta K/Y}{V}=\frac{\Delta K/Y}{\Delta K/\Delta Y}=\frac{\Delta Y}{Y}$，所以前面的等式成立。根据实际增长率公式可知，如果投资率低于储蓄率，将使实际增长率低于有保证的增长率，这时会出现总需求小于总供给的情况。

（三）自然增长率

即由人口增长和劳动生产率增长所决定的经济增长率。

$$G_n=\frac{\Delta y}{y}+\frac{\Delta L}{L}$$

其中，G_n表示自然增长率，y表示劳动生产率，L表示劳动力人数。

哈罗德认为除了投资、储蓄影响增长以外，人口与技术进步也会影响经济增长，但他假设技术进步只影响劳动生产率，这样人口增长和劳动生产率增长必然决定一个经济增长率。

劳动生产率用每个劳动力生产的产品的价值来表示，即 $y=\dfrac{Y}{L}$。

由于 Y 可以表示为 $\dfrac{Y}{L}\cdot L$，所以，$Y=y\cdot L$。如果劳动力在人口中所占比例固定，那么，人口增长率就是劳动力的增长率。

由 $\Delta Y=\Delta y\cdot L+\Delta L\cdot(y+\Delta y)$ 可得：

$$G_n=\frac{\Delta Y}{Y}=\frac{\Delta y}{y}+\frac{\Delta L}{L}+\frac{\Delta L}{L}\cdot\frac{\Delta y}{y}\approx\frac{\Delta y}{y}+\frac{\Delta L}{L}$$

即自然增长率是人口增长率和劳动生产率增长率之和。

哈罗德—多马模型提出了稳定增长的条件，但由于 G、G_w、G_n完全由不同的因素决定，要使三者完全相等非常困难。比如投资率由预期利润决定，储蓄率取决于公众的边际储蓄倾向和边际消费倾向，而人口的增长和技术的进步则更难把握，三者相等除非是偶然的巧合，所以，哈罗德—多马的稳定增长也被称为“刀锋上的增长”。

哈罗德—多马模型作为一种早期的增长理论，虽然具有简单、明确的特点，但该模型关于劳动和资本不可相互替代以及不存在技术进步的假定也在一定程度上限制了其对现实的解释。在西方经济增长理论的文献中，经济学家几乎公认，美国经济学家索洛在 20 世纪 50 年代后半期所提出的新古典增长理论是 20 世纪五六十年代最著名的关于增长问题的研究成果。

四、新古典经济增长模型

新古典经济增长理论同样假设只生产一种产品；使用两种生产要素：劳动 L 与资本 K；规模报酬不变，但放弃了哈罗德—多马模型中关于资本和劳动不可替代的假定。

在暂时不考虑技术进步的情况下，有：

$$\Delta Y=MP_K\cdot\Delta K+MP_L\cdot\Delta L$$

于是，$\dfrac{\Delta Y}{Y}=\dfrac{MP_K\cdot\Delta K}{Y}\cdot\dfrac{K}{K}+\dfrac{MP_L\cdot\Delta L}{Y}\cdot\dfrac{L}{L}=\dfrac{MP_K\cdot K}{Y}\cdot\dfrac{\Delta K}{K}+\dfrac{MP_L\cdot L}{Y}\cdot\dfrac{\Delta L}{L}$

由于 $Y=MP_K\cdot K+MP_L\cdot L$，所以，$\dfrac{MP_K\cdot K}{Y}+\dfrac{MP_L\cdot L}{Y}=1$

设 $\frac{MP_K \cdot K}{Y}=a$，$\frac{MP_L \cdot L}{Y}=b$，可得：

$$\frac{\Delta Y}{Y}=a\cdot\frac{\Delta K}{K}+b\cdot\frac{\Delta L}{L}$$

这是柯布—道格拉斯生产函数的另一种表达方式。从该模型可以看出，劳动和资本是可以替代的。在资本供应充足，利率低时，企业可以增加资本投入，提高资本产量比 v；在工资低，劳动力价格便宜时，企业可以增加劳动投入，降低资本产量比 v，都可以影响经济的增长。

假设由人口增长所决定的经济增长率 $G_n=5\%$，$v=4$，要实现 $G_n=G_w$，必须使 $s=v\cdot G_n$，即 $s=20\%$，如果实际 $s=25\%$，储蓄过多，则 $G_n<G_w$，经济出现萧条。新古典学派认为，既然储蓄过多，意味着资本供给大于需求，利率会下降，资本家的投资需求增加，资本产量比 v 增加，由 $v=4$ 变为 $v=5$，$G_w=\frac{25\%}{5}=5\%$，同样可以使 $G_n=G_w$，实现经济的均衡增长。新古典学派认为通过市场机制，也能实现经济的均衡增长。

五、新剑桥经济增长模型

该模型的提出者是执教剑桥大学的卡尔多等经济学家，重点分析如何通过影响储蓄率来影响经济增长，实现充分就业条件下的均衡增长。新古典学派主张改变资本产量比 v 来实现均衡增长，而新剑桥学派则主张改变储蓄率来实现。

新剑桥学派认为，由于货币边际效用的不同，在一般情况下，资本家的储蓄倾向大于工人，通过改变国民收入在工人与资本家之间的分配比例，就可以改变社会的平均储蓄率 s。

设社会平均储蓄率为 s，利润为 P，资本家的储蓄率为 s_p，工人的储蓄率为 s_w，工资为 W。则：

$$\text{社会总储蓄 } X = P\cdot s_p + W\cdot s_w$$

$$\text{社会平均储蓄率 } s=\frac{P\cdot s_p+\mathrm{Ws_w}}{Y}=\frac{P}{Y}\cdot(s_p-s_w)+s_w$$

由 $G_w=\frac{s}{v}$ 得：$G_w=\frac{\frac{P}{Y}\cdot(s_p-s_w)+s_w}{v}$

假设 $G_n=4\%$，$v=5$，利润占国民收入的比例 $\frac{P}{Y}$ 为 40%，$s_p=30\%$，$s_w=5\%$，则社会平均储蓄率 $s=\frac{P}{Y}\cdot(s_p-s_w)+s_w=15\%$，相应的 $G_w=\frac{s}{v}=$

3%，这时的 $G_w < G_n$，这意味着经济的增长因储蓄不足而出现不均衡，如果将利润占国民收入的比例由 40%增加到 60%，其他条件不变，则社会平均储蓄率 $s=20\%$，$G_w=\frac{20\%}{5}=4\%=G_n$，可以实现充分就业的均衡。

重要概念

通货膨胀（inflation）
需求拉上型通货膨胀（demand - pull inflation）
结构性通货膨胀（structural inflation）
成本推动型通货膨胀（cost - push inflation）
通货紧缩（deflation）
滞胀（stagflation）
消费者价格指数（consumer price index，CPI）
生产者价格指数（producer price index，PPI）
GDP 缩减指数（GDP deflator）
加速原理（accelerator principle）
经济周期（business cycle，trade cycle）
乘数—加速数模型（multiplier - accelerator model）
经济增长（economic growth）
经济增长率（rate of economic growth）
经济增长模型（economic growth model）
哈—马经济增长模型（Harrod - Domar model）
新古典经济增长模型（new classical economic growth model）

复习思考题

1. 如何测定通货膨胀？有哪些主要的衡量通货膨胀的方法？
2. 有哪几种解释通货膨胀的理论？这些理论如何解释通货膨胀的形成？
3. 通货膨胀、通货紧缩、滞胀这几个概念有何联系与区别？
4. 假定货币供应量不变，通货膨胀能长久持续下去吗？
5. 通货膨胀对名义利率和实际利率的影响在短期和长期有什么区别？
6. 如何划分并理解经济周期或商业周期？试举例说明。
7. 怎样用乘数论和加速原理说明经济周期波动？
8. 解释哈—马经济增长模型。
9. 比较哈—马增长模型与新古典增长模型。

10. 已知经济社会的平均储蓄倾向为0.12，资本产量比等于3，求有保证的增长率。假如一国的产出要实现年增长率G从4%提高到6%，在资本—产出比率v等于2的情况下，根据哈罗德增长模型，储蓄率S应怎样变化?

第十四章 宏观经济政策

国民收入决定理论、通货膨胀理论以及经济周期与经济增长理论等宏观经济理论为政府干预宏观经济提供了理论依据。宏观经济政策是一个国家对经济总量进行调控以达到一定目标而采取的措施。在本章中，我们重点关注两个方面的问题：一是了解宏观经济政策的目标与内容；二是了解政府如何实施宏观经济政策。通过学习宏观经济政策的目标、财政政策的内容、货币政策工具及其传导机制以及主要的供给管理政策，了解宏观经济政策的基本原理及其政策效应。

第一节　宏观经济政策概述

宏观经济政策是一国政府为了促进其经济发展和增进社会福利而制定的各种原则和措施，是为了达到一定的经济目标而对经济运行所作的有目的的干预。狭义的宏观经济政策包括财政政策和货币政策；广义的宏观经济政策还包括产业政策、收入分配政策、人口政策。国家的干预在不同时期有不同的手段，但无论采用何种具体的手段，都是为了完成预期的宏观经济政策目标。

一、宏观经济政策目标

大多数经济学家的观点认为，宏观经济政策应该达到四种目标：充分就业、物价稳定、经济持续增长和国际收支平衡。

（一）充分就业

一般来说，充分就业是指包含劳动在内的一切生产要素都以愿意接受的价格参与生产活动的状态。就劳动就业而言，充分就业并不是所有的劳动者都能就业，在充分就业的状态下，有可能存在失业。

经济学将失业分为自然失业与周期性失业。前者指经济中某些难以避免的原因如劳动力市场不完善、经济结构调整等所引起的失业。主要包括：①摩擦性失业，是经济活动中正常的劳动力流动而引起的失业。②求职性失业，工人不满意现在的工作离职寻找更理想工作期间造成的失业。③结构性失业，是指由于劳动力供求结构变动所引起的失业。④技术性失业，由于技术进步而引起的失业。⑤季节性失业，是指由于生产的季节变换而出现的失业。现实经济中自然失业率一般在5%左右，不会对社会稳定带来威胁。政府关心的是由于总需求不足所造成的非自愿失业也叫周期性失业。

由于失业会给社会及失业者和家人带来巨大损失，奥肯定律说明失业率每高于自然失业率1%，实际*GDP*便低于潜在*GDP* 2%，所以降低失业率，实现充分就业，常常作为政府制定宏观经济政策时考虑的首要目标。充分就业并不是指百分之百的就业，它并不排除类似于摩擦性失业的存在。大多数经济学家认为4%～6%的失业率是正常的。所谓充分就业，是指除了自然失业以外的所有愿意参加工作的人都能按他们的意愿接受的工资从事职业的一种状态，或者说是消灭了周期性失业的状态。

（二）物价稳定

是指价格总水平的稳定，一般采用价格指数来表示价格水平的变化。价格稳定不是指每种商品价格的固定不变，也不是指价格总水平的固定不变，而且指价格指数的相对稳定。国内的物价稳定政策包括反通货膨胀和反通货紧缩，国际的物价稳定政策包括汇率稳定和国际收支平衡。由于通货膨胀对经济增长有不同程度的不利影响，政府往往将维持物价稳定作为重要的宏观经济政策之一。

在市场经济条件下，由于受各种复杂因素的影响，一个国家的物价水平很难维持不变的状态，所以这里的物价稳定也不可能指各种商品价格水平的固定不变，而是指它们的相对稳定。在宏观经济政策中维持物价稳定的目标往往是指经济中保持较低而稳定的通货膨胀率。

（三）经济增长

经济的持续稳定增长是指一定时期内国内生产总值的增长达到一个适度的水平。它包括两个方面：维持适度的经济增长率和培育经济持续增长的能力。一般认为，经济增长与就业目标是一致的，适度的经济增长可以实现充分的就业。虽然经济增长能够增加社会福利，实现充分就业，但是也有可能诱发对经济增长不利的通货膨胀。所以，经济增长并不是越快越好，而应与其他增长因素相互平衡。

（四）国际收支平衡

国际收支平衡是指一国净出口与净资本的流出相等而形成的平衡，某一国家的国际收支状况不仅反映了这个国家的对外经济交往情况，还反映出该国经济的稳定程度。当一个国家的国际收支处于失衡状态，必然造成对国内经济的冲击，从而影响到其就业水平、物价水平、经济增长等问题。在开放的现代经济中，如何平衡国际收支也是国家宏观经济政策的重要目标之一。

需要指出的是，上述宏观经济政策的目标并不总是一致的，在不同的经济发展时期，政府不可能总是能同时实现以上所有的政策目标。

充分就业与物价稳定之间的关系体现在菲利浦斯曲线所表明的就业与工资水平相互交替的关系上。在充分就业的状态下货币工资增长快，就会引起工资成本推动型的通货膨胀。在实际的经济决策中，要维持充分的就业就要采取扩张性的财政政策与货币政策，而扩张性的财政政策与货币政策必然引起通货膨胀。因此，充分就业是以通货膨胀为代价的，物价稳定以存在失业为代价，充分就业与物价稳定难以两全。

物价稳定与经济增长之间也存在矛盾，许多国家在经济增长较快的阶段，都会出现不同程度的通货膨胀，物价稳定的目标难以维持。一般地，在资源未得到充分利用的条件下，经济增长不会引起严重的通货膨胀，但当某些资源接近充分利用时，或某些资源处于稀缺时，经济增长就会使生产要素价格上升，从而导致通货膨胀。

充分就业与经济增长之间的有较大的一致性。在任何一个经济体中，随着经济的增长必然带来更多的就业机会。但他们之间也存在着矛盾性，尤其在现代经济中，经济增长并不一定能自然地解决就业问题。在现代经济中，经济增长以技术为前提，技术进步采取资本密集型生产方式必然引起技术性失业。技术的含量越高经济增长越快，引起经济结构的变动越大，从而造成结构性失业的可能性也越大。

经济增长、充分就业与国际收支平衡之间也可能存在矛盾，在经济持续增长和实现充分就业的情况下，国民收入的增加会带来进口需求的增加，如果出口不能相应增加则会出现国际收支的不平衡。

经济政策间的矛盾为政策的制定带来了较大的难度，宏观经济政策一方面要求全面实现上述目标，另一方面更为重要的是能够协调平衡各种目标之间的关系。通常情况下，政府选择某一目标时可能是以另一目标为代价的，这就要求选择的目标收益至少要大于放弃的目标的损失。因此，政府在确定政策目标时不是实现每项政策目标都达到最优，而是要尽量实现各种政策目标的总和最优，即以各种政策目标的总和带来的社会福利最大化为目标。

二、宏观经济政策工具

政策工具是实现政策目标的手段，不同的政策工具可以达到相同的目标，但也有不同的其他影响，政府在选择政策工具时，需要综合考虑。如果不考虑对外经济交往，按照政策工具影响的对象，可以将宏观经济政策大致分为需求管理与供给管理政策。

（一）需求管理政策

需求管理政策是通过影响总需求来达到一定的政策目标，凯恩斯主义强调总需求对宏观经济特别是国民收入的影响，所以，需求管理政策是凯恩斯主义最重视的手段。

按照需求管理政策希望达到的目标可以分为扩张性政策工具与紧缩性政策工具两种。前者是在总需求不足的情况下，通过刺激总需求，使总需求等于总供给以实现政府的目标，包括增加政府支出、降低利率等政策。后者则是通过减少总需求来实现总需求等于总供给，比如增税、减少政府支出等政策。

从需求管理政策的内容划分，又可以分为财政政策与货币政策。前者通过调整政府的收入与支出来影响总需求，实现政府的目标；后者通过改变货币的供应量来影响总需求，实现政府的目标。

（二）供给管理政策

供给管理政策是通过影响总供给，主要是通过增加有效供给，来达到一定的政策目标。短期内，影响供给的主要因素是生产成本，特别是工资成本；而长期内，影响供给的是生产能力或经济增长潜力。供给管理政策包括收入政策、人力资源政策以及经济增长政策等。

第二节　财政政策

财政政策是指根据稳定经济的需要，通过财政支出与税收政策来调节总需求。增加政府支出，可以刺激总需求，从而增加国民收入，反之则抑制总需求，减少国民收入。税收对国民收入是一种收缩性力量，因此，增加政府税收，可以抑制总需求从而减少国民收入，反之则刺激总需求增加国民收入。

一、财政政策的内容

财政政策的内容主要包括政府支出和政府收入（税收、公债）政策。通过变动政府支出、变动税收和公债来实现政府既定的政策目标。政府支出包括政府用于国防、公共安全、社会福利、公共卫生、教育、环保、农业、公债利息等方面的支出，大致可以分为公共工程支出、政府购买（政府对各种产品与劳务的购买）以及政府转移支付（政府不以取得产品与劳务为目的的支出）。税收是财政收入的主要来源，包括所得税、财产税和商品税等，公债是政府财政收入的另一个重要来源。

政府购买支出是决定国民收入大小的主要因素之一，其规模直接影响到社会总需求。当经济衰退时，总支出水平过低，政府可以通过增加政府购买支出，刺激经济回升；当总支出水平过高时，政府可以通过减少政府购买支出，抑制通货膨胀。

政府转移支付也是一项重要的财政政策工具。当经济衰退时，失业增加，政府可以通过增加福利费用，提高转移支付水平，从而增加人们的可支配收入和消费支出，刺激经济上升；反之，当总支出水平过高时，通货膨胀上升，政府应减少福利支出，降低转移支付，从而减少人们的可支配收入和社会总需求，抑制通货膨胀。

税收作为政府收入的手段，是国家财政收入的主要来源。一般情况下，降低税率，减少税收可引致社会总需求增长和国民收入增加；提高税率，增加税收可引致社会总需求下降和国民收入减少。因此，在需求不足时，可采用减税政策抑制经济衰退；在需求膨胀时，可采用增税措施抑制经济过热。

公债也是财政政策的工具之一。公债的发行，既可以筹措财政资金弥补财政赤字，又可以通过公债发行带来在资金市场上的流动性，影响货币的供求，从而调节社会的总需求水平，对经济产生促进或抑制的作用。

二、自动稳定器

某些财政政策工具能够自行纠正经济活动出现的偏差，减少各种干扰对国民经济冲击，这些能自动配合调节总需求的财政政策被称为自动稳定器或内在稳定器。具有内在稳定功能的财政政策工具主要有：税收与税率、转移支付以及农产品价格维持制度。这些自动稳定器具有某种自动调整的灵活性，有助于经济稳定，对需求管理起着自动配合的作用。这些政策的自动稳定功能表现在以下几个方面：

其一是税收的自动变化。由于个人所得税的征收具有一定的起征点与固定税率，因此它能自动调节总需求。在经济萧条时，国民收入水平下降，个人收入减少，所交税额减少，从而抑制了消费与投资的减少，有助于减轻经济衰退的程度；反之在经济繁荣时期，国民收入水平上升，个人收入自动增加，所交税额增加，从而抑制了消费与投资的增加，有助于防止经济过热。

其二是政府支出的自动变化。政府支出在这里主要指政府的转移支付，主要包括政府在失业救济和其他福利方面的支出。失业救济金的发放有一定标准，它发放的数量与失业人数有着直接的关系。在经济萧条或衰退时、失业人数增多，失业救济金发放就增多，从而增加转移支付；反之，在经济繁荣时期，失业人数减少，失业救济金及其他福利费用支出也就减少，从而减少转移支付，抑制可支配收入和消费的增长。

其三是保持农产品价格稳定的政策。在经济萧条时，国民收入水平下降，农产品价格下降，政府按照农产品支持价格收购农产品，可使农民收入和消费保持在一定水平上，有助于减轻经济衰退的程度；反之，在经济繁荣时期，国民收入水平上升，农产品价格上升，政府减少对农产品的收购并抛售农产品，限制农产品价格上升，可抑制农民收入的增长，有助于减少总需求的增加程度，减轻通货膨胀。

这种内在的稳定器能自动地发生作用，调节经济，不需要政府作出过多的决策。但是，内在的稳定器其调节经济的作用是非常有限的，它只能减轻萧条和通货膨胀的程度，它对轻微的经济波动能起到良好的作用，但其作用是有局限的、辅助性的，并不能完全消除波动。因此，尽管这些政策具有自动稳定器作用，但在现实中仍需要政府运用财政政策来调节。

三、相机抉择的财政政策

相机抉择的财政政策是指宏观财政政策应根据“逆经济风向而行”的办法，包括：扩张的财政政策、紧缩的财政政策和平衡的财政政策。

为了确保经济的稳定增长，政府应主动地采取相应财政措施，在不同的经济周期进行不同的具体操作。在经济萧条时期，总需求小于总供给，存在失业，政府要通过扩张性的财政政策来刺激总需求，以实现充分就业。扩张性的财政政策包括增加政府支出，如增加政府公共工程支出与政府购买，增加转移支付，减少个人所得税，减少公司所得税等。在经济过度繁荣时期，政府则要通过紧缩性的财政政策来抑制总需求，紧缩性的财政政策包括减少政府支出与税收，如减少政府公共工程与政府购买，减少转移支付，增加个人所得税和公司所得税。在经济相对稳定时期则采用平衡结合的财政政策。

财政政策对收入产生的效应受各种因素制约，包括：①任何财政政策都有“时滞”效应，在短期内很难见效。②财政政策会遇到“挤出效应”问题。挤出效应是指增加政府投资对私人投资产生的挤占效应。③财政政策会遇到政治上的阻力和不同阶层与集团的反对。例如，增加税金会遭受到普遍反对，甚至会造成政府的不稳定，减少政府购买会遇到大厂商的反对，减少转移支付则会遇到一般平民及其同情者的反对。

四、财政赤字与挤出效应

赤字是政府的收入与支出之差，在经济萧条时期，由于政府增加支出和减税，往往产生财政赤字。为了弥补财政赤字，政府可以通过在公开市场上出售政府债券来筹集资金。由于货币供给不变，政府出售债券相当于收回流通中的部分资金，市场上资金减少，利率上升，利率的上升减少了私人投资，引起了挤出效应。所谓挤出效应是指政府支出增加所引起的私人消费或投资减少的经济效应。因政府出售公债而产生的挤出效应的大小取决于投资的利率弹性，投资的利率弹性大则挤出效应大。

除了在政府实施扩张性的财政政策过程中，因为出售政府债券而引起挤出效应以外，政府通过增加税收来为其支出筹资也会产生挤出效应。增税减少了私人收入，使私人消费与投资减少，产生挤出效应，而挤出效应的大小取决于边际消费倾向，边际消费倾向大，则增税引起的私人消费减少多。

此外，在实现了充分就业的情况下，政府支出增加引起价格水平的上升，这种价格水平的上升也会减少私人消费与投资，产生挤出效应。

在开放经济中当实行固定汇率制时，政府支出增加引起价格上升削弱了商品在世界市场上的竞争能力，从而出口减少，海外投资减少，这也是一种挤出效应。

利用 IS - LM 模型可以来分析财政政策的挤出效应。

如图 14 - 1 所示，当 IS 曲线为 IS_0 时，IS_0 曲线和 LM 曲线相交于 E_0，决定了国民收入为 Y_0，利率为 r_0。当政府实施扩张性的财政政策，即政府支出增加或税收减少，即自发总需求增加，IS 曲线从 IS_0 向右上方平移到 IS_1，IS_1 曲线和 LM 曲线相交于 E_1，此时的国民收入为 Y_1，利率为 r_1。在政府支出增加，从而国民收入增加的过程中，由于货币供给量没变（即 LM 曲线没有变动），而货币需求随国民收入的增加而增加，所以引起利率的上升。这种利率的上升减少了私人的投资与消费，即一部分政府支出的增加，实际上只是对私人投资支出的替代，即财政政策的挤出效应。从图 14 - 1 中可以看出，如果利率仍为 r_0 不变，则国民收入应该增加到 Y_2（而利率上升至 r_1，对应的国民收入是 Y_1）。国民收入的差额部分（Y_2-Y_1）就是由于财政政策挤出效应所减少的国民收入增加量。

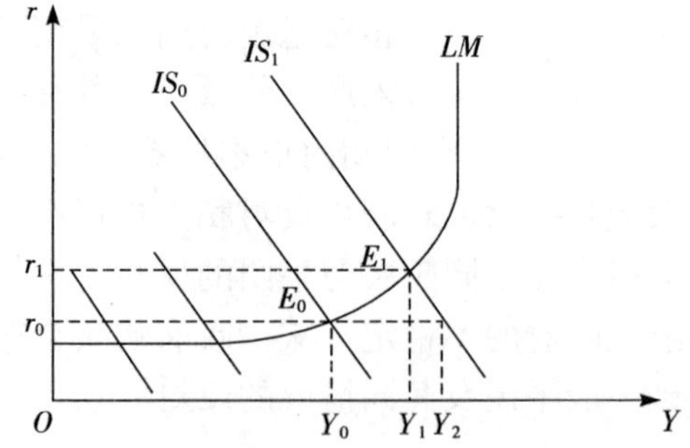

图 14 - 1　财政政策的挤出效应

挤出效应的大小取决于投资的利率弹性，投资的利率弹性大则挤出效应大。在 LM 曲线的凯恩斯区域，增加政府支出，IS 曲线向右移动，利率不变，没有挤出效应。而在古典区域，如果增加政府支出，国民收入不变，产生了完全的挤出效应，即政府支出增加多少，私人投资就减少多少。

第三节　货币政策

货币政策是中央银行通过控制货币供给量、调整利率进而影响投资和整体经济以达到一定经济目标的相应措施。货币政策也可以分为扩张性的和紧缩性的，扩张性的货币政策是通过增加货币供给量来带动货币总需求增长，紧缩性的货币政策是通过削减货币供给量来降低货币总需求水平。

一、货币

（一）货币的形式

1. 商品货币。当货币采取有内在价值的商品形式时，它被称为商品货币。基于物物交换的交易形式在交换规模、次数、品种的局限性，在商品的质量、数量、时间及地点的错位性，在价值计量上无统一标准量化以及无法贮存相应的购买力等诸多问题渐渐无法满足时代发展的需要，因而出现了作为交换媒介与价值计量标准的货币。货币的使用，在人类的发展中经历了漫长的选择与适应过程。

最初的货币与普通商品一样，在长期的历史选择中，它们以各种不同类别的商品在适合且适时的方式被使用，如牲畜、铜、铁、金、银等。这些商品它们在不同的环境中各有优势，但也有不便于携带等缺点。到 19 世纪，商品货币几乎限于金、银，这样的金属货币具有使用价值，本身也有内在价值。金属货币具有价值稳定、不易变质、相对普通物品而言更方便携带等优点，但也存在诸如量化价值与鉴定成色等过程较麻烦、流通费用较高、资源有限，开采成本较高等缺点。因此，货币的本质应当是充当交换媒介，而不一定需要它本身具有价值。

2. 法定货币。没有内在价值的货币就称为法定货币，法定货币是由政府法令所确定的货币。今天，货币的内在价值已经成了它最不重要的环节，所以商品货币让位于纸币成为必然，人们需要这样的货币并不是纸币的内在价值，而是其强大的使用价值。随着现代电子信息技术的发展，现代的货币形式已经非常的多样化，从纸币现金、各种存款到名目繁多的票据，以及发展异常迅速的电子虚拟货币。在现代社会，货币是一个量化的符号，它作为交换媒介，应当能够执行价值标准、延期支付、价值贮存等功能。

（二）货币的职能

1. 交换媒介。货币最基本职能是作为交换媒介。没有货币，以物易物的交换存在双向一致性困难。物物交换具有许多的不利因素，为了促成交易，双方需要耗费大量的交易成本。

货币的出现改变了商品的交易方式，任何人都可以先将自己的商品拿到市场上换成货币，再用货币在市场上买回自己所需要的商品。在这样的交换过程中，货币充当了交换媒介，将买与卖的过程分开了，从而使交易过程变得方便，交易费用也大大地降低。货币作为一般等价物成为人们普遍乐于接受的交换媒介。

2. 价值尺度。货币作为一般等价物，提供了价值或交换价格的货币，没有货币时即便有碰巧克服了双向一致性困难，存在交换意愿，也会面临标价的极大困难。价值尺度是货币作为衡量商品价值标准的职能。在货币作为交换媒介的条件下，一切商品的价值均以货币形式表现出来，商品的交换比率即是该商品的价格。

在货币作为价值尺度的条件下，人们有了统一的标准来衡量不同商品的价格。货币在执行价值尺度职能时，只是发挥其计量标准的作用。因此，只要是观念的货币就可以发挥计量与核算的作用。与执行交换媒介职能不同，在计量与核算过程中，并不需要使用真实的货币。

3. 流通手段。由于很多资产都不同程度具有交换媒介的功能，因而它们具有不同程度的货币属性。在现实经济活动中，货币除了在交易中充当媒介外，还可以为信用交易活动与借贷活动充当延期支付标准。因此，需要在流动性概念基础上，对货币资产从程度上做进一步界定。把一种资产变成普遍接受的支付手段（如现金货币）称为变现，流动性指一种资产转变为社会普遍接受的交换媒介形态的难易程度。

容易变现的资产称为流动性强的资产，难以变现的资产则是流动性低的资产。可以把流通中的现金看作是具有完全流动性的资产，即基础货币。可以开支票的短期存款账户也在很多场合可以作为支付手段，但有的场合不能直接支付（买冰棍、买公共汽车票等），因而其流动性仅次于现金。储蓄存款账户、外币类存款、金融债券等资产，则依据其变现的难易程度具有不同的流动性。

4. 价值贮藏。要使人们自愿将他们的物品出售换成货币，首先要使人们相信用货币能买到他们要的一定数量商品和劳务。所以，货币要起到交换媒介作用，至少要在一段时间内保持其价值，即具有价值储藏职能。当货币替代实物成为一般等价物之后，商品买卖过程可以有效地分离。人们可以在任何需要的时候将以前获得并保留起来的货币，在其认为需要且适合的时候再买入相应的商品。当货币在退出流通领域并处于一种静止状态时，就发挥了价值贮藏的职能。

二、货币的供给

货币供给是指一个国家在某一特定时点上由家庭和厂商持有的政府和银行系统以外的货币总和。货币供给的主体是银行，是通过中央银行创造基础货币和商业银行创造存款共同创造的。

货币供给与货币发行不同，货币发行是货币供给的一种连续行为，货币发行主要从数量上把握，货币供给主要从性质上来考察。货币供给与货币流通也有区别，货币供给从货币创造者发行货币开始至货币持有者持有货币终止，而货币持有者在持有货币之后的货币收付行为属于货币流通的范畴。

（一）货币的构成与度量

按照政府的货币统计制度，可以将货币供应量分为 M_0、M_1、M_2 等几个层次：

M_0，流通中的现金也叫通货，是指银行体系以外各个单位的库存现金和居民的手持现金之和。

M_1，也叫狭义货币，它包括现金、活期存款、其他支票存款和旅行支票等等流动性最强的金融资产。由于 M_1 可以直接用于支付，因而在货币量中居于核心地位。另外，M_1 以外的某些金融资产也可能较快地转换为狭义货币形态。例如，长期储蓄存款流动性很强，可以很小成本快速转变为现金或短期支票存款，因而各国一般在 M_1 基础上增加储蓄存款可以得到 M_2。

M_2，也叫广义货币，是指除各种纸币、铸币及支票存款以外的像储蓄账户存款和其他类似的可替代交易货币的资产，有时也被称为“资产货币”或“准货币”。M_2 中的准货币包括各种储蓄账户上的存款，货币市场共同基金，货币市场存款账户中的存款等。

依据与上面类似的道理，国库券、银行承兑汇票等金融资产，也可以以较小成本较快变现，所以在 M_2 基础上增加国库券、银行承兑汇票、商业票据等短期流动资产得到 M_3。

（二）货币乘数与银行创造货币的机制

现代社会的货币存量大致可分为两部分：一是货币当局的负债，即社会公众所持有的通货；另一部分是银行的负债，即银行存款。现设 M 为货币存量，C 为公众所持有的通货，D 为商业银行存款，则 $M=C+D$。

决定货币供给的经济主体有三个：一是货币当局，它决定基础货币；二是商业银行，它决定准备金—存款比率 rr；三是社会公众，它决定通货—存款比率 cr。

基础货币，是经商业银行的存贷款业务而能扩张或收缩货币供应量的货币。中央银行通过调节基础货币的数量就能数倍扩张或收缩货币供应量，因此基础货币构成市场货币供应量的基础。西方国家的基础货币包括商业银行的存入中央银行的存款准备金（包括法定准备金和超额准备金）与社会公众持有的现金之和。

基础货币有四个属性：第一，可控性，是中央银行能调节的货币；第二，负债性，是中央的负债；第三，扩张性，能被中央银行吸收作为创造存款货币的基础，具有多倍创造的功能；第四，是初始来源唯一性，即其增量只能来源于中央银行。

货币乘数是指中央银行创造一单位的基础货币所能增加的货币供应量。影响货币乘数的因素有：通货—存款比率和准备金—存款比率。通货—存款比率是指流通中的现金与商业银行活期存款的比率，准备金—存款比率是指商业银行法定准备金和超额准备金的总和占全部存款的比重。若货币乘数用 m 表示，则 $m=(cr+1)/(cr+rr)$，其中 cr 为通货—存款比率，rr 是准备金—存款比率。该等式的推导如下：

假设银行的准备金为 A，存款总额为 D，则：$A=D\cdot rr$。

再假设基础货币为 B，公众所持有的通货为 C，则有：$B=A+C$。

因为 $cr=\dfrac{C}{D}$，即 $C=D\cdot cr$，所以，$B=D\cdot rr+D\cdot cr=D(rr+cr)$，于是，$D=\dfrac{B}{cr+rr}$。由 $M=C+D$ 可以得到 $M=\dfrac{B}{cr+rr}\cdot(1+cr)$，因此，$m=\dfrac{M}{B}=\dfrac{1+cr}{cr+rr}$。

通货—存款比率越低，公众作为通货持有的基础货币越少，银行作为准备金持有的基础货币越多，银行能创造的货币越多。因此，通货—存款比率的下降提高了货币乘数，增加了货币供给。

准备金—存款比率大小主要取决于中央银行和商业银行的行为。法定准备金是指商业银行按照法律规定必须存在中央银行里的自身所吸收存款的一个最低限度的准备金。法定存款准备金的比例通常是由中央银行决定的，被称为法定存款准备金率。超额准备金是金融机构存放在中央银行、超出法定准备金的部分，主要用于支付清算、头寸调拨或作为资产运用的备用资金。

准备金—存款比率越低，银行发放的货款越多，银行从每一单位准备金中创造出来的货币也越多。因此，准备金—存款比率的下降提高了货币乘数，增加了货币供给。

在实行部分准备金制度的条件下，商业银行体系可以通过其放款和投资活动创造出数倍于原始存款的派生存款。派生存款总额与原始存款的倍数即是存款乘数。对存款乘数的分析可以帮助我们理解货币乘数的扩展效应。为了分析的简便性，作以下假设：一是银行只保留法定准备金，其余款项全部贷出，即超额准备金为零；二是贷款客户收入的款项全部存入银行活期账户，不提取现金，即没有现金漏出。

表 14-1　货币乘数

业务 银行	存　款 D ($D=R+C$)	准备金 R ($R=rD$, $r=20\%$)	贷款 C ($C=D-R$)
A 银行	100 万元	20 万元	80 万元
B 银行	80 万元	16 万元	64 万元
C 银行	64 万元	12.8 万元	51.2 万元
⋮	⋮	⋮	⋮
n 银行	0	0	0

例如：如表 14-1 所示，现有厂商甲将 100 万元存入 A 银行，设法定准备金率为 20%，A 银行收到 100 万元存款后，将其中 20 万元作为法定准备金，其余 80 万元贷给厂商乙。厂商乙在得到 80 万元贷款后因暂不使用此笔贷款而将其存入 B 银行，B 银行收到 80 万元存款后，将其中 16 万元作为法定准备金，其余 64 万元贷给厂商丙，如此反复进行下去，就派生出数倍于原始存款的存款。若用 M 表示货币供给，R 表示央行发行的现金，r 表示准备金率，则：$M=R\cdot 1/r$。

所以，此例中银行创造的货币即货币供给总量为：

$$
\begin{aligned}
M &= 100+80+64+51.2+\cdots\cdots \\
&= 100\ [1+(1-0.2)^1+(1-0.2)^2+\cdots\cdots+(1-0.2)^{n-1}] \\
&= 100/0.2=500\ (\text{万元})
\end{aligned}
$$

（三）货币供给函数

货币供给模型：$M=m\cdot B$，揭示了影响货币供给的两大因素是：基础货币（B）和货币乘数（m）。基础货币（B）包括商业银行的存入中央银行的存款准备金（R）与社会公众持有的现金（C）之和，它是由中央银行直接控制的变量。货币供给的数量取决于政府的货币政策，货币供给量包括存款量和现金发行量，它是银行体系信贷收支的结果。

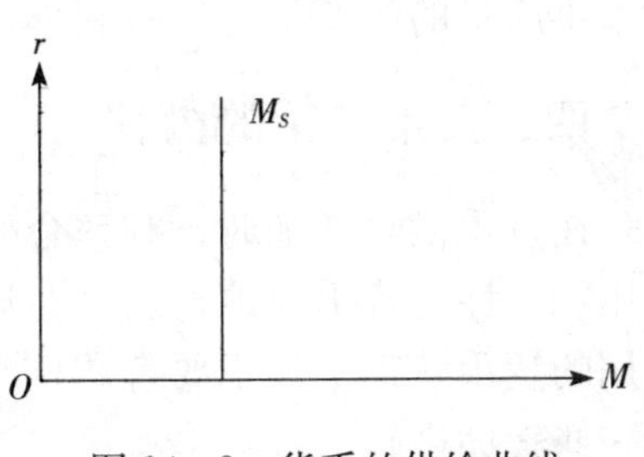

图 14-2　货币的供给曲线

货币供给（M）是指实际货币供给量，它与利率无关，是由货币当局确定的。所以，如图 14 - 2，横坐标代表货币供给量 M，纵坐标代表利率 r，无论 r 为多少，货币供给量为一常量，它是一条与横轴（货币供给量）垂直的直线。

三、货币市场的均衡

在前面的“$IS—LM$ 模型”中，已经对货币的需求进行过分析。根据凯恩斯的“流动性偏好”理论，对货币的需求主要包括交易需求、预防需求以及投机需求。其中，交易需求和预防需求与利率无关，主要取决于收入，且与收入同方向变动，投机需求则受利率影响，且与利率反方向变动。于是，我们可以得到一条货币需求曲线，如图 14 - 3 所示：

在图 14 - 3 中，L 是货币的需求曲线，其中垂直线部分表示投机需求为 0 时的货币需求，这时全部的货币需求等于交易需求与预防需求之和，这部分需求与利率无关，因而，需求曲线表现为垂直线。中间部分向右下方倾斜，反映了投机需求与利率的反方向变动关系。而平行线部分代表“凯恩斯陷阱”区域，在利率极低时，全部的货币需求等于投机需求。

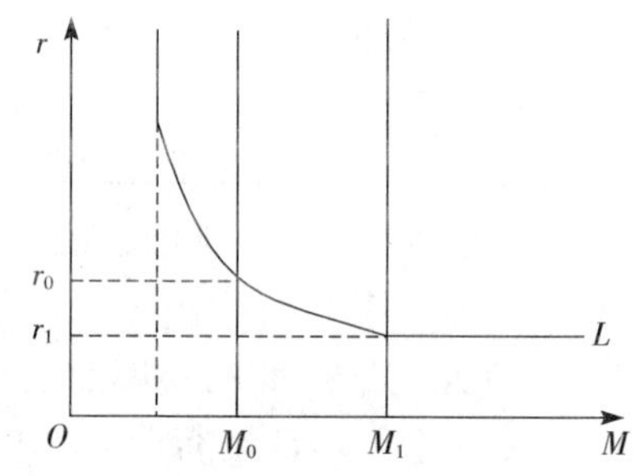

图 14 - 3　货币市场的均衡

将货币的需求曲线与供给曲线结合起来，可以得到货币市场均衡的条件，即当货币的需求曲线与供给曲线相交时，对应的利率为均衡的利率水平，对应的货币量为均衡货币数量。当货币供应量为 M_0 时，均衡利率为 r_0，如果增加货币供应量为 M_1 时，均衡利率下降到 r_1。可见，政府通过改变货币供应量，可以影响利率，从而影响宏观经济。当然，正如第十二章所分析的，在“凯恩斯陷阱”区域，货币政策无效。在该区域，货币供应量的改变不能影响利率。

四、货币政策的内容

在货币供给增加时，利率会降低，取得信贷更加容易，所以经济萧条时多采用扩张性的货币政策；反之在通货膨胀严重时，则采用紧缩性的货币政策。常用的货币政策工具主要有调整再贴现率、调整法定准备金以及公开市场业务和一些辅助措施。

货币政策分为狭义货币政策和广义货币政策。狭义货币政策指中央银行为实现既定的经济目标（稳定物价，促进经济增长，实现充分就业和平衡国际收支），运用各种工具调节货币供给和利率，进而影响宏观经济的方针和措施。

广义货币政策指政府、中央银行和其他有关部门所有有关货币方面的规定和采取的影响金融变量的一切措施（包括金融体制改革，也就是规则的改变等）。

两者的不同主要在于：前者是中央银行在稳定的体制中利用贴现率、准备金率、公开市场业务达到改变利率和货币供给量的目标；后者的政策制定者包括政府及其他有关部门，他们往往影响金融体制中的外生变量，改变游戏规则，如硬性限制信贷规模、信贷方向，开放和开发金融市场。

（一）货币政策的主要工具

货币政策工具又称货币政策手段，是指中央银行为实现货币政策目标所采用的政策手段。货币政策工具分为一般性政策工具和辅助性政策工具。

一般性货币政策工具，又称常规性货币政策工具，即传统的三大货币政策工具，通称为三大法宝的存款准备金政策、再贴现政策和公开市场业务。

中央银行有权决定通过调整法定存款准备金率来影响市场的货币供给量。存款准备金政策是指中央银行对商业银行等存款货币机构的存款规定存款准备金率，强制性地要求商业银行等货币存款机构按规定比例上缴存款准备金；中央银行通过调整法定存款准备金以增加或减少商业银行的超额准备，从而影响货币供应量的一种政策措施。

再贴现政策就是中央银行通过提高或降低再贴现率来影响商业银行的信贷规模和市场利率，以实现货币政策目标的一种手段。再贴现是商业银行与中央银行之间的贴现行为，商业银行将它接受的贴现票据到中央银行请求再贴现，也可以将自己的票据拿到中央银行贴现。中央银行通过变动再贴现率来影响商业银行的贴现行为从而影响到货币供给量。

所谓“公开市场业务”（也称“公开市场操作”），是指中央银行在金融市场上公开买卖有价证券，以改变商业银行等存款货币机构的准备金，进而影响货币供应量和利率，实现货币政策目标的一种货币政策手段。

（二）货币政策的其他工具

货币政策工具除了以上三类常用工具外，还有一些辅助性政策工具，包括直接信用管制、选择性信用管制和道义劝告等。

直接信用管制是中央银行采取对商业银行的信贷活动直接进行干预和控制的措施，以控制和引导商业银行的信贷活动。而选择性信用管制是对特定的对象分别进行专项管理，比如对证券交易信用管理、消费信用管理、不动产信用管理。

使用道义劝告，是中央银行运用其在金融机构的特殊影响力劝告商业银行及其他金融机构的业务范围。例如在经济衰退时期鼓励银行加大贷款力度；在经济高涨时期，劝阻银行缩减贷款，从而在一定程度影响流通中的货币量。

(三)货币政策的传导机制

凯恩斯主义货币政策机制的关键问题在于：一是货币量如何影响利率，二是利率如何影响总需求。货币政策传导机制是通过货币供给量的变动影响利率，再通过利率的变动影响总需求和国民收入，用符号表示为：

$$Ms\uparrow \rightarrow r\downarrow \rightarrow I\uparrow \rightarrow \cdots \rightarrow AD\uparrow \rightarrow y\uparrow$$

其中，Ms 为货币供给；r 为利率；AD 为总需求；…代表可能存在但未被揭示的过程。

在具体操作时，增加货币供应量的措施包括降低法定存款准备金率或再贴现率，在金融市场上买入有价证券等，如果货币供应量增加到供过于求的状况，从而使利率下降，投资增加，总需求增加，国民收入增加。这种支出结构的变化就会影响资产的价格，也会影响商品供应的数额。资产价格变动通过改变货币的价值，进而对经济产生影响是一个复杂的过程，最终会改变总产出。货币政策的效果是货币政策工具在运用中通过中间目标达到最终目标的，这一传递过程时滞较长，在短期内无法预测其最终目标。在实践中往往是通过对中间目标的观察来预测最终目标并适时调整，因而中间目标的选取必须具有可控性、相关性和可预测性。

五、货币政策的局限性

在不同的经济周期及市场环境中，货币政策的效果明显不同。实施货币政策，对于减少经济波动，调节社会总需求有积极的作用，但也有其局限性。其局限性主要体现在：

第一，通常在通货膨胀时期实行紧缩的货币政策可能效果比较显著，但在经济衰退时期，实行扩张的货币政策效果就不明显。往往在经济衰退时，厂商对经济前景都比较悲观，即使中央银行实施通过松动银根、降低利率等扩张性的货币政策，投资者因为担忧经济前景也不会有太高的投资积极性。而从金融机构的角度，考虑货款的安全性，也会严格货款制度，不会轻易放款。在这样的经济环境中扩张性货币政策虽然作为反衰退的手段，其作用效果就不可能明显。

第二，从货币市场均衡的情况看，增加或减少货币供给要影响利率的变动，必须以货币流通速度不变为前提。如果这一前提不存在，货币供给变动对经济的影响就会减弱。在经济繁荣时期，央行为抑制通货膨胀而实行紧缩性的货币政策或是尽可能地放慢货币供给的增长速度，对于公众而言，由于物价上涨速度过快，都不愿意持有货币，而是希望尽快将货币花费出去，从而货币流通速度加快。但在经济衰退时期，变动情况则相反。如果货币供给的增加量和货币需求增加量相等，*LM* 曲线就不会移动，因而利率和收入也不会发生变动。

第三，货币政策作用的外部时滞也影响政策执行效果。外部时滞指是宏观经济调控政策由决策部门向执行部门传达、布置所需的时间。由于这一传递过程有诸多的中间环节，以及许多不可预计的因素都会影响执行的结果。在经济衰退时，央行实施相应的扩张性货币政策或是尽可能地扩大货币供给量，但是很有可能在这一政策的作用还没有完全产生效果，经济衰退就开始转入了繁荣，物价也开始上升，这时扩张性的货币政策不但没能反衰退，反而加速了通货膨胀。

第四，在开放经济中，货币政策的效果还要因为资金在国际上的流动以及国际市场上的诸多不可预知的因素而受到影响。

第四节　需求管理政策的应用

一、需求管理政策的影响

由前面的分析可知，财政政策和货币政策各有其作用特点，也都有其各自的局限性。政府在进行需求管理时，往往会根据具体的宏观经济运行状况以及政策作用的特点相机地选择其中的一项或几项财政政策和货币政策。

（一）财政政策与货币政策对宏观经济的影响

财政政策指政府变动税收和政府支出以影响总需求，进而影响就业和国民收入的政策。

货币政策指政府通过中央银行变动货币供给量，影响利率和国民收入的政策措施。财政政策和货币政策的基本影响如表 14 - 2 所示：

表 14 - 2　财政政策和货币政策的影响

政策种类	对利率的影响	对消费的影响	对投资的影响	对 GDP 的影响
财政政策（增加政府支出）	上升	增加	减少	增加
货币政策（扩大货币供给）	下降	增加	增加	增加

（二）财政政策与货币政策的有效区间

由前面对 *IS*—*LM* 模型的分析可以知道，财政政策和货币政策的影响是基于在有效的 *IS* 曲线和 *LM* 曲线基础上的，即宏观经济政策的有效区间是在 *IS* 曲线和 *LM* 曲线的有效范围内。只有当处于非水平与非垂直的 *LM* 曲线时，财政政策和货币政策才会有效。

在 LM 曲线的不同区域，财政政策和货币政策的有效性有着很大的不同：凯恩斯区域财政政策有效而货币政策无效；古典区域财政政策无效而货币政策有效；中间区域财政政策和货币政策都有效。

二、需求管理政策的组合

在经济萧条时期，政府可以采用扩张性的财政政策，也可以采用扩张性的货币政策，也可以二者配合使用。财政政策的重点在于直接影响就业和经济增长，货币政策着眼于货币市场并对物价产生影响。财政政策的可控制性强，货币政策的可控制性弱。同时二者在反应时滞、功能上也有差异，所以在实践中往往配合使用可以相互补充。财政政策和货币政策可以有多种配合，配合使用的组合政策其作用效应有的是可以预计的，而有的则需要根据财政政策和货币政策的影响程度来估计。

（一）财政政策和货币政策的组合效应

在图 14-4 中，当 IS 曲线与 LM 曲线在 IS_0 与 LM_0 处相交于 E_0，决定了在此均衡时的利率 r_0 和国民收入 Y_0。若政府实施扩张性的财政政策，使 IS 曲线从 IS_0 向右移动到 IS_1，此时 IS_1 与 LM_0 相交于 E_1，决定了此点的利率 r_1 和国民收入 Y_1。可以看出，实行扩张性的财政政策，使国民收入增加，利率上升，由于利率的上升会产生挤出效应，使国民收入 Y 的增加量为 Y_0Y_1；这时如配合扩张性的货币政策，增加货币供给量使 LM 曲线右移到 LM_1，与 IS_1 相交于 E_2，在 E_2 点决定了利率 r_0 和国民收入 Y_2。这说明了当使用扩张性的财政政策和扩张性的货币政策相配合，可以使利率不上升，而国民收入有较大的增加，能有效地刺激经济的复苏。

若 IS 曲线与 LM 曲线移动幅度相同，则国民收入增加的同时利率不变。如果财政政策的影响大于货币政策，IS 曲线右移的距离超过 LM 曲线右移的距离，则利率会上升；反之则利率会下降。所以两种政策的配合使用，对利率的影响是不确定的。

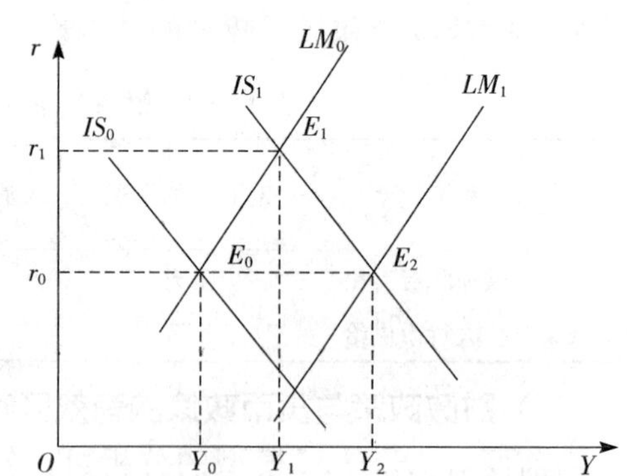

图 14-4 财政政策与货币政策的组合

扩张性的财政政策表现为 IS 曲线右移，在使收入增加的同时会带来利率的上升，反之亦然。扩张性的货币政策表现为 LM 曲线右移，在使收入增加的同时会带来利率的下降，反之亦然。由此可见，通过两种政策的搭配，可实现收入和利率的不同组合。不同政策组合使用的效果如表 14-3 所示。

表 14-3　财政政策和货币政策的组合使用

	政策组合	产出	利率
1	扩张性财政政策和扩张性货币政策	增加	不确定
2	紧缩性财政政策和紧缩性货币政策	减少	不确定
3	紧缩性财政政策和扩张性货币政策	不确定	下降
4	扩张性财政政策和紧缩性货币政策	不确定	上升

（二）宏观经济政策组合的选用

在不同的经济增长周期中，政府和央行常常根据具体时机和不同的政策目标，选择不同的政策组合。当经济出现严重的萧条时用第 1 种组合，扩张性财政政策和扩张性货币政策，用扩张性财政政策刺激总需求，又用扩张货币政策以缓减“挤出效应”；当经济出现严重通货膨胀时，用第 2 种组合，紧缩性财政政策和紧缩性货币政策，用紧缩货币来提高利率降低总需求水平，同时紧缩财政以防止利率水平过高；当经济出现轻度通胀，用第 3 种组合，紧缩性财政政策和扩张性货币政策，用紧缩财政降低总需求，又用扩张货币政策降低利率；当经济出现萧条但不太严重时即“滞胀”用第 4 种组合，扩张性财政政策和紧缩性货币政策，用扩张财政刺激总需求，用紧缩货币提高利率以控制通货膨胀。

三、宏观经济调控政策的时滞

宏观经济调控政策实施过程中会遇到种种问题，包括时滞的影响、预期的影响以及其他非经济因素的影响。政策时滞是其中之一，任何经济政策发挥作用需要一个过程，而在这一过程中经济情况会发生诸多变化，从而导致从决策到预期目标实现都会有长短不定的时间间隔，这种时间间隔就是通常所说的政策时滞。政策时滞可以分为内时滞和外时滞。

内时滞包括认识时滞、决策时滞和批准时滞。认识时滞是指政府有关部门对宏观经济形势作分析判断所需的时间。决策时滞是指政府有关部门制定具体的调控政策所需的时间。其中包括政策选择和文献起草所需的时间。批准时滞是指调控政策的有关文献按法定程序呈报、听证、辩论及通过所需的时间。

外时滞包括传递时滞、执行时滞和作用时滞。传递时滞是指政府制定的宏观经济调控政策由决策部门向执行部门传达、布置所需的时间。执行时滞是指政府的各经济职能部门贯彻、落实有关政策所需的时间。例如，财政投资的增加，有一个资金筹集和分配、项目考察和论证、工程招标和投标的具体过程；

基础货币投放，如果是通过公开市场来进行，则有一个在国债二级市场上的操作过程；即便是利率调整和准备金率的变动，也有一个电脑计算程序的重新设置的问题。作用时滞是指宏观经济调控政策付诸实施以后到其对经济生活产生实质性影响所需的时间。例如，一项扩张性的财政政策，往往要经过以下过程才会对宏观经济产生促进作用：通过政府采购引起企业库存减少，企业开始扩大生产，企业生产的提高带来工人收入的增加，工人收入的增加进一步引起社会总需求扩大，最后传递到政策目标经济增长速度加快。而一项紧缩性的货币政策，则要经过以下过程才会对宏观经济产生抑制作用：央行控制货币供应量使货币供应减少，引起市场利率提高，利率上升使投资减少，社会总需求收缩，从而使物价水平下降。

第五节　供给管理政策

供给管理政策是通过对总供给的调节来达到宏观经济目标的政策总称，包括收入政策、人力政策、指数化政策和经济增长政策等。

一、收入政策

政府通过限制工资与物价来抑制工资推动的通货膨胀，政策重点是工资，所以称为收入政策。收入政策一般有三种形式：

（一）工资—物价冻结

政府用法律手段禁止在一定时期内提高工资与物价（其中冻结物价是为冻结工资服务），这种措施在短期内能有效控制物价，但破坏了市场机制的作用，长期来看，会导致资源配置不合理，一般不宜长期使用。

（二）工资与物价指导线

政府根据劳动生产率的增长和其他因素规定工资与物价增长的限度，工会根据该指导线确定工资增长率，厂商根据该指导线确定物价上涨幅度，否则，政府将用税收或法规进行惩罚，这种形式相对比较灵活。

（三）税收刺激

以税收手段控制工资增长：当工资增长率超过指导线时增税，低于指导线时减税。

二、指数化政策

通货膨胀导致实际收入减少，指数化政策根据通货膨胀率调整各种名义变量，使实际收入保持不变。具体做法包括：

（一）工资指数化

根据通货膨胀率调整名义工资，使实际工资水平保持不变。

（二）税收指数化

政府根据通货膨胀率调整起征点与税率，当发生通货膨胀时，名义收入增加，但实际收入并没有增加，如果起征点与税率不变，则公众的税负增加，实际收入减少，不仅不利于纳税人，而且还成为政府增加开支的基础，进一步推动通货膨胀，这时，政府应该提高起征点并调整税率等级。

此外，利率等名义变量也可以实行指数化政策。

三、人力政策

人力政策也叫就业政策，旨在通过改善劳动力市场，减少失业。具体做法有：

（一）人力资本投资

人力资本投资是指改善劳动力知识技术水平和健康状况的投资，比如普及教育、在职培训等。

（二）完善劳动力市场

在前面的分析中已经提到，劳动力市场不完善是产生自然失业的重要原因，通过完善劳动力市场，降低劳动力供求双方的信息沟通成本，协助工人流动，有助于减少自然失业。

四、经济增长政策

从长期来看，影响总供给的最重要因素是经济增长潜力，因此，提高经济增长潜力也是供给管理政策的主要内容。上一章提到，经济增长的源泉主要有四个，劳动、资本、自然资源和技术进步。政府的经济增长政策主要包括：

（一）增加劳动力的数量，提高劳动力的质量

这方面的政策主要有：提高人口出生率，尤其是老龄化的国家或战争结束的初期；鼓励移民；增加人力资本投资等。

（二）资本积累

资本积累有助于提高劳动生产率，由于资本主要来自于储蓄，政府可以通过减税（尤其是储蓄所得税）、提高利率来鼓励储蓄，鼓励私人投资也是重要内容。

（三）技术进步

政府可以通过增加基础科学研究的投入，加强科学研究工作的协调组织，对企业的技术研究实施优惠政策等促进技术进步。

（四）计划与平衡增长

政府通过制定各种长短期计划以及运用产业政策来指导产业的均衡发展。

重要概念

财政政策（fiscal policy）
货币政策（monetary policy）
自动稳定器（automatic stabilizers）
相机抉择（discretion approaches）
挤出效应（crowding out effect）
公开市场业务（open market operations）
再贴现率（rediscount rate）
预防性货币需求（precautionary demand for money）
投机性货币需求（speculative demand for money）
流动性陷阱（liquidity trap）
基础货币（monetary base）
准备金率（required reserve ratio）
货币乘数（money multiplier）

复习思考题

1. 为什么宏观经济政策目标难以同时实现？
2. 在经济过度繁荣时期，政府采用何种财政政策来抑制总需求？
3. 中央银行的货币政策工具主要有哪些？
4. 什么是公开市场业务？这一货币政策工具有哪些优点？
5. 货币政策的传导机制是什么？
6. 流动性陷阱是怎么产生的？当货币需求处于流动性陷阱时会出现什么状态？
7. 在横轴为货币需求 L，纵轴为产出水平 Y 的坐标中，货币需求曲线是什么形状？
8. 商业银行系统，贷款的规模为什么可以超过它所吸收的现金存款的规模？
9. 一个国家的中央银行为什么要制定法定准备金率？
10. 在现代货币市场中，货币供给曲线为什么是一条与代表利率的纵轴平行的直线？

练习题

1.“挤出效应”发生于：

A. 货币供给减少使利率提高，挤出了利率敏感的私人部门支出

B. 私人部门增税，减少了私人部门的可支配收入和支出

C. 所得税的减少，提高了利率，挤出了对利率敏感的私人部门支出

D. 政府支出减少，引起消费支出下降

2. 市场利率降低，银行的准备金会：

A. 增加　　B. 减少

C. 不变　　D. 以上几种情况都可能

3. 中央银行降低再贴现率，会使银行准备金：

A. 增加　　B. 减少

C. 不变　　D. 以上几种情况都可能

参 考 文 献

[1] 萨缪尔森，等．经济学［M］．第15版．北京：华夏出版社，1995.
[2] 高鸿业．西方经济学［M］．第5版．北京：中国人民大学出版社，2011.
[3] 厉以宁．西方经济学［M］．第2版．北京：高等教育出版社，2005.
[4] 曼昆．经济学基础［M］．第5版．北京：北京大学出版社，2010.
[5] 梁小民．西方经济学教程［M］．第2版．北京：中国统计出版社，1998.
[6] 黎诣远．微观经济分析［M］．第2版．北京：清华大学出版社，2003.
[7] 刘凤良．经济学［M］．北京：高等教育出版社，2005.
[8] 李善民．西方经济学原理［M］．第2版．广州：中山大学出版社，2003.
[9] 刘辉煌．西方经济学［M］．北京：中国金融出版社，2004.
[10] 宋承先．现代西方经济学［M］．上海：复旦大学出版社，1997.
[11] 多恩布什，等．宏观经济学［M］．第10版．北京：中国人民大学出版社，2010.
[12] 周惠中．微观经济学［M］．上海：上海人民出版社，2003.
[13] 陈通．宏微观经济学［M］．天津：天津大学出版社，2003.
[14] 金浩等．微观经济学［M］．天津：南开大学出版社，2004.
[15] 尹伯成．现代西方经济学习题指南［M］．第5版．上海：复旦大学出版社，2006.
[16] 琼斯．现代经济增长理论导引［M］．北京：商务印书馆，1994.
[17] 库兹涅茨．现代经济增长［M］．北京：北京经济学院出版社，1991.
[18] 克罗绍．货币银行学（修订版）［M］．北京：中国市场出版社，2008.
[19] 姜广东．现代西方经济学原理［M］．大连：东北财经大学出版社，1998.
[20] 帕金．宏观经济学［M］．第5版．北京：人民邮电出版社，2003.